KB205408

마카비 혁명에서 3·1운동까지:
종교 민족주의에 구현된 기독교 평화

박정수·강슬기 지음

마카비 혁명에서 3·1운동까지:
종교 민족주의에 구현된 기독교 평화

지음   박정수, 강슬기
편집   김덕원

발행처   감은사
발행인   이영욱
전화   070-8614-2206
팩스   050-7091-2206
주소   서울특별시 강동구 암사동 아리수로 66, 401호
이메일   editor@gameun.co.kr

종이책
초판발행   2024.06.30.
ISBN   9791193155493
정가   18,000원

전자책
초판발행   2024.06.30.
ISBN   9791193155523
정가   13,800원

* 이 책은 2019년 정부(교육부)의 재원으로 한국연구재단의 지원을 받아 수행된 연구입니다(중견연구자 지원사업).

From the Maccabean Revolution to The March 1st Movement: Christian Peace embodied in Religious Nationalism

Jeongsoo Park & Seulgi Kang

| 목차 |

머리말

팔레스타인과 한반도는 8,000km 정도 떨어져 있다. 비행기로 가도 편도로 10시간에서 12시간이 소요되는 먼 거리이다. 당연하지만 각자의 언어도, 문화도, 기후도 서로 매우 다르다. 이토록 이질적인 두 세계에서 벌어진 이스라엘의 '마카비 혁명'과 한국의 '동학농민 혁명'에 적지 않은 공통점들이 있다는 사실은 누구에게나 흥미를 끌 수 있을 것이다. 게다가 고대와 근대라는 거대한 시간의 차이를 두고, 이스라엘 민족과 우리 민족에서 진행된 두 역사적 사건은 그 이후로도 꽤 비슷한 형태로 되풀이된다는 사실을 처음 알게 됐을 때, 우리는 연구자로서 어떤 강렬한 매력을 느끼게 됐다. 2천 년이라는 시간 차이는 물론이고 아시아 대륙의 양 끝이라는 길고 넓은 시공간을 가진 이토록 다른 두 세계에서 어떻게 그런 유사한 역사가 나타날 수 있었을까? 우리의 연구는 이 질문에 대한 답을 찾기 위해 시작됐다.

그러나 동시에 이런 질문도 마음에 드리워졌다. 시대와 공간이 전혀 다른 두 역사를 비교하여 유의미한 결과를 도출하는 것이 과연 가능할까? 성서학과 역사학을 전공한 두 연구자가 이 문제와 씨름한 끝에 다다른 지점은 이것이었다. 2천 년을 사이에 두고 팔레스타인과 한반도에서 일어난 일련의 사건들의 중심에는 식민 지배하에서 살아가는 약소민족의 '종교 민족주의'와 '예수의 생애와 사건'이 있음을 인식하게 됐으며, 그 사상적·신앙적 영향이 평화라는 주제에 닿아 있다는 사실이었다. 그 사건들을 일으킨 내력에 종교 민족주의와 평화라는 사상적 공통점이 있었고, 역사적 조건이 전혀 다른 두 세계에 비슷한 결과를 가져왔다면, 그 공통의 영향력을 파악하는 것이 이 연구의 중요한 과제이자 의미가 되리라 생각했다.

이 연구의 가치를 긍정적으로 평가해 준 한국연구재단의 후원을 받아 양국의 역사에 펼쳐진 양대 사건의 내력을 검토하고 비교하는 작업을 수년간 진행했다. 저자들은 비록 사제(師弟) 관계로 주제와 관점을 공유하고 토론했지만, 성서학과 역사학의 관점에서 독자적으로 각자의 연구를 진행했다. 간학문적 연구로서 주제와 내용 자체가 '도발적'이기도 하여 연구 결과가 시론적인 성격에 머물지 않았나 하는 의구심이 남는 것도 사실이다. 다만 이 연구가 앞으로 학계에서 이스라엘과 한국의 역사를 지금까지와는 다른 새로운 시각으로 조명하고 이해할 수 있는 어떤 이정표가 되기를 바라는 마음이다.

* * *

연구와 집필을 마칠 즈음에 팔레스타인이라는 세계의 화약고에서
엄청난 분쟁이 터졌고 마침내 전쟁이 발화했다. 가뜩이나 대립과
갈등으로 반평화가 일상화되고 있는 전 세계는 지금 다시 반유대
주의라는 망령이 폭풍처럼 번져 나가고 있는 형국이다. 지금 전
세계를 온통 싸움터로 물들여 가고 있는 이스라엘과 팔레스타인
의 분쟁 혹은 전쟁을 바라보면서, 그리스도인으로서 우리가 살아
가는 세상의 평화를 위해 어떻게 기도하여야 할까를 고민하며, 아
래의 글로 우리의 문제의식을 새롭게 해 본다.

'샬롬'과 '쌀람'을 위한 예수의 눈물

예수께서 이 말씀을 하시고 예루살렘을 향하여 앞서서 가시더라.
… 가까이 오사 성을 보시고 우시며 말씀하시되 "너도 오늘 평화
에 관한 일을 알았더라면 좋을 뻔하였거니와 지금 네 눈에 숨겨
졌도다. 날이 이를지라. 네 원수들이 토둔(참호)을 쌓고 너를 둘러
사면으로 가두고 또 너와 및 그 가운데 있는 네 자식들을 땅에 메
어치며 돌 하나도 돌 위에 남기지 아니하리니, 이는 네가 보살핌

받는 날(오고 있는 때)을 알지 못함을 인함이니라" 하시니라(눅
19:28-44).

예수께서 당신의 생의 마지막 발걸음을 예루살렘으로 향하면
서, 그 처연한 성을 보면서 드리신 눈물의 기도가 앞의 누가복음
서에 담겨 있다. 이곳을 기념해서 지은 눈물교회가 지금도 있다.
거기서 보면, 황금 돔 사원을 중심으로 예루살렘 전체가 보인다.
예루살렘은 그 이름에 평화를 의미하는 '살렘'이 들어 있다. 유대
인들이 그토록 열망하던 '샬롬'은 다름 아닌 평화다. 예수는 이 평
화의 도시를 보시면서, "너도 오늘 평화에 관한 일을 알았더라면
좋을 뻔하였거니와 지금 네 눈에 숨겨졌도다"고 우신다.

아이러니하게도 아랍어로도 '평화'는 '샬롬'과 같은 어근을 갖
는 '쌀람'이다. 팔레스타인은 고대 때부터 분쟁 지역이었다. 왜냐
하면 그리스-로마 문명과 이집트 문명, 그리고 메소포타미아 문명
이 교차하는 전략적 요충지였기 때문다. 이곳을 잃는다는 것은 앞
마당을 내주는 격이었다. 각 문명의 지배자가 영토를 확장하려 할
때마다 이곳을 거쳐 가야 했다. 알렉산드로스가 동방을 정벌할 때
만 해도 이 땅의 해안 길을 7번 지나야 했다.

그래서 이 분쟁 지역의 땅 이름은 지금도 분쟁 중이다. 기원전
5세기 페르시아가 지배할 때는 '예후드', 3세기 헬레니즘 왕국이
지배할 때는 '유대아', 그러다가 기원후 66년 로마에 대한 유대인
봉기가 일어나 로마는 성전을 거의 파괴했고, 지금은 이스라엘 영

토에 속한 성전의 서쪽에 이른바 '통곡의 벽'만이 남아 있다. 132
년 '바르 코흐바'를 필두로 제2차 유대인 봉기가 일어나자 로마의
황제 하드리아누스는 유대인을 그 땅에서 완전히 추방하며, 이 땅
의 이름을 성경에서 이스라엘인들이 가장 혐오감을 가졌던 '블레
셋', '필리스티네'를 사용하여 지금까지 팔레스타인이라고 부른다
고 한다. 유대인들은 이곳을 '에레츠 이스라엘', 즉 이스라엘 땅이
라고 부른다.

이스라엘-팔레스타인 분쟁의 역사

그러니까 기원전 3세기 초부터 지중해 연안으로 흩어져 살았던
유대인들은 이 사건으로 기원후 2세기 초부터 그 땅에서는 더 이
상 살 수 없었고, 전 세계에 흩어져 살았던 셈이다. 그러다가 제1차
세계대전쯤에 시오니즘 운동이 일어나면서 조상들이 쫓겨난 땅을
다시 찾아 국가를 건설하자는 운동이 일어난다. 당시 팔레스타인
과 중동 지대는 오스만 제국이 지배하고 있었다.

제1차 세계대전은 독일과 오스트리아, 나중에는 오스만 제국
까지 합세했고 이에 대항하는 연합국은 영국과 프랑스, 러시아였
다. 그런데 영국은 팔레스타인 사람들과 "후세인-맥마흔 협
약"(1915)을 맺는다. 요컨대, 이 땅에 국가를 건립할 수 있게 해 줄
터이니 오스만 제국에 대항하라는 것이었다. 그런데 문제는, 몇 년
후 이번엔 유대인과도 협약을 맺어 국가를 건설해 주기로 약속한
데 있었다. 이것이 "벨푸어 선언"(1917)인데, 이는 전쟁 비용을 마련

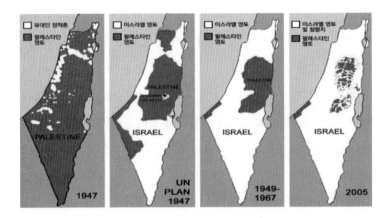

하기 위해 전설적인 유대인 거부 로스차일드 가문의 돈이 필요했던 영국의 궁여지책이었다. 당시 6조 원 정도라고 하는데, 이걸 현재 시가로 계산해 보면 5경 정도가 된다고 한다.

유대인은 시오니즘 바람을 타며 국가 건설의 희망을 품고 땅을 사서 귀환하기 시작했다. 이렇게 해서 팔레스타인에 이주하는 유대인과 정착하고 있던 팔레스타인인들과 충돌이 시작되어 지금의 상황이 만들어진다. 유튜브 구독자 32만 명을 가진 세계사 강사, 이다지는 적절한 비유로 이 상황을 한 방에 이렇게 정리해 낸다. "영국의 사기 분양에 유대인과 팔레스타인인들이 걸려든 셈이다." 하여간 제1차 세계대전 이후 제2차 대전까지 팔레스타인은 영국과 프랑스의 위임통치하에 들어가게 됐다.

아래 그림에서 보듯이,[1] 1948년 현대 이스라엘 건국 직전까지

---

1. "이스라엘 vs 팔레스타인, 싸움이 끊이지 않는 평화의 도시 예루살렘," 인남

만 해도 팔레스타인에 살던 유대인 인구는 불과 2-3%밖에 안 됐다. 그러다가 제2차 대전이 일어나고, 1947년 유엔은 영국 위임통치령하에 있던 팔레스타인 지역을 유대인과 아랍인 두 지역을 약 55:45로 나눠서, 국가가 건설되는 중재안을 내세웠다. 그러다가 1948년 이스라엘이 먼저 국가 건립을 선포하자, 이스라엘을 대항해 범아랍연맹이 먼저 공격하자 제1차 중동전쟁이 벌어지고, 유엔안(案)대로 이스라엘은 거의 절반의 땅을 차지하게 된다. 그런데 1967년 이스라엘은 이른바 6일 전쟁을 통해서 지금의 가자 지구와 요르단 서안 지구까지 병합하고, 팔레스타인 난민의 거주지를 이곳으로 제한하고 총 약 770km에 8m 높이의 분리 장벽을 세우고 내부에 군대를 주둔시킨다. 그리고 이곳마저도 이스라엘인 정착촌으로 건설하면서 팔레스타인 마을들을 계속 잠식해 들어가고 있다.

그 후 1993년 빌 클린턴의 중재로 오슬로 협정이 극적으로 체결되어 해결의 실마리를 얻는 듯했다. 서안 지대에서 이스라엘군을 철수시키고, 이 분쟁 지역에 팔레스타인과 유대인 두 개의 국가를 세우는 협약에 서명하였다. 이대로만 된다면 정말 중동 평화가 정착될 수도 있는 협정이었다. 문제는 일부 강경파였다. 1993년 오슬로 협정을 끌어낸 이스라엘의 이츠하크 라빈 총리와 팔레스타인 해방 국가의 야세르 아라파트는 노벨 평화상을 수상한다.

식 교수의 중동학 개론(6화), https://youtu.be/sFD3DBv7B38?si=I1UJUqI2QR9NBfmD.

그러나 곧 극우파에 의해 라빈 총리가 암살됐다. 이때 혜성같이 나타난 강경파 네타냐후가 30대에 총리로 당선되지만, 그는 미국의 압력으로 평화협정에 서명한 것을 이유로 다시 총리에서 물러나게 된다. 그가 2009년 다시 집권한 후 분쟁이 격화되면서 오슬로 협정은 유명무실해진 상태다.

웨스트 뱅크에서 이스라엘군은 아직도 완전히 철군하지 않고 계속 정착촌을 건설해 유대인들을 이주시키며 땅을 점령해 들어가고 있다. 반면 가자 지구는 팔레스타인 무장 저항 세력으로 저항하며, 지금과 같은 분쟁과 테러, 그리고 전쟁으로 끊임없이 분출되고 있다.

그러니까 이 분쟁과 갈등은 결국, 땅의 소유권 문제인 셈이다. 이 분리 장벽 안에는 해마다 이스라엘 정착촌이 건설되어 지금까지 220곳에 53만 명의 유대인이 거주하고 있는데, 양측 주민들의 국경 없는 분쟁으로 총성과 방화, 싸움, 반평화가 일상이 되고 있다.

점령지 내 팔레스타인 마을 사이에 정착촌이 건설되면, 그 경계에 철조망을 치고 이스라엘군은 총을 들고 경계를 선다. 팔레스타인 주민 처지에서 생각해 보면, 처음에 살던 땅으로 이주해 와서 조금씩 정착하도록 도와주었더니 어느 날 반을 가져가고, 이번엔 6일 동안 급습하여 이 분리 장벽으로 몰아넣더니, 이제 그 안으로 들어와 총칼로 경계를 서며 야금야금 땅을 빼앗고 있는 셈이다.

　　팔레스타인 마을을 반으로 뚝 잘라 들어온 정착촌 진입로를 보면서, 정착촌에 국가가 제공하는 공공임대주택으로 수영장 딸린 저택을 받아 거기서 바비큐를 굽는 이스라엘 사람들을 보면서 어떤 생각을 할까? 또 아침마다 검문소를 통과해서 저임금 노동자로 살아가야 하는 자신들의 처지를 보면서 어떻게 저항하지 않을 수 있을까? 이 오랜 상황을 살아 낸 한 팔레스타인 할아버지는 이렇게 절규한다. "우리더러 어쩌라는 거냐! … 우리도 인간이다!" 사실 평화를 사랑하는 평범한 이스라엘인과 팔레스타인 사람들에게 이 상황은 그저 어서 속히 끝나기를 바라는 일상일 뿐이다. 이렇게 약 75년간 원수 사이가 된 이들 모두는 '샬롬'과 '쌀람'을 갈구하고 있다.

이스라엘은 누구인가?

우리는 이 복잡한 현대 중동 문제에 대한 전문가는 아니어서, 국제정치의 관점에서 어떤 견해를 피력할 수 없겠다. 그리고 지금 이스라엘과 팔레스타인 중 누가 더 잘못하고 있느냐를 논하고자 하는 것도 아니다. 아쉽게도 국제정치 질서에서 이런 윤리적·종교적 관점은, 유엔 회의에서 이스라엘 대사가 사무총장에게 '당신은 지금 어느 세상에서 살고 있느냐?'고 질책을 받는 것 같은 취급을 받는다. 다만 지난 70여 년의 이 끝없는 분쟁 상황에서 그런 행동을 해 온 '국가 이스라엘은 야곱인가 이스라엘인가?'라는 신학적인 질문을 던지고 싶다.

유대인들이 자신들의 정당성을 주장하는 구약성서 창세기의 이야기에서, 이스라엘은 야곱을 대신해서 야웨 하나님이 바꾸어 준 이름이다. 원래 이름인 야곱의 뜻, "누구와 싸우다"에서 이스라엘, 즉 '신이여 야곱을 위해 싸우소서!'라는 뜻으로 변한 것이다. 야웨는 부당하고 억울한 일을 당할 때 적극적으로 개입해서 야곱을 도와주시고 그를 지키기 위해서 싸우신다고 할 수 있다. 그러나 야곱이 부당하게 에서를 속였을 때, 야웨는 야곱을 위해서 싸우지 않는다. 더 중요한 것은, 야곱이 자신의 오랜 잘못을 내려놓고 형에게 진실과 잘못을 고백할 때, 하나님은 누구를 위해서도 싸우지 않았다. 싸움이 아닌 평화를 주었다. 피가 아닌, 눈물을 주었다. 이런 관점을 우리는 혈육 혹은 동족의 관계에서나 가능하다고 읽어야 할까? 역사상 분쟁과 전쟁의 비극은 내전에서 가장 처참하게 일어났다. 그럼 다시 물을 수 있다. 현재의 국가를 이루어 팔레스타인과 이 소용돌이를 지나고 있는 유대인에게, 이 전쟁은 야곱이 자신을 위해서 싸우고 있는 전쟁인가? 아니면 야웨가 이스라엘을 위해 싸우시는 전쟁인가? 아니, 지금 이 전쟁을 수행하는 유대인은 야곱인가 이스라엘인가?

지금 전 세계는 이른바 '반유대주의'의 바람이 거세게 일고 있다.[2] 반면 한국은 오랫동안 반유대주의의 무풍지대였다. 도리어 이

---

2.   '반유대주의'(Anti-Semitism)와 '반-유대주의'(Anti-Judaism)의 새로운 용어 정의에 대해서는 박정수, "반-유대주의와 한반도의 평화담론," 『신약의 윤리적 비전과 교회의 소명』(감은사, 2021), 213-278을 참고.

스라엘은 분단된 우리 민족 발전의 모델이 되어 왔다. 박정희 대
통령 시절 새마을 운동의 모델로 국무위원들이 집단으로 키부츠
를 방문했다. 한 손에는 망치를 들고, 한 손에는 총칼을 들고 싸우
는 이스라엘! 그리고 유대인 부자학, 유대인 교육법, 그리고 1980
년대부터는 성지순례로 그러한 분위기는 정치와 종교 영역으로
이어져 왔다. 태극기 부대에 성조기와 함께 이스라엘 국기가 등장
하게 된 내력이 거기에 있다.

　여기서 우리는 과연 지금의 이스라엘이 성서에서 요구된 하나
님의 백성 '이스라엘'인가를 분별해야 하겠다. 이스라엘이 국가의
정체성을 구약에 두고 있고, 땅도 구약에 언약된 조상들의 땅이라
고 확신하여 지금 이렇게 권리를 주장하고 있다면, 그 행동 역시
자신들의 종교적 정체성에서 정당성을 가져야 할 것이다. 구약 이
스라엘은 이방인의 침입을 받았을 때, 자신들의 삶이 공의의 하나
님의 잣대에 어그러져 있는지를 심각하게 성찰해야 했다. 그리고
공의가 무너진 세계와 인간은 비록 '하나님의 백성' 이스라엘이라
할지라도 공의의 심판을 피할 수 없다고 믿고 있다. 하나님은 불
꽃 같은 눈으로 지금 이스라엘의 행위를 판단하실 것이다.

　그렇다면 기독교의 관점에서는 어떠한가? 예수는 이스라엘을
대변하며 나귀를 타고 시위한다. 그리고 어그러진 이스라엘을 향
해 "너도 오늘 평화에 관한 일을 알았더라면 좋을 뻔하였거니와
지금 네 눈에 숨겨졌도다"고 탄식한다. 예수께서는 무엇을 내다보
고 있었을까? 불과 36년 후 그러니까 기원후 66년 발발한 유대 전

쟁이었을 것이다. 유대인은 로마의 지배에 대항하여 봉기를 일으켰고, 로마군은 예루살렘을 완전히 포위하고 강력하게 진압한다. 그때 파괴된 성전은 2천 년이 지난 지금 통곡의 벽으로 유대인들에게 남아 있다. 마지막 저항군이 모인 마사다에서 로마군은 저항군을 완전히 섬멸했다. 유대인들은 그들이 십자가에 못 박은 이 유대인 평화주의자 예수에게 배워야 했고, 지금도 배워야 할지 모른다. 그들이 어쩌면 다시 그때 그 약자의 자리로 돌아갈 수 있을지도 모르기 때문이다. 유럽이나 미국과 같이 기독교를 국가나 삶의 기반으로 삼는 나라의 국민과 정치가들은 예수의 십자가 정신을 폐기 처분하는 일을 중단해야 한다. 기독교 복음은 그들 국민이 살아가는 윤리의 근간이요, 용서와 화해로 과거의 상처와 기억을 치유하는 영원한 평화의 패러다임임을 명심해야 한다.

이스라엘의 고난

그렇다면 국가 이스라엘은 왜 이렇게 거칠고 민감하게 됐을까? 자신들이 겪었던 고난의 트라우마 때문이라고 생각한다. 종교·사회적인 측면으로 보자면, 지금 유대인들이 이슬람인들을 겨누고 있는 칼날은 기독교의 반유대주의라는 독버섯에서 자양분을 공급받아 더 날카로워진 칼이다. 유대인은 아우슈비츠 가스실의 벽에 기대어 절망하며, 이스라엘을 선택하신 "하나님은 정당하신가?"라고 울부짖어야 했다. 그들은 고난받는 자신들의 민족적 정체성을 이사야 53장의 '고난받는 종'에 일치시키며, 고난이 단지 자신

들의 불의 때문이 아니라, '인류를 위한 고난'이라는 사상을 가질
만큼, 그들의 고난은 깊었고 그 성찰은 숭고했다.

사실 평화를 사랑하는 많은 이스라엘인들은 전쟁과 분단, 증
오와 보복의 악순환을 끊고, 어떻게 인류에게 하나님의 의로운 나
무라는 자신들의 영광스러운 정체성을 심을 수 있을까를 고뇌할
것이다. 저 기나긴 반유대주의 역사를 고통스럽게 받아들이는 유
대인 랍비, 조너선 색스(Jonathan Sacks)의 글을 인용해 본다.[3]

> 나는 유대인이다. 유대인이기에 조상들의 눈물과 고통을 뼈저리
> 게 느낀다. … 그들의 눈물은 유대인의 기억, 다시 말해 유대인의
> 정체성에 깊이 새겨져 있다. 내가 어찌 내 영혼에 쓰인 고통을 놓
> 아줄 수 있겠는가? 그러나 그렇게 해야 한다. 내 자식들과 아직
> 태어나지 않은 내 자식들의 자식들의 미래를 위해 과거의 증오
> 위에 그들의 미래를 세울 수는 없으며, 그들에게 사람들을 덜 사
> 랑하는 방식으로 하나님을 더 사랑하라고 가르칠 수는 없다. 나
> 를 용서해 달라고 하나님께 기도할 때마다 그들을 용서하라는 하
> 나님의 음성을 듣는다. … 내가 신앙 때문에 목숨을 잃은 조상들
> 에게 빚진 의무는 더 이상 신앙 때문에 죽는 사람이 없는 세상을
> 만드는 것이다. 나는 과거를 반복하기 위해서가 아니라 과거에서
> 배우기 위해 과거를 존중한다. … 우리가 증오에는 사랑으로, 폭

---

3. 조너선 색스, 『차이의 존중: 문명의 충돌을 넘어서』 임재선 역 (말글빛냄, 2007), 312.

력에는 평화로, 원한에는 관대한 마음으로, 갈등에는 화해로 응
답해야 하는 이유가 바로 여기에 있다.

예수의 눈물은 어떤 눈물일까? 아마도 이런 화해와 평화의 마
음을 잃어버린 이스라엘에 내릴 무거운 하나님의 심판을 내다보
면서 흘리신 눈물일 것이다. 하지만 다른 한편으로 그것은 평화를
사랑하는 이스라엘인으로서의 눈물, 아니 더 나아가 그런 높은 자
의식으로 살아야 하는 '책임적 이스라엘'을 깊이 사랑하는 눈물이
아닐까? 지금 팔레스타인에는 묵묵히 평화를 지지하는 이스라엘
시민들이 많아져야 한다. 얍복 나루에서 피가 아닌 눈물을 주셨던
야웨 앞에, 이제 싸움을 내려놓고 묵묵히 하나님의 공의의 심판을
고대하며 자신도 그를 두려워하며 행동하는 '변화된 야곱'이 많아
져야 한다. 그래서 우리는 이스라엘이 이스라엘 되기를, 그리고 기
독교의 이름으로 유대인을 이토록 거칠고 황폐하게 만든 국가와
사람들이 진정 평화의 복음을 믿고 따르는 사람들이 되기를 고대
고 기도해야 하겠다.

제1부

헬레니즘의 세계화와 유대인의 종교 '민족주의'

서론

이 책은 팔레스타인에서 기원전 2세기에 일어난 마카비 혁명으로부터 기원후 1세기에 발발한 제1차 반로마 봉기까지 유대인의 고대사를 정치·종교사적 맥락에서 파악하여, 20세기 한반도에서 발생한 3·1운동을 해석하는 새로운 관점을 제시하려는 간학문적 시도이다.

마카비 혁명(기원전 167-164년)은 헬레니즘 시대 셀레우코스 왕조의 지배하에서 외세와 귀족의 지배에 대항한 항쟁으로 발생했다. 이 사건은 겉으로는 종교적인 동기에 의해 발발한 것 같지만, 구조적으로는 헬레니즘 왕국이라는 외세의 경제적 지배를 내부적으로 관철한 예루살렘 귀족체제에 대항하여 일어난 '혁명'이라 할 수 있다. 이런 의미에서 마카비 혁명은 한말 조선의 민중이 양반 지배층의 경제적 착취와 외세의 침탈에 항거하여 일어난 19세기 말 동학농민운동과도 비교할 수 있다.

'유대 전쟁'(기원후 66-74년)은 로마의 지배에 항거하던 반로마 '봉기'의 성격이 강하다. 헬레니즘의 경제체제가 로마 제국 시대에도 여전히 관철됐지만, 이 유대인 봉기는 '민족주의'와 종교의 동기가 훨씬 더 강하게 작용했다고 볼 수 있다. 바빌로니아 포로기 이후 형성된 고대 유대교에서 유대인의 '종교 민족주의'는 단순히 독립된 국가를 세우는 것을 목표로 하지는 않았다. 그들에게는 지상의 '바실레이아'(나라, 왕국)보다도 종교적 자유와 평화로운 삶의 추구가 더 본질적이었다.

나는 이러한 이스라엘의 역사에서 뜻밖에도 한국사의 '3·1운동'을 이해하는 데 대한 새로운 관점을 발견할 수 있었다. 3·1운동 과정에서 보여지는 여러 행위와 특징들을 포착할 때, 3·1운동은 단순한 독립 국가 건설이라는 목표보다 훨씬 더 높은 이상을 추구한 사건으로 이해될 수 있기 때문이다. 이러한 가설을 바탕으로 3·1운동에 대한 연구를 검토하던 중, 나의 생각을 뒷받침하는 사례를 만날 수 있었다. 정치학자인 박명림은 3·1운동을 한반도에 국한된 항일·독립·민족운동을 넘어, 세계 보편적 지평을 갖는 민주공화·세계시민·보편평화의 한 봉우리로 조망했다. 그가 쓴 3·1 운동 100주년 기념대회의 취지는 다음과 같다.[1]

1919년 우리는 주체적으로 세계와 만났습니다. 이 땅에서 처음이었습니다. 100년 전 각성된 우리는 대한제국의 백성이나 일제의

황국신민이 아닌 자유와 평등, 그리고 주권과 평화를 위해 행동
하는 세계시민이었습니다. 3·1운동은 우리들 세계시민이 민주공
화와 보편평화의 횃불을 높이 쳐든 숭고한 걸음이었습니다. 침략
적 제국주의와 배타적 민족주의를 모두 넘어서려 했던 3·1운동
의 정신과 유산은 오늘의 동아시아와 세계에 여전히 큰 울림을
갖습니다. 아니, 오늘에 더 절실합니다. 지금 모든 인간의 동등한
자유와 평화를 향해 나아가기 위해, 한국민들은 세계 최고의 내
부 대립, 역내 갈등, 전쟁 위기를 극복하여 세계의 보편평화에 이
바지해야 하는 세기적 소명과 마주하고 있기 때문입니다. 우리는
세계입니다.

그는 항일·독립·민족운동으로서 3·1운동을 평가하는 기존의
인식을 넘어, 3·1운동이 갖는 세계 보편적 지평에 주목했다. "3·1
운동은 지배와 억압이 아닌 평화와 공존을 추구했고 제국주의 및
식민주의 그리고 오리엔탈리즘 및 옥시덴탈리즘마저 넘어서려 했
기 때문"이라는 것이다. 그리고 3·1운동이 보여 주는 평화의 관점
에서 오늘의 한반도와 세계 변혁의 실마리를 찾는다.

이러한 3·1운동에 대한 새로운 시각은, 예수와 초기 기독교 운
동을 고대 유대교의 종교 민족주의 환경에서 태어나 평화의 메시
아사상으로 발현된 유대교 개혁 운동으로 보려는 나의 주장과도
맥락을 같이한다. 이러한 평화사상의 중심에는 예수의 가르침과
성경이 놓여 있다. 즉 예수와 그의 말씀이 시공간을 초월한 두 세

계에서 비슷한 역사를 만들어 낸 것이다.

그러나 팔레스타인 고대사와 한국의 초기 기독교에서 일어난 이 일련의 사건을 해석하려는 시도는 약 2천 년이라는 시간의 간격과, 지중해 연안의 팔레스타인과 극동아시아의 한반도라는 공간의 간격을 어떻게 극복하느냐의 문제를 안게 된다. 그러나 우리는 고대사와 근현대사, 그리고 그 두 지역에서 벌어진 공통의 사건, 즉 '지배하는 대제국에 대한 피지배 민족의 저항'이라는 관점으로 이 문제에 접근하고자 한다. 특히 양국의 역사를 좀 더 구체적으로 조명하기 위해서는 동학으로 시작된 한국의 '종교 민족주의'의 성격과 비교하여 3·1운동에서 표출되는 기독교 평화가 어떠한 특수성을 가지는지, 또한 그러한 3·1운동의 참여자들이 기독교 평화사상을 공유하게 된 일련의 계기와 과정이 무엇인지를 검토해야 할 필요가 있다. 이를 위해 해당 내용은 한국사를 전공 중인 제자 강슬기와 공동 집필했다.

역사에서 제국의 지배와 그에 대한 약소민족들의 저항의 역사가 존속하지 않았던 때가 과연 얼마나 될까? 그 도구가 군사력이든 경제력이든, 종교이든 이념이든 지배와 피지배가 관철된 민족 간의 역사는 언제나 존재해 왔다. 시공을 관통하며 존재했던 제국과 민족들의 역사에서 우리는 약소민족 구성원의 종교적 자유와 평화 갈구가 그들의 사회정치적인 독립 및 평화 추구와 어떤 역학관계를 가지고 있는가를 설명하고자 한다.

먼저 기원전 약 2세기부터 팔레스타인을 지배하던 셀레우코스 왕조와 그 뒤를 이어 이곳을 지배한 로마 제국에 저항하던 유대인들의 민족주의를 마카비 혁명과 유대 전쟁을 통해서 살펴보려고 한다. 마카비 혁명이 발발한 배경에는 두 가지 요인이 존재했다. 하나는 팔레스타인에 일어난 헬레니즘의 경제적 착취체제였고, 다른 하나는 유대교와 헬레니즘의 문화적·정치적 충돌이다. 로마 시대에 발발한 유대 전쟁도 그 연장선에 있었다. 제1부에서는 포로기 이후 일상화된 이방인의 항구적인 지배로부터 유대인은 어떻게 종교적 자유와 평화를 추구했으며, 이 흐름에서 민족국가 건설을 위한 유대인의 투쟁은 신정 통치라는 유대인의 신앙과 어떤 역학관계에 있는가를 설명하려고 한다. 유대교의 제사장직과 메시아사상의 기원과 발전 과정을 통하여 이 문제를 설명해 보자.

제1장
주제와 관점

1. 자료의 성격과 관점

사실 이제까지 마카비 혁명은 마치 안티오코스 4세의 종교적 박해에 대한 유대인의 봉기로, 그리고 '유대 전쟁'은 민족적·종교적 감정에서 발발한 봉기로 역사가 요세푸스를 통해 읽혀왔다. 이렇게 이 두 사건은 이제까지 과도하게 종교적으로 채색되어 정치적·경제사적 요인이 가리어진 것이 사실이다. 이 팔레스타인 고대사를 통하여 한반도 근현대사를 보려는 시도를 정당화하기 위해서는 먼저 이 두 봉기를 발생시킨 고대 유대인의 역사는 물론 그들의 신앙 체계를 진술해야 한다. 또한 두 봉기의 배경으로서, 기원전 3세기 이후 팔레스타인에 전개된 헬레니즘의 양상과 초기 유대교의 형성 및 그 둘의 관계를 설명해야 한다. 그런가 하면 기원전 63년 폼페이우스에 의해 로마가 팔레스타인을 지배하면서 유대인의 민족국가에 대한 열망과 종교적 자유 추구는, 갓 태어나기 시작한 민족주의적 메시아사상이 고조되는 결과를 낳았기에 유대인의 종교 민족주의와 메시아사상을 다루어야 한다.

고대 유대인의 역사를 다룰 자료는 당시 헬레니즘의 역사 기록학(historiography)의 관점에서 분류할 수 있다. 그 관점은 한편으로는 헬레니즘 시대 역사기술의 보편적이고 합리적인 성격을 가지며, 다른 한편으로는 유대인만의 창조적이고 민족주의적 성격도 갖는다. 전자가 당시 그리스 주류의 역사학자들이 추구하던 관점이라면, 후자는 고대 근동 역사라는 이른바 지역학의 관점에서 주관적으로 기술하려는 흐름이다. 시대적으로 볼 때 기원전 3-1세기까지의 역사서는 마카비서를, 기원전 63년-기원후 70년까지의 역사서는 요세푸스의 저서를 제외하면 우리가 다룰 사료가 거의 없다. 게다가 요세푸스의 저작 시기도 기원후 80-90년대여서, 기원후 70-132년까지의 역사에 접근할 수 있는 자료는 남아 있지 않다. 특히, 요세푸스의 『유대 고대사』에서도 1-11권까지의 전편은 성서와 성서 밖의 자료를 이용하여 성서의 저자들이 '진리'를 말한 것과 같이 이야기들을 '창안'해 내어 민족주의적 색채를 강하게 띠고 있는가 하면, 12-20권까지는 기원후 70년에 이르는 '당대 최근의 역사'를 폴리비오스처럼 합리적으로 다루거나 다마스쿠스의 니콜라오스처럼 보편적으로 다루고 있다. 물론 요세푸스의 『아피온 반박』이나 자서전인 『생애』에서는 좀 더 논쟁적인데, 이는

그의 모든 저작의 근본 취지가 바로 '민족의 역사'를 기록하는 데
있었기 때문이다.

기원전 3-2세기 헬레니즘 시대 근동 민족들에 관한 역사기술
자료에 언급된 내용을 검토할 때, 멘델스(Doron Mendels)는 다음과
같은 3가지 핵심적인 사항을 염두에 두어야 한다고 지적한다. 첫
째, 헬레니즘 작가들의 '창의적인' 역사기술은 주류이며, 둘째, 그
들에게 '과거'란 당대의 민족주의적 활동을 정당화하는 증빙 문서
로 사용되고, 셋째, 과거에 관심을 두는 이 시기 유대인의 많은 작
품은 당대 근동의 민족주의적 역사물과 비교 검토하여야 한다는
것이다. 그러면서 그는 판단하기를, 유대인 역사가들 역시 당대의
요구에 만족하도록 과거의 역사를 재구성하기 위해서는 헬레니즘
작가들의 보편적이고 포괄적인 경향에 영향을 받지 않을 수 없었
다고 한다.[2]

그러나 신약성서의 저자들은 민족주의에 관심을 두지는 않았
다. 오히려 그들은 헬레니즘 역사가들의 역사기술에 영향을 받으
며 보편주의적 경향을 띠고 있다. 누가복음과 사도행전의 역사기
술이 그렇고, 복음서들도 당대의 전기적 작가(플루타르코스나 수에토
니우스)의 작품에 비견될 수 있었다. 그들이 사용하고 있는 계보들
은 히브리 성서와 헬레니즘 문헌들 모두에서 발견되고 있고, 공관
복음의 자료 사용 공유법은 역대기나 열왕기는 물론, 요세푸스가
『유대 전쟁사』와 『유대 고대사』에서 서로 자료를 공유하는 방법
에 비견할 수 있다. 특히 역사기록 방식에서 복음서 저자들의 담

론과 내러티브의 자유로운 창안은 이 시기 역사기술과 유사한 셈
이다.

2. 고대 민족주의와 종교

이 방대한 역사는 현재의 팔레스타인 고대사 연구가 워낙 다양한
관점으로 기술되고 있기에, 우리는 이 주제에 일정한 관점을 가지
고 접근해야 한다. 물론 역사를 해석하는 거의 모든 관점은 주관
적일 수밖에 없고 또 특정 주제라는 렌즈로 고대사에 접근해야 하
지만, 자료의 객관적인 평가를 토대로 하여 논리적인 체계를 구축
한다면 설득력을 가질 수 있을 것이다. 나는 이 팔레스타인 고대
사를 종교 민족주의라는 주제로 접근하고자 한다. 그것은 현대의
역사 연구나 고대 이스라엘의 역사를 해석하는 데 있어서 국가와
민족, 민족주의라는 주제가 공통의 화두가 되고 있기 때문이기도
하다. 이 주제는 3·1운동을 해석하는 우리의 관점과 연관이 깊다.
우리는 지금 신자유주의 경제체제에서 강대국 간에 벌어지는 치
열한 국가자본주의 패권 대결의 소용돌이 속으로 빨려 들어가는,
이른바 세계화의 위기를 견뎌 내고 있다. 그런 대한민국의 구성원
이자 세계시민으로서 살아가는 그리스도인으로서 민족적·종교적
정체성을 고민하는 이 작업은 의미 있는 일이 아닐 수 없다.
　　그렇다면 하나의 민족과 종교가 역사 속에서 어떻게 상호작용

하여 공동체 구성원의 의식과 삶, 문화에 영향을 주어 왔는가? 종교는 역사라는 토양에 뿌리내려 개개의 민족으로 살아가는 인간의 삶과 뒤엉켜 자라난다. 그래서 한 종교의 특성은 경전의 가르침이 어떻게 그 민족의 역사와 삶 속에서 구현됐는가에 따라 다양하게 진술될 수 있다. 여기에 종교의 보편적 진리와 그것을 수용하는 민족 전통의 특수한 연관을 추적하는 과제가 뒤따른다. 팔레스타인 고대사에서 이스라엘은 어떻게 민족이라는 의식과 정체성을 가지게 됐을까? 민족과 민족주의란 관념은 과연 근대의 산물일까? 만일 고대에도 민족이라는 개념을 사용하는 것이 가능하다면, 그것은 근대의 민족주의 형성에 어떤 의미가 있을까? 과연 이러한 질문으로 동서양은 물론 고대사와 근현대사의 공간을 넘나드는 해석의 다리를 구축할 수 있을까? 이는 근현대는 물론 구소련의 여러 민족의 분리 독립 열망 속에 담긴 민족주의와도 연관이 있을 것이며, 여기에 종교적 분쟁에까지 개입되어 있는 최근의 중동과 팔레스타인의 분쟁에 대한 지역학 담론으로 확대될 여지를 준다.

고대에 종교가 어떤 한 민족의 역사 속에서 근대적인 의미의 '민족주의'가 구현된 보기 드문 사례를, 제2성전기 유대인의 역사와 종교에서 찾을 수 있다는 관점에서 우리의 논의는 시작한다. 우리는 이 종교를 고대 유대교, 혹은 초기 유대교라고도 부른다. 그런데 바빌로니아 포로기 이후 유대인 '민족주의'를 이해하는 데에 흔히 발생하는 오류가 있다. 헬레니즘 왕국과 로마 제국에 대

한 유대인의 저항을 단지 국가 건설을 위한 '독립투쟁'이라는 의
미의 정치적 민족주의로 보려는 것이다. 더 나아가 유대인이 유대
교 경전인 토라를 준수하기 위해서 이방인을 멀리하는 종교문화
적 태도도 그런 관점으로 일갈하려는 경향이 있다.

예를 들어 보자. 유대인은 마카비 혁명을 승리로 이끌어, 시리
아 지역을 지배했던 헬레니즘 왕국 셀레우코스 왕조의 지배로부
터 독립하여 하스몬 왕조(기원전 142-63년)를 건립했다. 그러면 마카
비 가문과 연대했던 유대교 '정통주의자들'인 하시딤의 신앙 운동
은 과연 민족 독립을 추구하기 위한 '이념'이었을까? 만일 그랬다
면, 왜 이들은 헬레니즘 세계에서 어쨌든 민족국가를 수립한 하스
몬 가문과 거리를 두어야 했을까? '이방인 왕'처럼 되어 버린 마카
비 가문의 '세속적 태도'가 원인은 아니었을까? 또 기원후 66년부
터 일으킨 유대인들의 반로마 봉기를 지탱하기 위해, 예루살렘 성
전에서부터 갈릴리에 산재한 요새들로 숨어들어 버티어 낸 그들
의 투쟁은 단지 로마 제국으로부터 해방된 국가를 이루기 위한 독
립운동이었을까? '유대 전쟁'으로 발전된 이 봉기를 촉발한 열광
주의자 집단 '젤롯'(Zealot)이 추구한 '자유와 평화'는 민족국가 수
립을 위한 종교적인 대의명분에 불과했을까? 모든 역사적 사건에
는 양면이 있을 것이다.

이 유대 전쟁의 저항군 일원이었던 플라비우스 요세푸스는 로
마군에 투항했고, 후에는 로마 황실에서 유대교를 변호하고 다른
한편으로는 로마의 통치를 악으로 규정하여 저항하던 유대인들을

설득하려고 『유대 전쟁사』를 저술했다고 술회한다. 그는 유대교
란 '국가 없이도 존속 가능한 유대 민족'의 종교라는 관념을 가지
고 있었다. 사실 '영토와 국가 없는 유대인의 삶'이란 수천 년간 유
대인의 존재 방식이 되어 왔다. 포로기 이후 예레미야에서 시작되
어 페르시아와 헬레니즘 시대, 그리고 로마 시대까지 팔레스타인
에서는 유대인이 벌인 끊임없는 반란들이 있었다. 그 피날레가 된
바르 코흐바 봉기(기원후 132-135년)를 황제 하드리아누스가 진압하
고 유대아(Judea)와 성지 예루살렘에서 유대인을 추방한 후, 현대
이스라엘이 건국되기까지 국가 없이 존속 가능한 유대인의 종교
와 전통은 지탱됐다. 그런 의미에서 오늘날의 '시온주의자들'은
그런 오래된 유대교 전통과는 결이 다른, 이스라엘 민족의 가나안
정복 이야기를 오늘의 현실에 구현하기 위해 민족국가 이념으로
재무장한 '국가주의자들'인 셈이다.

　하여간 유대교의 '정통' 혹은 주류가 그런 민족적 국가주의자
들이었을 것이라는 오해는, 복음서를 예수의 생애로 읽으면서도
예수가 왜 민족주의자가 아닌 평화주의자의 이미지로 다가오는가
를 이해하기 어렵게 한다. 그들은 예수의 적대자들, 아니 예수의
제자들조차 유대인의 항구적인 자유와 평화의 수립을 위해서 이
스라엘 민족국가 수립을 추구했으리라는 막연한 추측에서 성서를
읽는다. 그래서 신약의 가장 잘 알려진 구절 가운데 사도행전 1:6
을 『개역개정』은 "주께서 이스라엘 나라를 회복하심이 이때니이
까"로 번역하고, 『새번역』은 "주님, 주님께서 이스라엘에게 나라

를 되찾아 주실 때가 바로 지금입니까?"라고 더 나아간다. 그러나
이 본문의 원문은 "주여, 그 나라를 이스라엘에게 회복하심이 이
때니이까?"라고 번역해야 그 뜻이 옳게 전달된다. 왜냐하면 부활
후 승천을 앞둔 제자들이 한 이 질문에서 "그 나라"(ἡ βασιλεία)란 이
스라엘 민족국가가 아니라, 바로 그 앞에서 언급한("하나님 나라의 일
을 말씀하시니라", 행 1:3) 예수께서 공생애에 선포하고 행하여, 이제
마지막으로 제자들에게 기억시키려고 하시는 하나님의 보편적
'바실레이아'에 관한 것이기 때문이다. 물론 예수께서는 제자들
질문의 전제를 수용하시고, "때와 시기는 아버지께서 자기의 권한
에 두셨으니 너희가 알 바 아니요 오직 성령이 너희에게 임하시면
너희가 권능을 받고 예루살렘과 온 유대와 사마리아와 땅끝까지
이르러 내 증인이 되리라"(행 1:7-8)고 말씀하셨다. 예수의 '바실레
이아'는 세상에 속하지 않은 것이나, 현대의 독자들은 막연하게
역사의 예수를 따랐던 추종자들이 적어도 예수의 부활을 경험하
기까지는 '민족주의자'였다고 생각한다는 말이다. 다시 말하면, 예
수 시대의 유대교는 온통 독립된 민족국가 수립을 지상의 목표로
삼고 있었다는 오해가 만연해 있는 셈이다.

　나는 이러한 오해가 '근대적 민족주의' 관점으로 '고대의 종교
민족주의'를 해석하기 때문에 발생한다고 생각한다. 그래서 우리
의 논의를 위해서는 먼저 '민족주의'에 관한 양 시대의 개념을 정
립할 필요가 있다. 좀 더 근본적으로, '근대나 고대에 과연 민족주
의는 존재했던가?'라는 질문에서 시작하는 편이 낫겠다.

제2장
고대 이스라엘과 '민족주의'

1. '민족주의' 개념의 혁신과 복원

역사학 담론의 중심에 놓인 '민족'(nation)과 '민족주의'(nationalism)
의 개념을 성서학에서도 논의할 수 있을까? '민족'이 언제, 어떻게
형성됐는가에 대한 의견은 크게 도구론적 입장(주관주의적 민족 이론)
과 원초론적 입장(객관주의적 민족 이론)으로 나뉜다. 민족의 형성에
대한 독일 학파의[3] 의견은 '문화민족'이라는 개념에서 출발한다.
즉, 언어, 공통의 문화유산, 종교, 관습과 같은 객관적 기준이 민족
의 기초로서 강조된다. 민족은 국가에 선행하며, 공통의 역사적 가
치와 사회적 유대에 기초를 둔 실재라는 것이다.[4] 민족주의와 종
교의 역사를 연구한 역사가 스티븐 그로스비(Steven Grosby)는 『내
셔널리즘』(*Nationalism: A Very Short Introduction*)에서 '민족'이라는 용어

를 과거와 현재에 계속 사용한다는 사실이 민족으로 지칭되는 영
토에 기초한 비교적 단일한 문화가 상당 시기 동안 지속하고 있음
을 강력하게 암시한다고 보았다.[5]

한편 민족 형성의 시기와 관련하여서 20세기 말에는 근대주의
와 역사주의의 입장에 차이가 나타났다. 어네스트 겔너(Ernest Gell-
ner), 베네딕트 앤더슨(Benedict Anderson), 에릭 홉스봄(Eric Hobsbawm)
등의 근대주의 학자들은 민족이 내셔널리즘을 만든 것이 아니라,
내셔널리즘이 민족을 만들었다고 주장했다. 이에 대립하는 역사
주의 학자의 대표로는 앤서니 D. 스미스(Anthony D. Smith)를 들 수
있다. 그는 프랑스어 '에스니'(ethnie)의 개념이 근대적 '네이션'
(nation)이 성립하기 이전에 존재했으며, 그것은 민족의 역사적 토
대로서 문화와 역사를 공유하는 관념으로 존재했다고 주장했다.

유대인 민족의 형성사를 판단할 때, 근대주의설과 주관주의적
민족 이론, 역사주의설과 객관주의적 민족 이론 가운데 각각 어느
쪽이 더 타당성이 있을까? 우리의 관점은 객관주의적 민족 이론,
역사주의설이 주장하는 민족에 관한 관념에 더 가깝다. 예컨대, 민
족을 '상상의 공동체'로 보는 시각은 무엇보다 그러한 상상의 주
체를 전제로 한다. 또한 스스로를 특정 민족에 속한다고 '느끼는'
주민이 있어야 한다. 이런 의미의 '주민'은 서로 간에 강한 친밀감
과 동질감을 느낄 터인데, 이는 그들 사이에 공유되는 생물학적·
문화적 공통성에 바탕을 둔 것일 수밖에 없다. 그렇다면 민족의
객관적 요소는 명백히 민족의 주관적 의지에 선행하는 것이라고

할 수 있겠다.[6]

이러한 문제의식에서 우리는 민족에 관한 스미스의 다음과 같은 정의를 차용하여, 민족을 "그 구성원들이 공유하는 신화와 기억과 상징과 가치와 전통을 배양하고 역사적 고향에 거주함은 물론이요, 그 고향과 자신을 동일시하며 특징적인 공적 문화를 창출 및 확산하고, 공유하는 관습은 물론 공통의 법을 준수하여, 타인에 의해 민족이라 명명되고 스스로 그렇게 규정하는 인간 공동체"라고 규정하고 논의를 시작하고자 한다.[7]

또한 민족주의에 대한 여러 가지 정의에서 우리가 차용할 개념은 '정체성으로서의 민족주의'에 가장 가깝다. 민족주의의 기원의 문제에서, 민족주의가 인간의 생득적 의식인가, 근대 시기의 역사적 구성물인가에 대한 논쟁은 핵심 쟁점이었다. 민족주의를 정의하는 방식은 민족을 정의하는 방식에 따라 크게 세 가지로 정리할 수 있다. 첫째는 정체성으로서의 민족주의(고전론 및 중세론), 둘째는 담론으로서의 민족주의(근대 초기론) 그리고 셋째는 이데올로기로서의 민족주의(근대론)이다. 민족주의 연구의 흐름에서 공교롭게도 1983년 민족주의의 기원에 대한 근대론의 기념비적 연구 성과들이[8] 집중적으로 출간됐고, 이러한 논의에 힘입어 근대주의는 현재의 민족과 민족주의 해석의 주류로 자리 잡게 됐다. 그러나 아무리 완고한 근대론자라도 역사적인 관점에서 종족, 민족, 민족주의 사이의 내재적 연관성은 부정할 수 없었으며, 민족주의처럼 강렬한 감정이 19세기에 별안간 발생할 수 있는가라는 의문에 적확

한 대답을 내놓기는 어려웠다. 이러한 견지에서 중세론자인 아드
리안 해스팅스(Adrian Hastings)는 민족주의의 기원을 검토하기 위해
서 중세 종족과 근대 민족 사이의 연속성을 주장한다. 특별히 그
는 성경의 영역에서 종족과 민족의 문자적 연속성에 주목하는데,
즉 성경 요한계시록의 "각 족속과 방언과 백성의 나라"(계 13:7;
14:6)에 나오는 "나라"(nation)는[9] 인종을 뜻하는 그리스어 '에트노
스'(ἔθνος)의 번역이며, 이는 곧 라틴어 *natio*로 번역됐고, 영역에
서는 1350년대에 처음으로 'nacion' 혹은 'nacioun'으로 옮겨졌다
고 주장한다.

　최근에는 아예 민족주의의 기원을 중세를 넘어 고대에서 찾으
려는 시도가 새로운 흐름으로 자리를 잡고 있다. 이러한 고전론
(classicism)에 따르면, '우리'가 '그들'과 구별된다는 의식, 우리와 그
들이 통상 민족으로 불리는 특정한 집단이나 사회로 분리되어 있
다는 의식은 고대 근동 및 그리스 세계에서도 확인될 수 있을 정
도로 뿌리 깊은 것이다. 이렇게 민족적 소속감과 정체성의 기원이
유구한 것처럼, 민족주의도 단순히 특정 시점에 나타난 정치 이데
올로기가 아니라 인간 존재에 고유한 정서라 할 만큼의 깊이감과
밀도를 가지고 있다는 것이다. 이러한 주장은 민족과 민족주의의
역사적 영속성을 강조한다는 점에서 '영속론'(perennialism)의 일종
으로 여겨진다.[10] 고전론자들이 민족적 정체성의 고대적 기원을 논
할 때 고대 근동에서 유대인의 정체성으로 자주 거론하는 개념은,
노아의 후손으로서 공통의 혈통과 언어와 종교, 무엇보다 영토에

기반을 둔 직접적 관계망에서 유래한 민족, 즉 히브리어 '고임'(*goyim*)이다. 앞에서 언급한 스티븐 그로스비는 또 다른 연구에서 구약성서의 "온 이스라엘"('콜-이스라엘')이라는 이스라엘의 집단성 표현(신 13:11; 21:21; 수 7:25; 삼상 3:20; 삼하 3:12 17:11; 왕상 1:20 등)을 추적한다. 그는 고대 이스라엘이 씨족과 부족을 포괄하되 그것을 초월하는 하나의 집단적 실체라는 "믿음"이 적어도 기원전 7세기 이후에 발견되며,[11] 또 제국이나 도시국가와는 다른 그 집단에게만 속한 "지역경계를 관통하는 지정된 영역"(a designated trans-local territory)이 있다는 "믿음"도 존재했음을 주장한다.[12]

그런가 하면 민족과 민족주의에 대한 최근의 연구 성과 또한 근대주의에 대한 강력한 반론을 제기하며 이 글의 논지를 뒷받침하고 있다.[13] 텔아비브대학교의 아자르 가트(Azar Gat)와 이스라엘의 역사학자 알렉산더 야콥슨(Alexander Jacobson)의 공동 연구 저서인 『민족』(Nations)은 전통주의적 민족 이해를 다시 소환하여, 민족은 이미 근대 이전, 역사 시대 초기의 국가 형성과 함께 존재해 왔다고 주장한다. 근대 이전의 민족과 민족주의의 존재를 긍정하는 이러한 관점은, 고대 근동의 역사와 사회를 이 주제로 연구하는 우리의 접근에 요긴하다. 그러나 근대 이전의 국가 형성과 민족의 기능에 관한 전문적 논쟁은 이 연구 범위를 넘어선다. 다만 우리는 고대 세계에서 발생한 민족과 민족주의를 파악하여 근대적 민족의 개념과 접목할 수는 있겠다.

2. '책의 민족'

그렇다면 과연 제2성전기 이스라엘인에게 민족에 대한 의식이나 정체성이 존재했던가? 이제 우리는 이 문제를 유대인의 '율법 책'이라는 관념으로 접근함으로써 유대교의 민족에 관한 관념을 설명하려고 한다.

스튜어트 윅스(Stuart Weeks)는 "성서 문학과 고대 유대인 민족주의의 출현"(Biblical Literature and the Emergence of Ancient Jewish Nationalism)이라는 논문에서 고대 유대교의 자기 이해와 열망은 현대 민족주의의 열망과 매우 유사한 개념을 가지고 있었다고 주장한다.[14] 그는 민족성(nationality)과 종족성(ethnicity)을 상호교환 가능한 개념으로 보는 겔너의 민족주의에 관한 개념을 근거로, 유대인들이 인식하고 있는 자기 정체성을 이렇게 추론한다. "민족성과 민족주의는 동전의 양면이라고 할 수 있을지 모른다. 즉, 양자는 객관적으로 측정될 필요가 없는 공통점과 차이점을 넣어서 만든 구성물이고, 민족성과 민족주의 사이의 가장 분명한 차이는 국가 주권에 대한 열망이어서, 국가가 다양한 민족 집단으로 구성되는 것은 충분히 가능하다."[15] 다시 말해서, 민족주의는 국가 주권을 추구하려 하지만 민족성은 반드시 그렇지는 않다는 것이다.

그는 성서에 묘사된 정치적 독립이나, 영토에 대한 배타적 점유권 주장이 실제로 존재했다고 인정하더라도, "역사상 이스라엘과 유다가 다른 민족들과 분리됐던 성서적 경계를 점유했던 적

은 없었다"고 한다.[16] 포로기 이후 유대교의 형성 과정에서 이것은
명확히 드러난다. E. 슈테른(E. Stern)에 의하면, 느헤미야 11:25-35
에서 묘사된 영토 경계는 유다 공동체의 이상이었지 역사적 실체
는 아니었다.[17] 게다가 당시 유다 공동체는 페르시아의 한 총독('페
하')이 지배하는 한 관구(管區), 즉 유프라테스 "강 건너"('아바르 나하
르')의 일부였기 때문에, 그 이상은 결코 독립 국가에 대한 열망이
아니라 단지 종교적 열망에 불과했다. 웍스는 "이스라엘을 언어적
혹은 다른 객관적 이유로 하나의 구분된 집단이라고 볼 명백한 이
유가 없기에, 이스라엘의 민족성은 유대 공동체를 어떻게 인식하
느냐에 달려 있다고 보인다"고 한다. 그렇다면 유대인들은 정말
다른 민족들과 달리 이스라엘의 민족적 정체성을 인식했을까? 그
래서 예컨대, 이스라엘은 민족의 정치적 경계를 초월하는 특별한
민족이라는 관념을 가지고 있었을까?

　다른 예를 들어 보자. 그리스인들은 자신들의 민족적 정체성
을 기원 신화로 정의했다. 이를 통해서 그들은 자신들의 민족성을
추상적으로 차별화했지, 결코 객관적 차이를 정의한 것은 아니었
다. 도시국가들도 서로의 연대감으로 민족성을 공유했고, 또 각자
의 폴리스에 대한 충성심조차 정치적 지배 범위나 영토의 경계를
확정하고자 하는 열망은 아니었다. 헬레니즘 시대의 그리스인은
이른바 '헬라스인'이라는 범(汎)민족적 정체성으로 타민족에 자신
들의 문화적 경계를 확장했다. 물론 그들은 비그리스인을 '야만
인'이라고 경계를 지음으로써 추상적 차별성을 강화했지만, 이런

구별도 교육('파이데이아')을 통해 '헬레니즘화된 교양인'이 될 수 있는 가변적 경계에 불과했다.

그러나 '이스라엘'에 대한 성서적 개념은 그리스인이나 헬라스인, 고대 근동의 제국들이나 그 안의 작은 민족들의 민족 개념과도 다르다. 그것은 오히려 근대 이후의 민족의 개념에 더 친화성이 있다. 윅스는 한 민족이 어떻게 자신의 정체성을 인식해 왔는가는 역사적으로 개념화되어야 한다고 본다. 그는 독특한 접근법을 시도하면서, 우선 민족 정체성에 대한 수많은 집필과 문헌들이 지난 500여 년간 유럽에서 쏟아져 나왔다는 사실에 주목한다. 근대 민족주의를 역사적으로 기술하는 일반적인 경향은 기존에 확립된 민족성이나 민족 정체성을 초월하여 변화하는 정치 환경에서 새로운 정체성을 형성하는 경향이 있는데, 이 과정은 결국 문헌의 전파에 의해 촉진된 공유 문화를 인식하는가, 혹은 그렇지 않은가에 달렸다는 것이다. 윅스는 중세 이후 유럽의 역사에서 사례들을 들어 대중 문학작품은 인쇄물이든 구전이든 그러한 인식을 확산할 도구가 됐다는 사실을 설명한다. 공유된 이스라엘의 정체성을 기술하는 포로기 전후 이스라엘 문헌의 역사적 형성 과정을 통하여 그의 창의적 주장을 살펴보자.

성서 기자 중 일부는 예컨대(창 32장 등), 족장들의 이야기에 나오는 이스라엘의 출현을 국가적 또는 민족적 관점에서 과거로 묘사한다. 포로기 이전에는 그런 기록이 종교적 혹은 정치적 이데올로기라는 의미로 이해가 된다. 그렇지만 왜 같은 관념이 [이스라엘이 국가로 존속할 수 없었던] 포로기나 포로기 이후의 문헌에서도 지속하여 나타나는가를 이해하기는 매우 어렵다. 정복된 민족과 도시 대부분이 정치적 실체로서 존재하지 않을 때는 민족이라는 개념으로서 존재하지 않는 것처럼 보였고, 일반적으로 주권을 가지고자 하는 열망에는 정치적 단위를 초월한 민족 정체성 관념을 형성하는 애착이 부속되지 않았다. 따라서 예루살렘 패망 이후 개인의 생존 그 자체로는, 왜 그들의 후손이 정치적 회복을 지속적으로 꿈꾸어 왔는지 설명할 수 없다. 이것은 기원전 10세기에 통일 왕국이 존재했던 때에도 마찬가지였는데, 그 존재 자체로는 왜 사람들이 수 세기 이후에 그토록 통일 이스라엘을 갈망했는지 설명할 수 없다. 현대 민족주의 연구자들은 그런 생각과 그 배후에 있는 공동체 개념에 사람들이 서로 결속되어 있으며 이러한 과거가 그들의 유산이라고 말할 수 있는 어떤 수단이 있어야 한다고 생각한다.[18]

그런데 구약성서야말로 이스라엘의 정체성과 문화, 그리고 의식을 통한 민족 정체성을 표현하는 도구였다. 사실, 기록된 성서는 정체성의 보존과 확산 목적이 분명한 권위 있는 문서로서의 문학 작품이었다. 특히 예언서가 그랬다. 예레미야의 예언은 왕에게 전달될 목적으로 두루마리에 기록됐고(렘 36장), 에스겔은 전달을 위해 하나님으로부터 기록된 말씀을 받아 기록했었다(겔 2:8-3:3). 하나님이 율법을 돌판에 새겨 전달했고(출 32장, 신 10장), 이렇게 하여 이스라엘과 하나님의 계약은 텍스트로 전수됐다. 또 신명기 사가 (史家)는 신명기가 '율법 책'이라는 의식을 분명히 가지고 있었다 (신 28:58). 후대에 여호수아는 이 책을 읽었고 기록했으며, 더 후에 요시야의 개혁에서 사용된 책도 이 신명기였다(왕하 22장). 이런 관점에서 이스라엘 민족은 경전으로서의 성서가 존재하기 이전부터 '책의 백성'으로 묘사됐다. 이제 우리는 이 신명기가 포로기 이전과 이후 어떻게 민족 '이스라엘'의 관념을 존속시켰고 확산시켰는가를 좀 더 구체적으로 언급해야 하겠다.

3. 포로기 이후 민족 정체성

이스라엘은 율법을 공개 석상에서 낭독하는 전통을 가지고 있었다. 성서를 공동체적으로 낭독하는 이런 문화는 이스라엘을 통합시키는 역할을 했다. 그들은 텍스트를 통해서 자신들의 정체성을 인식했고 '율법을 따르는 자들'로 정의했다. 그런가 하면 가나안 문화에 대항하는 자신들의 문화적 정체성을 통일된 법전이라는 '책'을 통해서 선포한 사건이 바로 요시야 시대의 종교개혁이라고 할 수 있다. 에스라 9-10장에 의하면, 포로기 이후 혼혈 결혼에 대한 비난과 숙청이라는 공동체의 개혁도 율법의 공동체적 낭독이라는 전통 말고는 다른 어떤 권위에도 기댈 수 없었다. 이러한 전

통은 이스라엘 국가에 왕립 문서가 존재했음을 암시하는 것으로
서, 공적으로 율법을 낭독한 전승만도 약 30가지에 이른다고 주장
되기도 한다. 이스라엘 왕의 즉위는 율법 준수에 대한 공개적인
동의를 구하는 왕의 선서(왕하 23:2-30)가 있어야 가능했으며, 진정
한 의미에서 왕위는 계승되는 것이 아니라, 왕의 율법 준수 여부
에 달려 있었다.

사실 포로기 이전 분열 왕국 시대에 민족 관념을 강화했던 고
고학적 증거들도 많다. 쉬나이데빈트(Schneidewind)는 신명기를 통
해 예루살렘을 통한 중앙집권형 제의가 발달함으로써 "예루살렘
의 도시화와 국가 관료주의 증가, 고도로 복잡해진 국제적 수준의
경제 발전, 문자의 사용, 문서의 확산이 밀접하게 연관됐다"고 설
명한다.[19] 또 앞에서 설명했듯이 기원전 6세기 요시야 시대 남왕국
의 민족적 정체성은 '율법의 책'을 통해 강화됐다. 북왕국은 신명
기의 발견 100여 년 전에 이미 고도로 발전된 국가로 존재하다가
아시리아에 의해 함락됐는데, 신명기 사가(史家)는 공통의 조상 이
스라엘에 대한 역사의 선택적 기억과 동의, 문서화를 통해 민족
통합의 황금기를 맞이할 수 있었다고 추측한다. 이로써 공공 문화
나 관습법 협상에 참여하는 대중들에게 민족에 관한 인식과 관념
이 발전됐을 것이다.

비평적인 성서학자들은 이 모든 신명기 문화와 정체성 의식의
발전은 포로기 이후의 '창작'이라고 주장한다. 이 소박한 가설을
그대로 받아들인다 해도 이스라엘이라는 민족 고유의 이름, 공통

의 신화와 공유된 역사적 기억의 존재 자체는 가설에서 제거할 수 없다. 예를 들면, 키루스가 유다 공동체의 재건을 허락한 사실은 최소한 바빌로니아 시대 이전 가나안 땅에서의 이스라엘인들의 존재를 전제한다. 에스라서에 이른바 '반(反)혼혈주의'에 입각한 내부 개혁을 시행한 사례나, 창세기에 가나안 문화 혼합주의에 대한 반대가 자주 등장하고 있다는 사실은 포로기 이전에 이미 존재했던 이런 민족적 연대의식을 반증하는 셈이다. 더 나아가 에스라서에서 "왕의 법"과 "네 하나님의 율법"(스 7:26)을 시행했다는 사실에서 보듯이, 그를 파견한 페르시아의 지배하에서도 유다 왕국 시절의 법과 규범으로 이루어진 법률 체계가 여전히 유효했음을 의미한다. 신명기이든 신명기 사가의 작품이든 중요한 것은 공공 장소에서 율법의 낭독이 7년마다 이루어졌다는 것인데(신 31장), 모세는 물론 여호수아, 요시야 그리고 에스라(느 8장) 시대에 율법이 낭독됐다. 성서 저자들은 율법의 성문화된 형태를 매우 중요하게 여겼지만, 여기에 머무르지 않고 새로운 문학 장르를 창안하고 자신들의 역사적 사건에 대한 기억을 추가하여 이스라엘의 민족 정체성을 인식하고 확산했다.

이스라엘의 특수성은 이렇게 포로기 이후 유대교의 초기 형성기부터 거룩한 문서의 권위를 수용했다는 것인데, 그 원천은 물론 시나이 산 계약에서 시작된다. 역사서는 신명기를 뒷받침하는 주제적·편집적 특성이 있었지만, 신명기는 성문화된 계약 법전으로 인식되어 여타의 성문서나 구전 전승과 차별화된 권위가 부여됐다.

포로기 이후 이스라엘의 종교 '유대교'는 이스라엘에 대한 관념을 현재나 과거에 존속했던 정치적 실체에 근사한 개념으로 만들지 않고, 거룩한 문서라는 강력한 권위로 이스라엘의 본질과 의무 그리고 한계를 정했다. 이것이 고대 사회에서 민족의 관념을 텍스트로 제공했던 유대교의 특수성이었고, 개인이 '예후다 종족'이나 페르시아 제국의 시민보다 '이스라엘'의 일원으로서 자신의 종교적 정체성을 느끼며 그것으로 민족의 정체성을 권위 있게 선언했던 유일한 사례였다.[20] 근대 문헌들의 창작과 유포가 민족의 정체성을 형성하는 데 이바지했듯이, 고대의 성서 문학은 이스라엘의 정체성을 형성하는 데 중요한 역할을 했다. 또 율법을 공적으로 낭독하던 전통은 후대에는 회당에서 지속했지만, 정경에 의존하는 외경(外經) 및 위경(僞經) 같은 저작들은 공적으로 낭독되지는 않았을 것이다.

그런데도 데이비드 굿블랫(David Goodblatt)에 의하면 쿰란 공동체에서 공적(公的) 낭독에 적합했던 상당수의 텍스트가 있었음을 분명히 확인할 수 있는데, 이들은 대부분 권위 있는 책들을 포함하는 문헌들이었다.[21] 이 가운데서도 시편, Shirot 'Olat Hashabbat와 4QBerakhot는 공적 예배에서 낭송될 수 있었던 송가들을 포함하고 있었다. 이러한 증거들은 그런 공적인 낭독의 관행이 기원전 2세기 팔레스타인, 즉 '유대아'(Judea)에도 널리 퍼져 있었음을 보여 준다.[22] 특히 신명기의 사본이 27개나 됐다는 것은 이 권위 있는 책의 사본들이 유대아 지역 널리 청중들에게 전파되는 대중매체의 역할을 했고, 바로 공적 낭독(誦) 관행이 그것을 가능하게 했음을 보여 준다. 이런 '미디어'의 영향권하에 있는 유대인들은 공통의 조상과 공유 문화에 대한 의식을 창조했을 것으로 추측할 수 있는데, 쿰란 문헌은 제2성전기 유대아에서 대중적 민족의식이 얼마나 형성되어 존립할 수 있는가를 이해할 수 있게 해 준다.

이런 다양한 유대인의 문학작품은 이스라엘에 대한 유대인의 정체성을 확산하는 중요한 도구가 됐다. 이는 물론 오늘날과 같은 문헌 확산과는 전혀 다른 차원이었을 것인데, 에스라-느헤미야서에서 보듯이 이스라엘에 대한 민족적 정체성은 지배계급이 자신들의 이데올로기를 통하여 주도했지, 당시 대다수였던 '그 땅의 사람들'('암 하아레츠')에 의해 공유된 것은 아니었다. 사실, 이스라엘의 민족 정체성은 에스라-느헤미야가 의존한 성문화된 율법의 권위를 통해서만 확산할 수 있었다.

포로기 이후 페르시아 시대 이스라엘 민족에게는 비록 반(反)식민주의적 민족주의 특징이 있지만, 조세로 부여된 느슨한 자율성과 잃어버린 북왕국 영토를 되찾아 통합하려는 경향은 여전히 존재했다. 또 율법 준수자와 이방인을 통합하려는 전통은 유다 사회의 정체성으로 작용했다. 여기서도 율법 반포와 실행에 대한 동의는 새로운 정치적 상황에서 발화된 민족의식을 강화하는 역할을 했다. 그러나 이는 이전 식민지 영토에서 새로운 국가를 건설하기 위해 이질적인 민족 집단을 통합하는 이른바 '통합 민족주

의'를 목표로 하지는 않았다. 에스라와 느헤미야는 페르시아 제국
에서 파견된 사절단 혹은 총독이었지, 유다의 반식민주의적 민족
주의자들이 아니었기 때문이다. 이스라엘 공동체 내부의 이런 경
향의 운동은 이미 키루스 대왕 시절에 진압되고 말았다. 대신에
그들은 국가 의식이 아니라 이스라엘 공동체의 민족 정체성을 종
교적으로 구현하는 길을 갔는데, 이는 고대에 한 국가가 파괴되어
그 구성원들이 오랫동안 자신들의 민족 정체성을 상실했던 일반
적인 사례와는 분명히 다른 방식이었다. 유대교는 지역성은 물론
확립된 정치 구조를 초월하여 존재할 수 있는 방식을 택한 근대
국가의 길을, 고대에 민족 정체성을 통하여 걸어갔던 포로기 이후
형성된 이스라엘 민족종교였다.

　　요컨대, 유대인은 하나님과 이스라엘 사이에 맺은 계약 법전
을 통하여 자신들의 민족 정체성을 이미 고대에 형성했다고 말할
수 있겠다. 그들은 '이스라엘'이라는 이름의 상징과 신화, 역사 속
에 응집된 '문화적 기억'을 통하여 자신들과 주변 가나안 종족들
을 구분하는 관습과 문화를 영위했다. 신명기와 신명기적 역사서
는 민족의 이데올로기를 생산하고 정당화하는 성문화된 권위와
기준(canon) 그 자체였다. 이 거룩한 율법 책을 통하여 유일신 신앙
에 기초한 민족종교의 정체성을 유지하는 이른바 '언약적 율법주
의'(covenantal nomism)는 제2성전기 내내 토라의 엄격한 종교적 계
율을 법과 일상의 관습, 종교적 규범으로 실행함으로써 이스라엘
민족을 주변 민족들로부터 분리한다. 여기서 혈연에 기초한 종족

성(ethnicity)은 덜 중요하게 된다. 이스라엘의 제의가 성장하면서, 주변 종족이 유대교로 개종하거나 유대인으로 동화하는 사례들은 이스라엘의 민족적 정체성을 "오직 이스라엘 하나님의 법을 잊지 말라"는 신명기 신앙에 두고 있기 때문이었다(신 8:11).

4. 헬레니즘 세계의 민족주의

알렉산드로스 대왕 이후 형성된 동방의 헬레니즘 세계에는 원주민과 그리스인 지배자 및 정착민들 그리고 이른바 '헬라인들'(Hellenists)이라는 '그리스어를 사용하는' 혼합된 사회계층이 있었고, 이러한 사회는 초기 로마 지배의 시기까지 유지됐다. 고전적인 헬레니즘 역사학자 요한 구스타프 드로이센(Johann Gustav Droysen)은, 동양과 서양의 '융합'이라는 헬레니즘의 속성은 단순한 결합이 아니라 새로운 문명이 발효되어 출현한 것으로 정의한다. 그렇다면 헬레니즘 세계에서 지배자인 왕의 사적(私的) 소유와도 같았던 왕국 '바실레이아'에서 민족과 '민족주의' 관념은 과연 가능했을까?

멘델스(Doron Mendels)에 의하면 동방 세계의 헬레니즘화는 모든 곳에서 균일하게 진행되지는 않았고, 지역과 국가마다 상이해서 특정한 지역의 원주민들은 수 세기 동안 자신들의 문화를 견지해 왔다. 특히 이집트인과 시리아인 이란인, 리비아인, 에돔인, 바빌로니아인은 지배자들의 문화에 동화되지 않고 민족적 전통을 효과적으로 전수했다고 한다.[23] 예를 들어, 바빌로니아인과 리비아인은 고대 이집트인과 같이 상형문자(hieroglyph)를 사용하며 그 가운데 신관(神官, hieratic) 서체와 민용(民用, demotic) 서체를 보존해 왔고, 그뿐만 아니라 이집트 신화를 제정(帝政) 로마 시대에까지 전수해 왔는데, 그리스어 어휘의 영향을 상당히 받았던 콥트어조차도 이집트 민족어로 남아 있는 것을 볼 수 있다. 민족이라는 개념에서 언어는 중요한 요소인데, 유대인의 고대 히브리어 문자(paleo-Hebrew) 사용은 동전이나 유물들에서 잘 입증되고 있다. 헬레니즘 시대에는 상류층에서나 그리스어를 사용했고, 민중들은 아람어를 통용어로 사용했으며, 많은 종교 문헌들은 히브리어로 재생산됐는데 쿰란 문서들이 가장 중요한 증거다.

종교적으로 토착 원주민들이 민족종교를 거부하고 새로운 신들을 숭배하지는 않았다. 램지 맥멀렌(Ramsay MacMullen)에 의하면, 고대 근동에서는 이시스(Isis)와 같이 보편적으로 유행하던 헬레니즘 신들과 경쟁하며 민족의 신들이 성전과 제사장들을 중심으로 숭배됐는데, 에돔인의 신 코스(Cos), 티레인의 신 멜카르트(Melkarth), 이집트의 신 오시리스(Osiris)가 여전히 숭배되고 있음을 보여 주었다.[24] 멘델스는 종교 민족주의가 배양됐던 정치·사회적인 배경으로 지배층과 토착민의 융합이 쉽게 일어나지는 않았던 측면을 제시한다. 이러한 주장은 우선 헬레니즘 사회는 압도적으로 지배와 피지배 계층으로 이원화됐다는 점에서 개연성을 갖는다.

본토 그리스인들은 자신들을 '헬라스인'으로 토착민들과 구별하
려 했고, 본토 그리스인들도 다양한 출신의 '리그'를 형성하기가
더 쉬웠다. 실제로 그리스 시인들이 종종 자신들의 고향 도시를
그리워하듯이, 아테네 출신과 테베, 스파르타 혹은 에페소스 출신
의 그리스인들은 자신들의 '민족적' 전통을 자랑하는 분위기가 만
연했다. 게다가 알렉산드로스 사후 이른바 계승자들의 전쟁을 통
해서 차지한 드넓은 정복지에서 그들의 영토 경계를 마케도니아,
셀레우코스 그리고 프톨레마이오스 왕국으로 정착하면서 페르가
몬이나 유대아, 키레나이카와 같은 작은 민족들로 구성된 소국가
들이 출현할 수 있었다.[25] 바로 이런 분위기에서 이 작은 정치 단위
가운데 이른바 '애국심'을 자극하는 문학을 통하여 민족의 정체성
을 자극하게 됐다는 것이다. 예를 들면, 다니엘 1-6장은 거대한 4
대 왕국 사이에서 탄생하는 유대인 민족 탄생의 배경을 암시하는
데, 7장에서는 2장의 환상이 발전된 단계로서 "가장 높으신 분의
성도들"이 나타나고 있다.

> 내가 보고 있을 때에, 새로 돋은 그 뿔이 성도들에 맞서서 전쟁을
> 일으키고, 그들을 이겼으나, 옛적부터 계신 분이 오셔서, 가장 높
> 으신 분의 성도들의 권리를 찾아 주셔서, 마침내 성도들이 나라
> 를 되찾았다(단 7:21-22 『새번역』).

그런데 이 묵시적 장르에 등장하는 이른바 이방인 왕들과 다

니엘의 '궁정 이야기'(*Hofgeschichte*)가 민족주의적 색채를 띠고 있는지, 아니면 하나님의 세계 통치에 대한 묵시문학의 보편적 세계 이해를 핵심으로 하고 있는지는 논쟁거리이다.[26]

그리스인 장군들이 통치하는 고대 근동에 헬레니즘 왕국이 건설되면서 왕조의 정당성과 정체성은 통치의 필연적인 과제가 된다. 그렇다면 그리스인 왕권과 토착민들의 전통적인 왕권의 경쟁 관계에서 정치적으로 과연 누구의 정체성이 왕권 유지를 위해 더 효과적이었을까? 알렉산드로스의 계승자들에 의해 최종적으로 형성된 마케도니아와 셀레우코스, 프톨레마이오스 왕조는 각각 어느 정도의 차이는 있었지만, 토착 세력과 원주민들의 민족적 전통을 수용하는 방향으로 나아갈 수밖에 없었다. 헬레니즘 왕국은 그리스 장군들이 거머쥔 절대적인 왕권으로 본질상 왕국을 왕의 '사유지'로서 관리하는 정치체제였다. 도시 '국가' 형태를 유지하며 귀족정과 민주정을 통해서 통치하는 이 체제는 그리스 세계에서는 낯선 것이었다.[27] 그들은 재빠르게 이 왕권과 왕국을 세워 가기 위해서 필요한 조치들을 취할 수 있었다. 그래서 다양한 작은 민족들의 문화와 언어와 종교제 등을, 이른바 신전 국가 형태의 자치공동체로 운영하도록 허락했다. 그들은 토착 종교의 제사장들을 소왕국 형태로서의 민족의 지도자로 세웠다. 마케도니아인 왕들이 지배하는 이러한 형태의 헬레니즘 왕국의 상부 지배체제는 정복지의 종교와 문화, 전통을 수용하고, 토착민의 민족적 정체성을 내세움으로써 옛 왕조의 새로운 계승자로 자처할 수 있었다.

이러한 정책은 여러 민족을 통치할 셀레우코스 왕조보다는 이집 트와 같은 오랜 전통과 문화를 지닌 민족에서 더 효율적으로 작동 될 수 있었다고 멘델스는 주장한다.[28]

그러나 혼합된 헬레니즘 왕국의 정체성이 하루아침에 형성될 수는 없었다. 그리스-마케도니아인 지배자들과 토착 민족이 혼합 된 형태의 사회에서, 이제 새로운 정체성 형성의 주체가 될 새로 운 계층이 출현했다. 이들은 피지배 민족의 엘리트를 중심으로 형 성된 계층이었는데, 한편으로는 그리스의 경제체제를, 다른 한편 으로는 자신들 민족의 종교와 문화를 융합하여 새로운 정치적 정 체성을 생산하는 역할을 하게 된다. 이 엘리트 계층은 그리스인들 의 경제적 이권을 관철하며, 그리스와 동방 세계의 종교와 문화를 혼합하여 토착 종교와 문화를 재정의하여 토착 원주민들의 삶과 종교 전통에 새로운 정체성을 생산했다. 이 새로운 세계에서 그리 스의 신들은 물론 그리스 종교제의가 토착 신과 제의를 대체하는 데, 예컨대 토트는 헤르메스로, 오시리스는 디오니시오스로, 그리 고 멜카르트는 헤라클레스의 이름으로 숭배된다.[29] 이 엘리트 계 층은 그리스어를 사용하는 토착민으로 정의할 수 있는데 우리말 번역어에서 '헬라주의자'(Ἑλληνιστής)라고 명명한다. 이 번역 용어 는 매우 혼돈스럽기는 하지만, 그리스 본토(Ἑλλάς) 사람을 지칭하 는 헬라인(Ἕλλην)과는 구별되어야 한다. 예를 들어, 신약성경 사도 행전 6:1 이하에서 등장하는 '헬레니스테스'(Ἑλληνιστής)는 『개역개 정』으로는 "헬라파 유대인," 『새번역』으로는 "그리스말을 하는 유대 사람"이라고 번역하는데, 유대인 토착 상류층으로 그리스어를 사용할 수 있는 '헬레니즘계 유대인'으로 보아야 한다.

이 계층에 의해 생산되는 새로운 종교 전통이 헬레니즘이라는 당대의 보편적 그리스 전통의 속성을 갖는지, 아니면 더 원주민들의 전통에 가까운지는 물과 기름의 경계처럼 분명히 구분될 수 있는 것이 아니다. 지배자들과 피정복민들의 종교와 전통, 문화는 지역과 민족이 처한 역사적 상황에 의해 상호작용하며 동화와 저항 사이를 오가며 명멸(明滅)됐다. 헬레니즘 시대의 민족들 가운데 이집트인과 아랍인, 일부 에돔인들처럼[30] 민족종교와 전통을 지켜 나갔던 유대인들은 거대한 헬레니즘 왕국의 틈바구니에서 마카비 혁명으로 마침내 독립을 쟁취한 유일한 민족이었다. 이들은 헬레니즘 왕국의 지배하에서 '헬레니즘계 유대인'의 종교적·정치적 혼합주의에 저항하며 마카비 혁명을 일으켜 마침내 '유대아 혹은 유대인 성전 국가'(Judean/Jewish temple state)라는 결실을 거두었다. 이 '종교 민족주의'가 이룬 국가는 기원전 142-63년, 곧 불과 80년간 존속하다가 다시 로마 제국에 의해 완전히 주권을 상실했지만, 유대인들은 기원후 66년 제1차 반로마 항전(유대 전쟁)으로 다시 자신들의 종교와 정치적 상징을 고수하려 했다.

멘델스는 로마 시대의 유대인 민족주의의 역사를 개관하며, 대부분의 시대의 유대인들은 "수동적 민족주의"의 태도가 우세했으나 마카비 혁명과 유대 전쟁에서만 민족주의가 고조됐다고 평가한다.[31] 그는 이스라엘의 민족적 정체성을 형성하는 핵심 요소는 영토, 성전, 그리고 계약 법전을 드는데, 유대인에게 왕권과 왕권을 유지하는 군대란 전적으로 야웨의 계약에 대한 이스라엘의 충성에만 달려 있었던 것으로 생각됐기에 제외한다. 그래서 이스라엘은 국가의 왕권을 인간 왕에게 귀속하는 이방인 민족 전통을 거부하거나 제한해 왔다. 다음 장에서 우리는 군사 지도자인 마카비 가문과 종교 집단 '하시딤'이 결별하게 된 유대인 종교 민족주의의 '불협화음'을 설명하게 될 것이다. 요컨대, 유대인에게 헬레니즘의 '세계화' 속에서 이스라엘의 '민족 정체성'은 유대교라는 종교 민족주의를 통해서만 지속할 수 있었다.

그런가 하면 팔레스타인을 로마가 지배하기 시작한 기원전 63년부터 왕권의 상징은 정치와 종교가 소용돌이 속으로 들어가면서 탈색되어 간다. 헤롯 왕 가문은 유대인 민족주의의 상징에 근접한 이방인 지배자로서, 이른바 '위(僞) 유대인 왕'(pseudo-Jewish ruler)으로서 로마 제국의 대리인으로 인정됐다. 또 일부 유대인은 이방 세계가 된 팔레스타인에 저항하여 수도 예루살렘(영토)과 성전의 상징적 의미를 박탈하고 경쟁적 도시로 카이사레아(Caesarea)를 세우기도 했다. 유대인은 이렇게 로마 지배의 대안을 모색하면서 그들의 민족주의의 상징은 해체되고 탈바꿈되기도 한다. 종교와 정치의 이러한 긴장 관계는 팔레스타인에서 이방인과 유대인 사이에서만 발생하지 않고 더 복잡한 상황에서 일어나면서 유대인 민족주의는 변화하고 있었다.

유대인이 헬레니즘 왕국과 로마 제국에 저항하면서 발생한 봉기와 혁명과 같은 역사적 산물이 과연 그들의 전통 고수의 결과였는지, 아니면 헬레니즘 정치체제의 민족적 변형이었는가를 진술하는 것은 확정하기 어렵다. 여기서 우리는 오히려 유대인이 어떤 역사적 상황과 과정을 통하여 자신들의 종교적 상징과 정체성을 유지했는가를 진술하는 편이 역사적 사실에 더 부합하는 길일 것이다. 그래서 어떤 특정한 상징적 지표를 통하여 자신들의 전통을 지켜나간 유대인의 종교 민족주의를 역사적으로 탐구할 필요가 있다고 생각한다. 헬라인들과 구별되는 유대인의 민족적 특성은 종교 자체로만 존재했고 종교를 통해서 추구했으나, 그렇다고 유대인들이 팔레스타인에서 독립된 국가의 꿈을 버린 것은 아니었다. 하지만 마카비 혁명에서 민족적 연대를 성취했던 그들의 최종 목적이 외형상으로는 '이방인 왕국' 같아 보이는 하스몬 왕국은 아니었다. 정치와 종교의 확실한 분리는 불가능했다. 종교 자치체로 존립하는 '민족국가' 형태에서 파생되는 왕권과 대제사장권의 관계 문제나 비유대인들과 유대인 왕국 간 영토 경계의 문제에서 유대인들은 다양한 민족주의의 상징을 사용했다. 이제 나는 유대교의 제사장직을 통하여 그 문제를 역사적으로 살펴봄으로써 유대인 종교 민족주의와 '세계화'의 면모를 진술하려고 한다.

제3장
유대교 대제사장직과 종교 민족주의의 출현

제2성전기 유대교의 민족주의와 '세계화'를 다루는 데 있어서 핵심 주제는 이방인 지배의 현실과 유대교 신정(神政) 통치의 이상(理想)을 오가는 딜레마이다. 이스라엘은 바빌로니아에 의해 유다 왕국이 멸망한 후 포로에서 귀환하여 페르시아 제국 속의 한 민족으로서 살아야 했다. 그들은 무너진 솔로몬 성전을 재건하여 이른바 제2성전을 중심으로 '유대인 성전공동체'(Jewish temple state)로서 이방 '민족들' 속에서 살아갔다. 고대 이스라엘 민족의 역사를 통해서 끊임없이 추구했던 야웨의 신정 통치는 이제 이방인 왕이 지배하는 제국 영토 안에 있는 '섬'에서 실현되어야 했다. 이 역사적 상황에서 하나님을 대리한 통치자는 이스라엘 민족국가의 왕이 아니라 유대교(Judaism)라는 종교의 대제사장이 된 셈이다.

이제 제2성전기 유대교 대제사장직의 역사적 변천 과정을 밝

혀 유대교의 민족주의 관념이 어떻게 헬레니즘의 '세계화'와 결부
되어 보편적인 유대교의 모습으로 변모해 가는지를 서술하려고
한다.[32]

1. 제2성전 체제와 대제사장직의 부상

포로기 이전 이스라엘 왕국의 역사에서 신명기적 신학과 역사관
은 왕들과 백성들을 심판하는 척도였다. 그러나 포로기 이후 유대
교에서 토라가 규정하는 성전의 거룩성은 유대인의 삶과 신앙의
상징이었다. 대제사장은 이 민족적 상징의 최후 보루였던 셈이다.
따라서 성전체제와 대제사장직은 매우 밀접하게 연관되어 유대인
민족의식을 형성하고 있었다. 그리고 이 종교적 민족의식은 이방
인 지배의 역사적 상황에 따라 보편적 세계의식과 대결하며 독특
한 변화를 경험해 나갔다. 바빌로니아의 침공에 의해 고대 이스라
엘 왕정이 붕괴되고, 페르시아 제국이 이스라엘 민족을 지배했다.
귀환 이후 페르시아 제국의 관할지 '예후다'에서 이스라엘 민족은
당시 "유대인 성전공동체"로 존속했는데, 이는 고대의 '신전국가'
형태였다.[33] 초기 페르시아 키루스 대왕 시절 유다 지역은 세스바
살 같은 "예속 왕"(vassal king) 체제로 잠시 지탱되다가 점차로 총독
제로 바뀌게 된다.[34] 포로기 이전까지 대제사장직은 왕을 보좌하
는 직위로서 크게 드러나지는 못했다. '예후다'는 엄연히 페르시

아 왕이 파견한 총독의 관할하에 있었고, 대제사장은 유다를 대표하는 상징적 인물일 뿐이었다. 하지만 유대교에서 대제사장은 신정 통치를 구현하는 하나의 '이상적 인물'로서 유대인 민족주의의 상징이어야 했다. 이 딜레마는 초기 페르시아 시대 귀환과 성전 재건에서부터 나타난다.

그렇다면 왜 성전은 키루스 왕 때에 완공되지 못하고 무려 20여 년이나 중단되다가 기원전 515년 다리우스 왕 때에 완공됐을까? 라이너 알베르츠(Rainer Albertz)에 의하면, 귀환 이후 예후다에서는 다윗 왕권을 회복하려는 움직임이 있었다. 학개와 스가랴의 예언은 민족주의 '메시아사상'(messianism)의 경향으로도 읽을 수 있다(특히, 학 2:20-23; 슥 6:9-14). 스룹바벨은 다윗 가문에 속한 지도자로서, 말하자면 유다 왕조의 후예였다(학 2:21-23; 비교, 슥 6:9-15). 알베르츠는 이러한 상황이 페르시아 제국을 자극하기에 충분했을 것이라고 생각한다. 물론 이런 주장에 대한 반론으로, 스룹바벨이 페르시아에 대항하는 민족주의자였는가가 분명하지 않다는 점을 들 수는 있다.[35]

하지만 에스라서 1장에 의하면 키루스는 "유다의 왕자 세스바살에게"(1:8) 성전을 재건할 권한을 부여했다. 그러나 이 신비의 인물은 에스라서 5장에서 과거를 회고하는 유대인들의 답변에서 한 번 더 언급되고는 성서에서 사라진다. 거기서 그는 성전의 기초를 놓았던 인물로 언급되지만(5:16), 이번엔 왕자가 아니라 "총독"(פֶּחָה, 5:14)이라고 묘사된다. 세스바살은 성전 재건과 연관되어 에스라서

에서 더는 언급되지 않는다. 다른 한편, 에스라서의 저자는 약간의
시기를 두고 또 다른 귀환의 지도자로 "총독" 스룹바벨과 "대제사
장" 예수아를 언급한다. 그들은 먼저 희생 제단을 쌓았는데(3:2),
당시에 성전의 기초는 아직 없는 상태라고 기록한다(3:6). 말하자
면 성전 기초를 놓은 사람은 바로 이들이다(3:8, 11f.). 그런데 성전
재건이 완성되는 시점에서 총독과 대제사장의 이름은 빠지고(6:14)
예언자 학개와 스가랴, 유다의 원로들이 성전 건축을 지속했다고
기록하고 있다. 이어지는 성전 봉헌식에서도 스룹바벨과 예수아
의 이름은 전혀 언급되지 않는다(6:13-18). 이렇듯 페르시아 제국 지
배하의 성전 완공이 다윗 왕조를 재건하려는 유대인 민족주의 세
력을 배제해야 비로소 가능했으리라는 정황이 더 설득력을 갖는
다.

점차로 대제사장은 페르시아의 정치적인 상황에서 총독과 공
존할 수 있는 지위로 정착되어 총독 부재 시에는 통치에도 관여했
다. 즉, 성전 예배를 관장하는 지위에서 점차로 자치공동체의 최고
수반(首班)으로, 유다 공동체를 대변하는 상징적 인물로 진화했던
셈이다. 대제사장이 통치와 밀접히 연관되면서 율법 실행의 '근본
주의자'라 할 수 있는 유일신주의자(Yahwist)들과 '자유주의자'라
할 수 있는 혼합주의자들 사이를 넘나드는 정치적 유연성을 보여
주었다.[36] 그들은 후에 헬레니즘 시대에는 때로 하시딤을 지지하
여 이방인들과 맞서 싸웠지만, 때로는 예루살렘을 헬레니즘 체제
로 개혁하는 일을 주도하기도 했다. 이런 대제사장 가문의 정치적

행보는 이미 페르시아 시대로부터 '민족과 이방인 세계'를 넘나드는 '동화주의자'의 본질을 유감없이 드러내었다.

　페르시아 시대 '예후다'의 총독들은 역사상 세 사람만 기록된다. 초기 스룹바벨과 기원전 432년경 느헤미야, 그리고 후기로 접어들던 기원전 408년경에 파견된 바고히가[37] 그들이다. 하지만 대제사장은 끊일 수 없었고 왕처럼 가문에 따라 승계됐다. 페르시아 시대 대제사장은 사독 가문이 계승하고 있었는데, 원래는 아론계로서(대상 6:8) 포로기 이전에 솔로몬을 왕으로 옹립한 사독은 예루살렘의 대제사장이 됐고 사독 가문의 대제사장직은 헬레니즘 시대에도 계속 계승됐다.[38]

2. 사독 가문에서 하스몬 가문으로

알렉산드로스 대왕의 동방 정벌로 페르시아 시대는 끝나고 헬레니즘 시대가 열리며 팔레스타인은 기원전 약 300-200년 기간 동안 이집트 왕조의 지배를 받았다. 그 후 기원전 약 200년부터 유대인은 시리아 왕조의 지배를 받게 됐다. 이스라엘은 고대 문명이 교차하는 지정학적 요충지에 위치하여 시리아의 안티오코스 왕조와 이집트의 셀레우코스 왕조 사이에 끼어 양국의 세력 확장에 따라 운명이 결정됐다. 이로 인해 '유대인 성전공동체'의 대제사장직은 양국 사이의 국제정치 역학관계에 의해 심하게 요동쳤다.

이 시기 역사에 등장하는 사독계 대제사장을 연대기적으로 파악해 보면 다음과 같다.[39]

오니아스 1세(기원전 309-265?년) - 시몬 1세 - 엘르아잘(283-246?년) - 므나세 - 오니아스 2세(246-221?년) - 시몬 2세(221-204?년) - 오니아스 3세(?-175년) - 야손(175-172년) - 메넬라오스(비사독계. 172-162년) - 공백기(오니아스 4세?) - 알키모스(비사독계. 162/160-159년)

유대교 신정 통치는 사독계 대제사장 시몬 2세 때 절정에 이르지만, 이후 그의 아들 오니아스 3세는 헬레니즘 개혁의 역풍 때문에 기원전 175년에 폐위되고 결국은 살해됐다. 또 다른 아들 오니아스 4세는 이집트로 망명하여(*Ant.* 12.237, 387) 레온토폴리스에서 유대교 성전을 짓고 유대인 군사 정착촌을 형성하여 지휘하게 된다(*Ant.* 12.388; 13.62-73; *War.* 1.33). 그러다가 기원전 152년 결국 마카비 가문의 요나단이 대제사장직에 오르면서 사독계 대제사장들은 신정 통치권에서 완전히 밀려날 수밖에 없었다.

'의인' 시몬 2세가 죽은 후 이집트 대 시리아 구도로 재편된 예루살렘 귀족층의 권력 지도는 한층 복잡해진다. 그의 세 아들 오니아스 3세와 오니아스 예슈아(야손), 시몬 사이에 권력 투쟁이 벌어진 것이다. 마카비2서 3:1-39은 예루살렘의 "시장(市場) 감독권"(ἀγορανομία, 3:4) 문제로 대제사장 오니아스 3세와 시몬 사이에서 벌어진 권력 투쟁을 보도한다. 여기서 '시몬'이 누구인가는 우리

에게 중요하다. 마카비2서의 저자는 헬리오도로스 이야기에 등장
하는 시몬을 성전의 '재정 관리자'라고 하며 이렇게 소개한다.

> 그런데 빌가 가문 출신으로서 성전의 경리 책임을 맡았던 시몬이
> 란 자가 있었는데(Σιμων δέ τις ἐκ τῆς Βενιαμιν φυλῆς προστάτης τοῦ ἱεροῦ)
> 그와 대제사장 사이에 예루살렘의 시장 관리권에 대해서 의견 충
> 돌이 생겼다(2마카 3:4 『공동번역개정』).

그리스어 사본들에는 '빌가'(Bilgā)가 "벤야민 지파"로 되어 있
다. 이렇게 되면 시몬은 제사장 가문이 아니다. 그러나 라틴어 사
본과 아르메니아 사본을 종합하여 나온 '발가'(Balga)—맛소라 본문
으로는 '빌가'(Bilgah)—는 느헤미야 12:5, 18과 역대기상 24:14에서
보듯이 제사장 가문이다.[40] 하지만 이 가문이 포로기 이후 예루살
렘의 대제사장직을 지냈던 사독 가문이 아닌 것은 분명하다. 즉,
예루살렘의 실권자가 된 시몬은 비(非)사독계 가문임에도, 안티오
코스 4세 때 그의 형제 메넬라오스를 대제사장직에 올렸다.

그러나 요세푸스에 의하면, '의인' 시몬 2세에게 세 아들 오니
아스 3세와 야손, 메넬라오스가 있었고, 야손의 뒤를 이어 대제사
장이 된 메넬라오스의 원래 이름이 '오니아스'라고 한다(Ant.
12.5.1).[41] 이렇게 되면 '의인' 시몬 2세의 아들들이 차례로 대제사장
이 된 것이다. 그럼 요세푸스는 왜 그들을 사독 가문으로 '묘사'하
는가? 그의 관점은 아론부터 안티오코스 4세의 유대교 '박해' 이

전까지 유대교의 대제사장은 오직 사독 가문에 의해 계승됐다는 이데올로기로서, 기원후 1세기까지 유대인들에게 확고했던 제사 장직의 숭고함과 거룩함에 대한 유대인의 종교적 신념을 반영한다.

대제사장직에 관한 이런 숭고한 관념은 이스라엘은 야웨만이 참된 통치자라는 이른바 '신정국가'에 관한 민족의식과 결부된다. 요세푸스는 신정체제가 모세에게로 거슬러 올라가는 것으로 생각했는데, 그는 통치의 근원이 왕도 소수의 귀족도 백성도 아닌 하나님에게서 유래하는 체제라고 신정체제를 정의했다.

> 율법의 창시자들 가운데 일부는 군주제를, 다른 이들은 과두제를, 그리고 또 다른 이들은 공화제 형태를 허락했다. 그러나 우리의 율법 창시자는 이런 형태는 염두에 두지 않고, 굳이 표현하자면 신정체제(θεοκρατία)라고 표현될 수 있는 공동체(τὸ πολιτεύμα)를 우리에게 보여 주었는데, 이는 모든 지배와 권력이 하나님에게로 속한 것이다(*Apion.* 2.164-5).

요세푸스는 『유대 고대사』(4.14-34)에서 민수기 16장에 나오는 고라의 반역을 아론의 제사장직 독점에 대한 비난으로 초점을 맞추어 길게 해설하며, 아론의 제사장직은 하나님의 뜻이라고 결론을 맺는다. 또한 다른 본문(*Ant.* 20.224-51)에서는 아론 가문에 의한 대제사장직 승계가 마카비 가문에 의해 중단됐음을 암시한다.[42]

그런가 하면 요세푸스는 하스몬 가문의 성공적인 정복 군주 힐카노스 1세가 바리새인을 버리고 사두개인을 선택하던 정치적 배경을 설명한다. 한번은 바리새인 엘르아잘이 공개 석상에서 왕의 아내가 전쟁 포로로 끌려갔던 경력이 있기에 대제사장의 자격이 없다는 비난을 늘어놓았다(*Ant.* 13.288-98). 요세푸스는 『유대 전쟁사』에서도 이런 견해를 밝히는데, 대제사장직의 정통성을 면면히 유지해 왔던 유대교가 신성한 대제사장직을 지키지 못함으로 전쟁의 비극을 맞게 됐다고 해석한다. 예루살렘의 "함락은 대제사장 안나스의 죽음과 함께 시작되었다"(*War.* 4.318)는 것이다. 유대교의 핵심 가치는 율법 준수에 있었기에 비록 대제사장일지라도 율법을 거스른다면 징벌을 받아야 마땅하다는 대제사장의 신성성을 옹호한다. 이런 요세푸스의 관념은 이것이 그의 독특한 관점이 아니라 제사장에 대한 당시 유대교 민족의식의 핵심 상징 가운데 하나였음을 보여 준다.

하지만 이 양면적 태도는 당시 유대인 민족주의가 정치적 현실과 종교적 이상 사이에서 겪을 수밖에 없었던 역설적 상황을 반영한다. 사실 포로기 이후 이방인의 지배는 예루살렘을 대제사장이 관할하는 한 크게 문제가 되지 않았다. 제사장의 주도권이 '거룩한 곳'을 관할하고 대제사장을 통해 이방인 왕의 징세 체제를 수행한다고 할지라도, 이것은 일종의 타협이 이루어진 셈이었기 때문이다.[43] 그러나 유대인들에게 헬레니즘의 세계화는 조상의 전통의 심장을 향하는 뼈아픈 지배력이었다. 마카비 혁명은 예루살

렘과 성전체제, 즉 제사장적 신정 통치체제를 위협하는 이방인 왕
권과 유대인 하수인들에 대한 유대인의 민족주의적 저항이었다.
그러나 결국 이 저항은 대제사장직에 왕관을 씌우고 이방인의 지
배에 복종하도록 하는, 이른바 "종교를 국가로부터 분리"하는 공
존 모델이라고 볼 수 있었다.[44] 이제 앞에서 개관한 헬레니즘 시대
유대인 민족주의와 세계화의 갈등을 마카비 가문의 대제사장직
문제를 중심으로 좀 더 깊이 들어가 보자.

3. 마카비 혁명의 정치적·종교적 배경

유대인은 고대 이스라엘 시대로부터 이미 강대국의 틈바구니에서
자신의 삶을 영위해 나가야 했다. 알렉산드로스 대왕 이후 헬레니
즘의 '세계화'로 지중해 연안이 하나의 경제권과 문화권으로 통합
되면서 팔레스타인에는 이른바 고대의 '국가자본주의'가 정착됐
다. 군사와 경제가 혼합된 통치체제는 팔레스타인에 일상화된 착
취체제를 만들어 놓았고, 거대한 국부(國富)의 유출 구조는 예루살
렘 중심의 귀족 정치가들에게서 시작되어 가장 말단에 있는 세리
들에 의해 완결됐다. 이렇게 마카비 혁명은 물론 기원후 66년 발
발한 유대인 제1차 반로마 항전, 이른바 '유대 전쟁'도 바로 이런
세계제국의 지배체제가 낳은 반외세·반귀족 민족주의 혁명의 산
물이었다.

지중해 역내 헬레니즘 국제정치 질서의 틈바구니에 끼인 이스라엘의 운명은 기원전 200년까지는 이집트의 프톨레마이오스 왕조, 그리고 그 이후 얼마 동안은 시리아의 셀레우코스 왕조가 좌우했으나 결국, 서쪽으로부터 지중해 패권을 장악해 오고 있는 로마 제국에 의해 결정됐다. 기원전 167년 지방 사제가문 하스몬의 마카비 형제단은 국내외적 헬레니즘 세력에 대한 반외세·반귀족 봉기를 이끌었지만, 로마 원로원의 비호를 받지 않으면 성공할 수 없는 상황이었다. 로마는 팔레스타인을 지배하던 시리아 왕조를 견제해야 했다. 지중해 역내의 이 미묘한 정치적 역학관계에서 마카비 가문은 기원전 142년에 가까스로 독립된 하스몬 왕조를 건립하고 '유대인 성전 국가'라는 지위를 유지했다.[45]

마카비 혁명은 유대인 종교의 '심장'을 자극한 사건에 의해서 발발했다. 기원전 172년 안티오코스 4세가 새롭게 대제사장으로 세운 메넬라오스는 예루살렘에서 디오니소스 제의와 함께 통치자 제의도 축제로 거행했다(2마카 6:7). 유대교 대제사장 자리를 놓고 벌인 시몬과 메넬라오스의 검은 뒷거래로 유대인의 정서는 더욱 험악해지고 있었던지라(2마카 4:39), 예루살렘 성전과 금고를 노략질하는 사건은 혁명의 불씨를 지피기에 충분했다. 그는 부친 안티오코스 3세가 로마와의 충돌로 마그네시아 전투에서 패배하여 188년 아파메아 평화 협정을 비분해하며 부과받은 거대한 전쟁 배상금(요세푸스에 의하면 약 12,000타렌타)이 늘 짐이 되었다. 그리하여 169년 이집트를 공략하러 가는 길에 예루살렘 성전을 강탈하여 자금을 확보하려 했다. 게다가 168년 설립된 예루살렘의 성채 아크라(akra) 건설은 유대인의 종교에 이방인 지배의 멍에를 채운 격이었다. 이것은 마치 일본 제국주의 통치의 심장부였던 조선총독부와 같았다. 마침내 167년 예루살렘 성전에서 매일 드리는 타미드(tamid) 번제를 폐지하고 야웨의 이름을 보편화한 제우스 올림피우스의 이름으로 새로운 제의를 시작했다(1마카 1:37, 39).

이제 안티오코스 4세는 점차 지중해 동부를 향해 세력을 확장하는 로마의 패권에 눌려 이집트를 포기하고 유대 지역에 자신의 정치력을 집중해야 했다. 그는 반란을 잠재우고 친시리아 세력인 메넬라오스를 임명하며 예루살렘에는 프뤼기아인 필립포스를, 그리심 산에는 안드로니코스를 수비대와 함께 배치했다. 기원전 167년 예루살렘에서 또 다른 반란이 일어나자 안티오코스는 이번에는 뮈사르크 아폴로니오스를 사령관으로 임명하여 부대를 파견했다. 그는 안식일까지 기다렸다가 무장 해제된 유대인들을 공격하는 방식으로 예루살렘을 점령했다.[46] 그리고 예루살렘 성벽들을 무너트려 성전 산 남동쪽에 '아크라'라고 부르는 강력한 요새 도시를 세워 수비대를 상시적으로 배치했다.[47] 이 요새는 셀레우코스 왕조로부터 유대인 성전 국가가 완전히 독립하던 기원전 141년까지 다윗의 도시에 세워진 이방인 군사 식민도시가 된 셈이다. 마카비서는 이 사건의 상징성을 다음과 같이 묘사하고 있다.

　　그들은 신앙 없는 백성, 율법을 모르는 자들을 배치하였다. … 그

들로 인하여 예루살렘의 주민들은 도망가고 이방인 거처가 되었
다(1마카 1:34, 38; 비교, 3:36).

이렇게 안티오코스의 이른바 '종교 박해'는 헬레니즘의 세계
화라는 연장선에서 일어난 유대교 내부 권력 투쟁과 맞물린 사건
으로 볼 수 있다.[48] 실제로 반란이 진압된 후 메넬라오스가 유대인
의 대제사장으로 다시 복권됐다는 사실이 그런 성격을 잘 보여 준
다. 도시 예루살렘은 메넬라오스나 토비아스 가문과 같이 다시 정
치적 노선을 시리아로 변경한 헬레니즘계 유대 귀족과 그리스 시
민의 소유가 됐다. 이러한 일련의 사건들은 먼저는 헬레니즘의 경
제적 착취가 노골화되어 가던 농촌의 유대인들에게 종교적 분노
를 일으켰다.

이제 바야흐로 헬레니즘의 '잔잔한 파도'는 끝나고, 본격적으
로 '거친 파도'가 이스라엘의 신정주의(theocraticism)를 위협하게 된
것이다. 정치사적으로 지중해의 새로운 패권은 로마인에게 넘어
가고 있었고, 이 틈새에서 헬레니즘 세력에 대한 토착 민족주의자
들의 반격이 예고됐다. 도시를 중심으로 진행된 헬레니즘의 세계
화로 경제적으로 착취를 당하고 있는 지방에서 농민들과 민족주
의 세력이 왕성하게 자라나고 있었다.

헬레니즘의 세계화에 부응하는 그런 일련의 조치는 아크라에
서 통치하던 유대인 개혁주의자들의 이름으로 행해졌다. 마카비
서는 이들을 '배교자들'이라고 지칭하는데, 보수주의자들의 저항

은 헬레니즘의 세계화가 더디게 진행된 시골의 제사장들을 중심으로 일어나 점점 확산했다. 이들은 성전 제사가 위기를 맞고 율법이 폐기되어 유대인과 이방인의 구별을 철폐하려는 예루살렘과 유대의 종교적 강화 조치에 저항하며 기원전 166년 모데인 지역의 하스몬 가문과 합세하여 봉기했다.

봉기의 중심에 있었던 마카비 가문은 '하시딤'이라는 종교 집단과 공고한 연대를 구축하는데, 후에 알키모스가 이방인의 왕에게 유다 마카비를 하시딤의 지도자로 간주하고 있을 정도다(2마카 14:6). 마카비서의 기록은 이들의 종교적 연대의 성격을 엿보게 한다. 그들은 율법이 금하고 있는 안식일에 전투를 거부함으로 무방비로 죽어 가는 사태를 경험한 후, "우리를 공격하는 자가 있으면 안식일이라도 맞서서 싸우자"는 제안에 "일군의 하시딤이 그들과 합세하였다"(1마카 2:41f.)고 전한다. 이들은 이스라엘의 신앙을 고수하기 위하여 "율법에 헌신된 자들"로서, "부정한 음식을 먹어서 몸을 더럽히거나 거룩한 계약을 모독하느니 차라리 죽음을 달게 받기로 하고 그렇게 죽어 갔"던 것이다(1마카 1:63). 하시딤의 지원으로 마카비 혁명이 비로소 유대교에서 대중적인 지지를 얻으며 전국적인 봉기로 확산됐다(1마카 2:42; 2마카 8:1, 6f.; 14:6). 그런가 하면 봉기가 일어난 초기인 기원전 166/165년 초에 마타티아스가 죽은 후 '마카비'(망치)라는 별명을 얻은 그의 세 번째 아들 유다는 군대의 지휘관으로 봉기의 전면에 서게 됐다(1마카 2:65-70). 마카비1서에서 유다는 크게 드러나지 않는데, 아마도 저자가 하스몬 왕조의 군사적 성격을 지우고 이방인의 지배하에서 벗어난 '유대인 성전 국가'의 정통성에 부합한 인물로 묘사하고자 했기 때문일 것이다.[49]

4. 종교 민족주의와 세계화

헬레니즘 시대 대제사장 신정체제의 변화는 민족주의와 헬레니즘식 세계화의 거대한 충돌이 그 배경에 있었다. 기원전 175년 예루살렘에서 일어난 헬레니즘식 개혁의 회오리와 이것에 저항하여 167년에 발발한 마카비 혁명, 그리고 152년 요나단이 대제사장직에 오르며 하스몬 왕조의 기틀이 세워진 일련의 유대교 역사가 그것을 보여 주는데, 여기서 예루살렘의 헬레니즘식 개혁은 그 충돌의 성격을 드러내는 가장 상징적인 사건이었다.

기원전 175년 안티오코스 4세 에피파네스가 왕위에 올라 종교적인 차원에서 헬레니즘의 세계화를 자신의 제국에서 추진하려 했다. 그의 헬레니즘화 정책에 적극적으로 동조했던 야손은 성전 재원을 마련하여 왕에게 바칠 것을 약속했다. 이러한 정치적 협상을 기반으로 그는 그의 형 오니아스 3세를 대제장직에서 몰아내고 자신이 대제사장이 됐다(2마카 4:7ff.). 이때 야손은 예루살렘을 개혁해 안티오키아를 모델로 하는 헬레니즘 도시로 만들고자 그리스 제도를 도입했다. 그는 대제사장으로서 유대교의 율법 조항을 폐지하는 데 앞장설 뿐만 아니라, 성전산 바로 밑에 그리스식 학교 김나시온(γυμνάσιον)을 세워 '에페베이온'(ἐφήβείον)이라는 청소년 과정을 설립했다(2마카 4:9-17). 야손으로 인해 유대의 "헬레니즘화는 그 절정"(ἀκμή τις Ἑλληνισμοῦ. 2마카 4:13)에 달한 셈이다.

기원전 167년 에피파네스는 이집트 원정에 실패하고 돌아온 후, 다시금 정치적으로 통일된 국가의 이상을 실현하기 위해 자신이 지배하는 왕국에서 헬레니즘화 정책을 선포했는데, 마카비서는 그의 포고령을 이렇게 표현한다. "모든 사람들은 각자의 관습을 버리고 한 백성이 되어야 한다"(1마카 1:41. 필자 사역). 물론, 이 포고령이 왕국의 모든 지역에서 단일종교제의를 강요하는 통일된 정책이라고 볼 수는 없다. 우선, 마카비1서 1:41-51의 내용 가운데 유대교와 관련된 내용이 대다수이고, 처음과 마지막 언급만이 유대아 지역과 연관되어 있어서 다른 민족들의 종교에는 해당하지 않기 때문이다.[50]

또 "가증스러운 파멸의 우상을 세우는"(1마카 1:54; 비교, 단 8:13; 9:17; 11:31; 12:11) 사건에서, 비커만(E. Bickerman)에 의하면, 그 우상이란 '번제단 위에 놓인 돌'(βωμός ἐπὶ τὸ θυσιαστήριον)을 상징하는데 "성소 안에서가 아니라"(1마카 1:54) 하늘이 보이는 공간에서 하늘의 신 제우스에게 제사 드림을 의미한다.[51] 성전의 번제단 위에 무언가를 올리는 행위는, 유대인의 최고 계명이었던 '형상 없는 하나님'에 관한 법을 어기는 것이었다. 또 마카비서에 등장하는 돼지를 희생 제물로 바치는 행위도 유대인을 향하고 있는데(1마카 1:47;

2마카 6:21; 7:1), 그리스인이나 시리아인들에게는 제우스에게 돼지를 바치는 일이 아무런 거리낌도 주지 않는다. 사내아이들에게 할례를 주지 못하도록 한 금령이나(1마카 1:48; 2마카 6:10) 안식일 축제를 금했던 법령도 마찬가지였다. 이런 일련의 조치는 분명 유대인 민족주의의 '눈동자를 찌르는' 정책이었을 것이다. 이렇게 특정 종교의 관습을 세부적으로 묘사하며 금지하는 이런 금지령은 안티오코스 자신이 발의할 수 없었을 것이다.

헹엘(M. Hengel)은 이제까지 연구에서 이 사건의 성격이 이방인이 강압적으로 실행한 종교 정책이라는 식으로 과도하게 채색됐음을 지적한다.[52] 이 사건은 적극적인 세계화 정책을 추구하던 예루살렘의 헬레니즘계 귀족들이 왕의 인준을 받아 포고를 발효했고, 더 나아가 예루살렘과 유대아 지역에서 보수적인 민족주의 세력을 몰아내려는 기도(企圖)였다는 것이다.[53] 이 사건은 토라에 근간을 둔 근본주의적 유대인의 종교와 민족주의를 헬레니즘식으로 개혁하여 세계화하고자 했던 시도였던 셈이다. 에피파네스의 포고령은 그의 부친 안티오코스 3세가 다민족으로 구성된 다민족 헬레니즘 국가를 건설하려던 정책과 충돌했다. 그것은 안티오코스 3세 때 '의인' 시몬 2세가 유대 백성의 율법 준수에 관해서 왕의 재가를 받은 '특별허가'를 무력화시키는 것이었다(2마카 4:11; *Ant.* 12.240).[54] 그와 결탁된 헬레니즘계 "유대 배교자들"은 이방인의 생활 풍속을 수용하고(2마카 4:10), 할례라는 언약 백성의 흔적을 지워 유대인의 민족적 정체성과, 동시에 '세계화된' 그리스 시민으로 살고자 했던 것이다(1마카 1:15). 유대인은 자신들의 민족과 종교를 일체화하는 종교 민족주의를 유지하면서가 아닌 헬레니즘 세계시민의 보편성을 획득하고자 했던 셈이다.

요컨대, 안티오코스의 포고령은 이른바 '종교 박해'라는 외견을 가지고 있지만, 유대교 내부에서 헬레니즘의 세계화를 추진한 세력과 근본주의적 종교 민족주의를 추구하던 저항세력 사이에서 벌어진 투쟁의 상징적 결과물로 볼 수 있다.[55] 그러한 일련의 포고령에 따른 조치들은 먼저는 헬레니즘의 경제적 착취가 심화됐던 농촌의 유대인들을 종교적으로 자극시켰다. 마카비 혁명은 처음에는 이방인 지배체제와 그 지지를 등에 업은 헬레니즘 추종자들에 대항한 반(反)헬레니즘적 성격을 띠었다. 동시에 혁명은 근본적으로 경제적·종교적 상류 계급과 대중들의 계급투쟁이었다.[56] 하지만 혁명의 결과로 이루어진 하스몬 왕조는 결국, 헬레니즘화된 유대인 왕조의 성격이 강했다. 역사의 아이러니가 아닐 수 없었다.

5. 종교적 자유와 민족국가 건설의 딜레마

포로기 이후 유대인들의 삶은 이스라엘 역사에서 '왕정'(王政)에 대한 길고 오랜 논쟁에 새로운 관념을 주입했다. 그것은 지상에서 야웨의 통치를 '국가'를 통해서만 지속하려는 입장에 대한 선명한 한계를 긋게 했다. 이스라엘 역사에서 지속하여야 할 것은 '국가'

가 아니라 하나님의 선택한 '민족'이었다. 유다 왕국까지 멸망하게 됐을 때조차도 예언자 예레미야는 '이방인의 지배'를 결코 부정적인 것으로 보지 않았다. 그는 포로로 끌려간 곳에서 땅을 사고 정착하여 살라는 야웨의 명령을 엘라사와 그마랴를 통하여 전했다(렘 29:4-8).[57] 이방인 왕의 통치하에서도 하나님이 이스라엘을 선택한 목적은 변할 수 없었다. 페르시아 시대에도 유대인들은 이방인의 통치 아래 놓였다. 그러므로 그들에게 헬레니즘 정치 세력의 유입은 또 하나의 이방인 통치자의 등장에 불과했다. 그들에게는 다만 새로운 국제정치적 판도가 이스라엘의 활로와 민족적인 전통을 유지하는 데 어떠한 영향을 줄 것이냐가 중요했다.

사실 이러한 신앙의 전통이 없었더라면 이스라엘 종교사에서 유대교의 탄생은 불가능했을 것이다. 왜냐하면 '유대교'는 왕이 지배하는 국가 없이도 야웨와 관계를 맺고 살아가는 특별한 민족의 종교였기 때문이다. 팔레스타인을 페르시아가 지배했을 때부터 로마가 지배하던 때까지, 유대인들에게 중요한 것은 민족이었지 국가는 아니었다. 당시 학개와 말라기와 같은 예언자들이 민족주의적인 사상을 가졌다고는 하나, 이것이 국가의 건설이라는 관점과 일치될 수 있는 것은 아니었다. 유다 왕족들이 포로로 끌려갔다가 귀환하게 되면서 가지게 된 사상은 민족국가의 건설이라고 해석할 수 없다. 왜냐하면 100여 년간 진행된 포로 귀환을 이끈 장본인들은 그런 예언자들도 왕족의 후예들도 아니고, 포로지에서 새로운 사상을 가지고 돌아온 디아스포라인 에스라와 느헤미야였기 때문이다.

기원전 5세기 말에서야 비로소 마감된 이 운동의 결실은 성전의 명실상부한 재건과 토라의 정경화요, 이스라엘의 오랜 종교적 뿌리를 가진 유일신 사상의 제도화로 보아야 한다. 유일신 사상은 이스라엘 역사에서 항상 주류의 사상으로 자리 잡고 있었던 것은 아니다. 그랬더라면 엘리야와 같은 유일신주의자들이 다수의 바알주의 왕권의 세력하에서 그토록 고독한 투쟁을 하지는 않았을 것이다. 또 이스라엘 민족의 명운이 기울어 가는 남왕조에서 유일신주의자 요시야의 개혁의 영향이 그토록 빠르게 쇠하지는 않았을 것이다. 적어도 우리는 포로기 이전 야웨를 단일신적으로 이해하던 이스라엘 민족의 주류와는 다른 형태의 신앙을 '유일신 사상'이라고 해야 하고, 이 소수의 신앙이 포로기를 지나며 이스라엘 12지파 민족 공동체의 정체성을 한 씨족 '유다인'들을 통하여 새롭게 각성되고 해석되어 '유대교'라는 종교를 이루었다고 보아야 한다. 그러므로 유대교라는 종교에는 '유다주의'라는 포로기 이후 역사적 과정이 담겨 있고, '온 이스라엘'을 포괄하는 민족적 정체성은 종교적 상징으로 구현될 수 있음을 인식해야 한다. 즉 유대교는 "국가 없이 야웨와의 관계를 맺고 살아가는 자들의 종교"였던 것이다.[58] 곧 페르시아 시대에 이스라엘은 본질적으로 이방인의 지배하에서도 존속 가능한 민족종교로 인해 유지될 수 있었다.

헬레니즘 시대에도 이러한 분위기는 계속될 수 있었다. 다니

엘서와 에스더서는 물론 이들에게서 파생된 많은 바빌로니아 디
아스포라 이야기에서 두드러진 형태는 이른바 제국의 황실에서
성공한 유대인들의 '왕궁 이야기'였다. 이러한 바빌로니아 시대의
유대인들 이야기는 헬레니즘이라는 거대한 이방인 왕의 지배하에
서도 회고됐고 집필됐다. 이들은 결코 '유대인 국가' 설립을 이상
으로 하지 않았다. 그들은 단지 이방인의 지배하에서 평화롭게 자
신들의 종교를 누리고자 할 뿐이었다. '국가 없이도 존속 가능한
민족'의 종교에 대한 상념은 로마 시대에까지 흘러들어 갈 수 있
었다. 요세푸스는 로마 제국의 황실에서 한편으로는 유대교를 호
교하고, 다른 한편으로는 제국의 통치를 악으로 규정하여 저항하
던 유대인들을 설득하려 했다. 요컨대, '권력을 세속 지배자들에게
맡길 때, 종교의 경건성과 거룩성은 증진된다!'는 것이었고 이것
이 평화에 관한 요세푸스의 변론이었던 셈이다.

제4장
유대인의 민족주의와 메시아사상

유대인의 민족적 저항의 중심에는 메시아사상이 자리하는데, 이 사상은 포로기 이후 특히 헬레니즘과의 문화적 갈등과 이방인 지배자들은 물론 그들을 대리하는 유대인 상류층에 대한 저항 속에서 배양됐다. 이 장에서는 메시아사상의 기원을 추적하여 유대인 민족주의가 역사적으로 변화하고 발전하던 양상을 설명하고자 한다. 제1차 반로마 유대 전쟁 이후 유대교의 메시아사상은 어떻게 탈민족화되고 추상화됐는가?

1. 로마의 지배에서 유대 전쟁까지

기원전 63년 로마의 장군 폼페이우스가 팔레스타인을 정복했다.

그는 예루살렘을 장악하고 있던 아리스토불로스 2세를 제거하기
위해 그 형제 힐카노스 2세와 손을 잡고 예루살렘으로 진군하여
성전을 점령하고 성소를 훼손했다. 이제 하스몬 왕조는 몰락했고,
폼페이우스를 끌어들인 힐카노스 1세에게는 그 대가로 로마의 대
리자로서의 세속적 통치권을 부여했으나 대제사장직은 박탈했다.
폼페이우스 이후 시리아와 유대아를 관할했던 로마의 가비니우스
는 그와는 반대로 힐카노스에게 세속 통치권을 박탈하고 대제사
장직만을 부여했다(Ant. 14.19ff.). 로마는 이제 대리자로 헤롯 가문을
내세워 통치하기 시작했다. 그러나 기원전 40년 힐카노스의 조카
안티고노스가 파르티아와 손을 잡고 예루살렘을 장악하는 위기를
로마 원로원의 지지로 가까스로 벗어난 뒤 예루살렘을 탈환하여
다시 권력을 잡은 후에는 헤롯 가문은 유대아의 맹주로 자리 잡았
다. 그 후 그는 철저하게 하스몬 가문을 제거해 나갔다. 또 그는 로
마의 권력이 안토니우스에서 옥타비아누스로 넘어갔지만 유대아
에서 권력을 유지했고 오히려 로마의 충성스러운 대리 통치자로
인정받아 더 넓은 영토를 확보해 안정적으로 통치했다.

　로마와 헤롯의 이런 정치적 동맹 관계로 유대아는 물론 디아
스포라의 유대인 공동체는 상당한 자치권을 누릴 수 있었다. 그래
서 유대인의 인두세를 성전세로 대신하는 등의 특권을 향유할 수
있었다. 그런데 헤롯 대왕은 하스몬 왕조가 이두매아를 강제로 개
종시킬 때 유대인이 된 '반쪽 유대인'으로서 범세계화된 그리스-
로마 문명을 유대 민족국가에 건설하려 했다. 그는 예루살렘을 국

제적인 도시로 탈바꿈시키기 위하여 제2성전의 증축을 시작하여
46년간을 지속했다. 게다가 그는 국제 올림픽 경기장을 건설하고
'종신 대회장(大會長)'으로 후원자 활동을 하고 또 유대인 디아스포
라 보호 기금을 마련하거나, 더 나아가 복지와 문명국가로 민족의
위상을 드높여 유대인 민족국가와 유대교의 세계화에 이바지했
다. 철저한 유일신주의자들조차 세속 군주 헤롯 대왕의 그런 업적
을 헬레니즘의 옷을 걸친 '용병 대장' 하스몬 군주의 업적보다 더
긍정적으로 보았다.

　그러나 헤롯은 국가와 종교를 분리하는 강제적인 조치를 여러
번 취했다.[59] 기원전 37년 자신을 재판하려는 산헤드린의 지도자
를 처형하면서 이후 산헤드린은 종교적 사안만 담당했다. 그리고
자신이나 그의 가문은 대제사장직을 맡지 않고, 오히려 왕이 임면
할 수 있는 자리로 전락시켰다. 이렇게 야심 차게 유대교를 개혁
하려던 헤롯의 통치는 유대인 지배 계층의 헬레니즘화가 보편적
인 생활양식으로 자리 잡은 기틀을 만들었다. 따라서 유대교의 민
족의식은 헬레니즘 초기시대 유대교처럼 상류층을 중심으로 보편
화되어 가고 있었다.[60] 고전적인 헬레니즘 연구가 체리코버(V.
Tcherikover)는 이 사실을 다음과 같이 표현한다.[61]

　　헤롯은 하스몬 왕조의 폐허 위에 자신의 왕국을 세웠다. 그의 왕
　　국은 세부적인 모든 면에서 철저히 헬레니즘적 모델 위에 세워졌
　　다. 새로운 도시는 예루살렘을 포함하여 곳곳에 그리스 양식으로

세워졌고, 그리스 출신자들과 헬레니즘화된 유대인들이 권력을 장악하였다. 그러나 동시에 헬레니즘은 유대교 역사 내에서 이제는 문제시될 소지가 없어졌다. 헬레니즘화는 하나의 개인적 삶의 형태로 자리 잡혔다. 유대교의 어떤 정치나 종교 집단도 유대인들을 그들의 종교로부터 떼어 내지도 않았고 또 헬레니즘을 그들에게 강요하려 하지도 않았다. 헬레니즘화의 정치적 기간은 영원히 지나갔고 단지 문화적 영향만 남았다. 이 그리스 친화적인 세대는 팔레스타인의 유대인들의 문화와 언어, 법률 그리고 문명 전체에 상당한 자취를 남기고 지나갔다.

그러나 세계화된 유대인 민족국가의 이면에 펼쳐진 대중의 상황은 전혀 달랐다. 기원전 4년 헤롯 대왕 사후 로마는 그의 아들들에게 "(1/4) 분봉 왕"(ethnarch)이라는 봉신 왕 지위로 임명한 뒤 팔레스타인을 분할하여 지배했는데, 아르켈라오스는 유대아와 사마리아 및 이두매아를, 안티파스는 갈릴래아와 페레아를, 필립포스는 아우라니티스와 트라고니티스 및 이투래아를 지배했다. 그런데 아르켈라오스는 기원후 6년까지 10년만 지배하다가 면직되고 로마는 이곳을 시리아 총독에 속한 관할 구역으로 통치하며, 총독이 파견하는 지방관(procurator)에게 맡겨 관리하게 됐다. 가장 먼저 파견된 코포니우스로부터 예수를 처형한 폰티우스 필라투스 그리고 마르셀루스 등 기원후 6-41년의 35년간 무려 7명의 하급 지방관리가 교체되면서, 재정은 바닥이 나고 세금을 거두기 위한 착취는 만연하게 됐다.

아우구스투스 황제가 다스리던 기원후 6-7년에 시리아의 총독 퀴리니우스는 병역과 세금을 거두기 위한 인구조사를 실시했다. 이미 기원전 7-6년에 인구조사를 하여 인두세를 징수하려 하자, 젤롯파가 집단으로 저항하며 갈릴래아 출신 유다의 지휘하에 반란을 일으켰고 로마는 강력하게 진압했었다(행 5:37). 징세 청부업자들에게 소작을 주어 "세리들"을 통해서 각종 세금을 징수하는 고도의 헬레니즘 경제의 착취체제는 여전히 지속됐고, 특히 유대아 지역에 대토지 소유자들을 증가시켰으며, 농민들을 소작농과 일용직 고용자들로 내몰았다. 예수의 비유에 나오는 대로 '광야'로 내몰린 가난한 사람들의 심각한 경제적인 상황은 유대아 지역의 봉기를 준비시키고 있었다.

팔레스타인에서 정복 군주 헤롯을 통한 로마의 통치는 이렇게 점점 하층민들의 희생을 강요하는 식으로 진행됐다. 자영농은 물론 소작농까지도 몰락하고 가족 구조 안에서 그들을 더 이상 수용할 수 없어, 탈출한 노예들과 도적 떼가 빈번히 출현하는 상황이 만연했다. 바리새파의 할라카 전통의 법령은 현실에서 멀어져 있었고, 대중들이 그들에게서 돌아설 수 있는 상황이 조성됐다. 이제 무력 혁명을 주장하는 젤롯파가 힘을 얻을 수 있었다.

유대 전쟁으로 번진 반로마 봉기의 직접적인 발단은 지방관 플로루스(기원후 64-66년)가 세금 체납을 이유로 성전 금고에 손을 뻗치면서였다. 같은 시기 카이사레아에서는 지배층 로마인과 유대인 간의 충돌이 벌어졌고 로마군은 유대인을 살해하는 자들을 방조했으며 예루살렘 상부 도시에 약탈과 방화를 자행했다. 이에 유대인 제사장들은 황제를 위해 드리는 희생 제사를 중지하고, 과격한 유대주의자들을 중심으로 예루살렘에서 로마군을 공격하여 대량 학살하는 사태가 발생했다. 드디어 전쟁은 발발했고 시리아 총독 케스티우스 갈루스는 대규모 병력을 이끌고 예루살렘을 향해 진군했으나 병력을 보충하지 않으면 안 될 정도였다. 로마는 베테랑 장군 베스파시아누스를 로마의 4개 연합 군단 사령관으로 임명해 파견했다. 그는 예루살렘을 제외한 주변 지역부터 반란군들을 격퇴하고, 혼란에 빠진 로마를 '구출하기 위해' 예루살렘 함락은 자기 아들 티투스에게 맡기고 로마로 향했다. 이듬해 기원후 70년 가을 예루살렘은 성전을 포함하여 거의 다 파괴됐다.

사실 외관상 '팍스 로마나'는 제국의 이익에 반하지 않는다면 지역의 종교와 사회정치 제도를 수용 및 존중하는 로마인의 통치 원리에도 이바지했다. 또 아우구스투스 황제 때만 해도 로마는 유대인의 종교와 제국의 종교가 공존하도록 매우 신중하게 행동했다. 그러다가 칼리굴라 황제가 로마에 황제 숭배를 도입하면서 유대인과 제국의 관계는 급속히 악화했다. 더욱이 알렉산드리아와 사마리아 지역에서 동시다발적인 이른바 반유대주의적인 폭동이 일어나자 로마는 유대교의 자치권을 제한하는 조처를 했다. 기원후 41년에 일어난 이른바 유대인의 이 '칼리굴라 위기'에 이어, 알렉산드리아에 선포된 클라우디우스 포고령도 유대인에 대한 종교적 제한 조치로서, 로마에 있는 유대인 공동체에 영향을 미쳤다(행 18:2).

이러한 유대인의 저항 민족주의는 문화적으로는 지중해 연안 디아스포라 지역의 유대인에 대한 그리스인과 토착민들의 반(反)셈족주의를 배경으로 하고 있었다.[62] 기원전 1세기 이래 가장 큰 유대인 디아스포라가 존재했던 이집트에서는 이집트의 제사장 마네토가 유대인의 역사를 왜곡한 이야기가 널리 퍼졌다. 출애굽 사건은 나환자와 같은 일시적 거류민들을 이집트가 추방한 사건이고, 모세는 변절한 이집트 제사장 오사르세프였다는 것이다. 유일신 신앙을 가진 모세의 율법이 이방인들에게 배타적인 성격을 가지고 있는 것을 부각시켰다. 특히 하스몬 왕조가 수립되면서 이집트와 유대아의 정치적 긴장 관계로 디아스포라 유대인은 점점 비난의 대상으로 주목됐다.[63] 기원전 1세기에 저작된 솔로몬의 지혜 12장에는 유대아 지역에 살았던 사람들이 아이들을 학살하기도 하고, 심지어 인육과 피를 마시는 종족이라는 이야기가 기록되어 있다. 또 유대인은 당나귀를 숭배하는 자들이라는 이야기도 지어냈는데, 이런 류의 이야기는 후에 포세이도니오스나 데모크리토스, 아피온은 물론 플루타르코스나 타키투스가 인용하여 확산했다.

요약해 보자. 유대 전쟁은 마카비 혁명과 유사하게 직접적으로는 유대 총독 플로루스(기원후 64-66년)의 성전 금고 유출 행위에 대한 종교적 저항으로 촉발됐지만, 본질적으로는 경제적 착취에 저항한 반란이었다.[64] 양자는 모두 세계화에 대한 유대인 민족주

의의 저항이었던 셈이다. 유대 전쟁과 그 결과로 일어난 성전 파
괴는 유대아 지역의 사회경제적 변혁을 초래할 뿐만 아니라, 유대
인들에게 종교적인 공황 상태와 엄청난 후유증을 남겼다. 성전 파
괴 후 제2성전 시대 초기와 같은 성전 회복 운동은 없었다. 제2차
반로마 봉기 이후 유대인 민족국가는 팔레스타인에서 더는 존속
할 수 없었다. 이제 로마 제국하에서 실질적으로는 '국가와 종교
의 분리'는 더는 의미를 갖지 못하게 됐다. 유대교의 신정 통치 이
상(理想)도 영원한 '바실레이아' 속으로 들어가게 됐다. 이러한 정
치·종교사적 배경에서 유대교 메시아사상의 의미는 무엇일까? 이
독특한 유대인의 민족주의를 당시 유대교의 '영성
화'(spiritualization)라는 큰 흐름에서 파악할 수 있는데, 이 용어는 다
음 장에서 자세히 설명하게 된다. 유대교에서 탄생한 예수와 초기
기독교 운동 역시 이 범주에서 가장 잘 설명할 수 있다.

2. 유대교 메시아사상의 기원

유대교 메시아사상은 다윗 왕의 가문에서 태어난 한 인물이 나타
나 하나님의 공의로운 심판을 실행한다는 사상으로, 역사 속에서
이스라엘을 지배하는 이방인들을 심판하여 해방하고 마침내 이방
민족까지 다스릴 것을 기대하는 종말론적 관념이다.[65] 구약의 왕
적인 메시아 이미지(사 11:1-5; 창 49:9-10; 민 24:17; 삼하 7장; 시 2, 45, 89,

110, 132편 등)가 포로기 이후에는, 위대한 인물이 나타나 이방인의 지배로부터 이스라엘을 해방하고 회복할 일반적인 메시아사상의 토양을 형성하여 희미하지만 다양한 관념과 결부되어 유대교 문헌에 언급되어 내려온다. 메시아는 기름 부음을 받은 하나님의 대리자는 "하나님의 아들"이나 "다윗의 자손", 혹은 "인자"와 같은 상징적 표현이나(단 7:13-14; 『에녹1서』 46:1-2; 48:3; 『에스라4서』 13장), 천상의 종말론적 존재(시 82:1-2; 11QMelch)로도 표현됐지만, 하스몬 왕조로부터 로마의 지배하에서는 '의의 교사'나 반란의 주도자 등과 같이 특정 인물에 투영시켰다.

이 독특한 유대인의 사상이 어떻게 탄생하게 됐는가? 이 주제에 대해서는 많은 토론이 있었다. 호슬리(R. Horsley)는 초기 로마 시대 유대인의 메시아 기대가 매우 유동적이고 다양했다는 관점에서, 기독교 이전 시대에는 메시아에 대한 일반적인 기대가 없었다고 단정하기까지 한다.[66] 메시아사상은 기원후 70년 예루살렘의 파괴 이후에 나타난 '현자들'인 랍비들에 의해 비로소 통일적으로 정리됐다는 것이다. 그래서 유대인들은 '국가적' 혹은 '정치적' 메시아를 기대했고, 그리스도인들은 '영적인' 메시아사상을 가졌다는 주장은 지나친 단순화라고 비판한다. 초기 유대교에서는 어떤 통일된 메시아 기대나 하나의 메시아 상(像)이 정립되어 있지는 않고, 이방인 지배하의 정치적 상황에 따라 매우 다양한 형태로 나타나는 것이 사실이다. 그러나 메시아사상의 그런 가변성은 하나님의 신정 통치가 역사 속에서 이루어질 것인가, 아니면 종말의

완성에서야 비로소 이루어질 것인가의 문제와 결부되어 있음을
인식해야 한다.

포로기 이후 이스라엘의 회복은 고대 유대교를 형성시킨 일관
된 세계관이었고, 역사와 종말론의 긴장 관계를 구성한 야웨의 신
정 통치 사상은[67] 이스라엘의 역사에서 결코 배제할 수 없는 사안
이었다. 포로기 이후 다윗 왕조의 회복이라는 희망은 장차 하나님
이 "이새의 줄기에서 한 싹"(사 11:1) 혹은 "다윗에게 한 의로운 가
지"를 일으키시어(렘 23:5-6) 영원한 왕국을 세운다는 종말론적 약
속이 성취되리라는 기대로 전승됐다(삼하 7:10-16; 참조. 시 89:1-4, 19-
37; 132:11-12).[68] 포로기 이후 예언자의 이스라엘 회복 사상에는 야웨
의 신정 통치의 대리인으로서의 '다윗의 후손'에 대한 기대가 끊
일 수 없었다. 앞서 언급한 대로, 바빌로니아 포로기 이후 페르시
아가 유다 왕조의 후예 '세스바살'을 제거하고, 예언자 학개나 말
라기를 중심으로 귀환 공동체에 유포된 민족주의적 메시아 대망
을 차단했던 것은 우연이 아니었다. 초기 헬레니즘 시대 지중해
연안의 '범세계화'에 편승했던 이스라엘의 친헬레니즘 세력이 커
지면서 민족주의 범주에 속한 메시아사상이 설 자리가 협소하기
는 했으나, 헬레니즘 경제 착취체제가 팔레스타인에 점철되면서
메시아를 기대하는 현상은 다양한 형태로 나타나, 신정 통치를 대
리할 인물은 왕, 선지자, 제사장 혹은 천상의 인물과 같은 형태로
기능적으로 분화한다.

메시아사상이 포로기 이후 배양됐을 역사적 개연성에도 불구

하고, 이 사상이 어떻게 문헌을 통하여 전수됐을까를 구체적으로 진술하기는 쉽지 않다. 이 문제에 대해 최근의 많은 학문적 토론이 있지만, 메시아사상이 쿰란 공동체에서 태동했다는 슈테게만(H. Stegemann)의 주장에 무게가 실린다. 먼저, 역사적 정황을 요약해 보자면 이렇다. 마카비 혁명을 승리로 이끈 하스몬 가문의 요나단이 대제사장직을 차지하면서 유대인은 성전 국가를 이루게 된다. 이스라엘의 신정 통치의 대리자는 역설적으로 혁명 후 헬레니즘의 왕조를 답습하는 이 유대인 '용병 대장'이 된 셈이다. 결국, 마카비 혁명의 종교적 세력으로 합류했던 하시딤은 그들과 결별하고 '의의 교사'라는 걸출한 인물을 중심으로 쿰란 공동체를 설립했다. '다윗의 자손'이 중심에 있는 메시아사상은 바로 이 공동체에서 장차 올 '대제사장' 혹은 '선지자'의 기대와 함께 종말론적 신정 통치 이념에 착상하여 자라날 수 있었다. 좀 더 자세한 설명을 더해 보자.[69]

슈테게만은 메시아 관념의 발전 단계를 쿰란-에네세파의 역사와 연관하여[70] 3단계로 구분한다. 우선 제1단계는 기원전 2세기 중엽, 에세네파가 형성되기 이전까지인데, 메시아는 어떤 특정한 인물이 아니라 이스라엘 민족 집단으로 본다. 다니엘서가 에세네파와 연관되고 있는데, 여기서 메시아적 존재인 "인자 같은 이"(단 7:13)는 "가장 높으신 분의 거룩한 백성"(7:27)으로 나타난다.[71] 그런데 쿰란 제4동굴에서 발견된 "요나단에게 보내는 교사의 편지"(4QMMT)에서 쿰란의 지도자 '의의 교사'는 요나단에게 정치

지도자의 지위를 인정하고 있다는 것을 주목하며, 이 1단계에서는 아직 왕적 메시아를 어떤 한 개인으로 고대하지 않았다고 한다. 그러나 제2단계인 '의의 교사'가 생존하던 시기인 대략 기원전 112년까지는, 개인으로서의 왕적인 메시아상은 나타나지만, 아직 제사장적인 메시아상이 발전되지는 않았다고 본다. 그가 바로 대제사장이었기 때문이리라. 이에 관한 가장 중요한 본문이 1QSa ii,11-22인데, 여기에 등장하는 "그 메시아"(12열)와 "이스라엘의 메시아"(14열)는 바로 장차 올 "왕적 메시아"이다. 그런데 이 메시아 앞에 앉은 "그 제사장"(12열)은 메시아적 인물이 아니라 '의의 교사'로 보아야 한다고 하는데, 슈테게만은 요나단이 '의의 교사'를 박해하자, 쿰란 공동체에서 미래의 왕적 메시아상이 정립됐을 것으로 추측한다. 이런 주장을 뒷받침하여, 1QSb i,1-29에서 나오는 대제사장과 사독 가문의 제사장을 현존하는 '의의 교사'로 보아야 하며, 장차 올 '다윗의 후손'이라는 왕적인 메시아 기대 사상은 별도의 인물로 대망하고 있다고 설명한다. 제3단계는 기원전 100년 이후인데, 이제 '다윗의 후손'이라는 왕적인 메시아와 더불어 제사장적 메시아와 예언자적 메시아가 언급된다. 공동체는 "예언자이며 또한 아론과 이스라엘의 메시아들이 올 때까지"(1QS ix,9b-11) 연단을 받아야 한다. 특히, 이 시기 공동체의 토론 자료로 편집된 4QTestimonia(= 4Q175)는 장차 올 메시아를 세 종류로 묘사한다. 제1-8열(출 20:21 인용)에는 신명기 18:15에 나오는 "모세와 같은 예언자"를, 제9-13열(민 24:15-17)은 왕적 예언자를, 제14-20열(신 33:8-

11)은 제사장적 메시아를 언급하고 있다.

이렇게 유대교의 왕적인 메시아사상이 유대인 성전 국가인 하스몬 왕조와 종교 공동체 쿰란의 복합적인 역사적 상황에서 태동했다면, 유대교의 독특한 사상이 얼마나 정치적인 환경과 밀접하게 결합했는가를 가장 잘 설명해 준다. 지중해 동부 연안에 로마의 지배가 점차 가시화되면서, 하스몬 가문의 신정 통치는 종식되고 로마의 대리인 헤롯 대왕에 의한 혹독한 착취와 지배가 일상화됐다. 이제 메시아사상은 로마의 직접 혹은 대리 통치에 대한 정치·경제적 저항을 자양분으로 이스라엘의 민족주의와 결합될 상황이 조성됐다. 신정 통치를 통해 이스라엘의 회복을 대망하는 유대인의 오랜 세계관은 이제 관념이나 종말론적 피안에 머물지 않고 메시아사상을 통해 역사 내부의 활화산으로 언제나 발화될 수 있는 여건이 된 것이다.

3. 로마의 지배와 메시아사상의 성격

로마가 지배하던 시기의 메시아사상을 표현하는 가장 대표적인 문헌으로 『솔로몬의 시편』을 들 수 있다. 이 유대교 문헌은 폼페이우스가 예루살렘을 점령하고 로마가 팔레스타인을 지배하면서 기록됐는데, 예루살렘이 점령당하고(8:16-18) 유린된 행위들이 생생하게 묘사되고 있고, 유대인들을 서쪽(로마)에 포로로 끌고 간 사실을

적고 있는데(17:11-15), 헤롯 대왕의 통치가 시작되는 기원전 37년
이후에 기록됐다고 추측할 수 있다.

총 18편으로 구성된 이 시편에는 두 가지 유형의 시가 등장한
다. 첫 유형은 이스라엘 민족의 죄와 심판을 열거하고 구원을 노
래하는 내용을(1-2, 7-9, 11, 17-18편), 다른 하나는 이스라엘 안에서 의
인과 경건한 자들을 악인들과 구분하는 내용을 담고 있다(3-6, 10,
12-16편). 첫 유형에서 저자는 이스라엘 점령과 성전 모독을 저지른
폼페이우스의 행위를 이스라엘의 죄에 대한 하나님의 심판으로
여기고 있다(2편). 이에 하나님의 구원에 대한 탄원이 이어지고 송
가로 마감된다. 이러한 패턴은 8편과 17편에서 반복된다.

무엇보다 17편은 왕이신 하나님의 통치는 신실하고 영원하다
는 사실을 노래한다(1-3절). 전반부(4-20절)에는 하나님의 대리 통치
자 다윗의 영원한 왕권을 노래한다. 비록 그의 왕권은 이스라엘의
죄로 인해 불법적으로 (하스몬 왕조에 의해) 찬탈됐으나, 하나님은 이
방인(로마)을 통해 그들을 잔혹하게 심판하셨다. 후반부(21-44절)에
서는 메시아 시대가 도래함으로써 다윗 왕권이 회복되리라고 고
대한다. 우선 메시아는 군사적인 힘으로 이방인들을 심판하고 예
루살렘을 정화하며 그 땅에 '샬롬'을 회복한다. 하지만 메시아는
무력에 의해서가 아니라 주로 지혜와 공의로 훈육하는 이상적 현
왕(賢王)으로 묘사된다. 또한 이스라엘 회복의 징조로 이방인이 순
례하며 쫓겨 간 이스라엘의 자손들을 데려온다. 이 시편은 하나님
의 구원을 갈구하며 다시 한번 하나님의 왕 되심을 선언하고 마감

된다(45-46절).

그런데 『솔로몬의 시편』의 두 번째 유형의 시에는 메시아가 군사적인 메시아보다 토라를 준수하는 메시아로 드러나기도 한다. 그는 "말과 기수와 활을 의지하지 아니하며 전쟁을 위하여 금은을 많게 하지 아니할 것"이다(17:33). 왕적인 메시아인 토라의 교사는 그의 입의 말로 불의한 통치자들을 꾸짖고 멸망시킬 것이기 때문이다(17:24, 35). 기대하는 다윗의 자손은 단지 군사적인 메시아가 아니라, 토라의 교훈과 능력으로 적들을 물리치고 이스라엘을 의로운 왕국으로 세우게 될 것이다. 『솔로몬의 시편』에 나타나는 메시아사상의 이런 종교적인 측면은 하스몬 왕조가 아닌 '다윗의 자손'에게서 이상적 왕을 통해 메시아적 통치를 대망하는 '경건한 자들'이 배후에 있었을 것이다. 그런 의미에서 이 시는 다윗 왕조 신학에 충실한 초기 하시딤 전통에 가깝다고 할 수 있다.

하스몬 시대의 쿰란 문헌들에서도 '영적인' 전쟁을 수행할 다윗의 아들에 대한 기대가, 우주적이고 종말론적인 메시아 대망으로 표현된다.[72] 이 공동체는 마지막 날에 하나님께서 예언자와 제사장, 그리고 다윗 왕과 같은 메시아를 보내서, 천사들과 빛의 아들들과 함께 종말의 전투에서 벨리알과 그 영들과 어둠의 자식들을 이기고 승리할 것으로 믿었다.[73] 또 메시아 묵시록인 4Q521에도 이렇게 기록되고 있다.

하늘과 땅이 그의 메시아에 귀 기울일 것이다. … 주께서 경건한 자들을 살피시고, 의로운 자들의 이름을 부르시며, 가난한 자들에게 그의 영을 보내시며, 그의 힘으로 신실한 자들을 새롭게 하실 것이기 때문이다. 그가 영원한 충성의 보좌에 경건한 자들을 앉히실 것이며, 갇힌 자들을 자유하게 하시고, 눈먼 자들을 보게 하시며, 굽은 것들을 펴실 것이기 때문이다(4Q521 2.ii.5-8).

앳킨슨(K. Atkinson)은 하스몬 왕조의 정복 군주 힐카노스가 "예언자적 메시아"라고 믿었던 유대인들이 있었다는 흥미로운 주장을 한다.[74] 그런 주장은 유대인 성전 국가를 세운 하스몬 가문의 첫 번째 군주 시몬에게 부여된 권위에서 실마리를 찾을 수 있다. "진정한 예언자가 나타날 때까지 우리는 시몬을 영구적인 영도자, 대제사장으로 삼는다"(1마카 14:41). "진정한 예언자가 나타날 때까지"라는 단서는 당시 "모세와 같은 예언자"를 기다리던 메시아사상에 터하고 있는데, 유대인들은 종종 메시아를 역사적 인물에서 찾으려 했다는 것이다. 힐카노스는 당시 이방인 제국의 틈바구니에서 유대인 성전 국가의 정복 군주로서 하스몬 왕조의 영토를 가장 크게 확장시켜, 북으로는 사마리아 남으로는 이두매아를 정복하여 다윗 왕조를 회복하는 모습을 가지게 됐다. 비록 시몬은 아직 왕으로서의 칭호에 걸맞은 왕국이라기보다는 유대인 성전 국가라는 기틀을 다졌지만, 힐카노스는 자기 스스로를 '다윗의 자손'으로 추대하길 원했다는 것이다. 하스몬 가문은 사독 가문도 다윗의 후손도 아니었기 때문에 다윗 왕조의 회복이라는 민족의 염원에

부응하고자 "예언자적 메시아"에 걸맞은 인물로 드러나길 원했다
는 주장이다.

앳킨슨은 그 증거를 우선 쿰란의 자료 가운데서 4QTestimo-
nia에서 찾는다. 이 문헌은 여호수아 6:26의 "여리고 성을 건축하
는 자는 저주를 받을 것"(4QApoc. of Joshua)을 인용하며, 힐카노스를
"폭력의 도구", "벨리알의 사람" 등과 같은 상징으로 묘사한다는
것이다(4Q175 23; 4QTest 51; 4Q379 22.ii.9). 쿰란 공동체는 힐카노스가
"참된 예언자"라는 주장을 반박하며, 그는 "거짓 예언자"라는 주
장을 하고 있다는 것이다(4Q339). 앳킨스는 그런 유대인의 주장을
보여 주는 또 다른 증거로 요세푸스의 기록을 든다. 요세푸스는
힐카노스가 대제사장으로서 분향을 드리다가 하나님과 교통하며
예언을 받은 이야기를 전하고 있다. 힐카노스의 두 아들 아리스토
불로스와 안티고노스는 사마리아를 지원하던 셀레우코스의 왕 시
지케노스와 전투를 벌인다. 두 아들은 승리하여 사마리아를 함락
하게 됐는데, 이 결과를 힐카노스가 미리 예언으로 대중들에게 알
린 사실을 언급하고 있다(Ant. 13.282). 또한 이 아들들 모두는 왕으
로 살아남지 못할 것이라는 예언을 한 사실도 언급하면서, 요세푸
스는 힐카노스를 '통치자와 대제사장, 그리고 예언의 은사'를 받
은 왕으로 기록한다(Ant. 13.299-300). 앳킨슨은 힐카노스가 반(反)바
리새적 경향을 가진 인물로서, 요세푸스가 그를 비판적으로 평가
하고 있음에도 불구하고 이런 기록을 남긴 것은 군사적 메시아상
이 더는 드러나기를 원하지 않았던 것으로 판단한다. 이는 결국,

당시 힐카노스를 "예언자적 메시아"로 인정하던 대중들의 정서를 반영한다.

다음으로 로마가 유대아를 직접 지배하던 식민지적 상황에서 유대인의 메시아 기대는 어떻게 군사적·정치적인 측면으로 발전하게 됐는가? 제1차 유대인 봉기, 즉 유대 전쟁을 중심으로 설명해 보자. 그러나 아쉽게도 이 시기에 관한 신빙할 만한 역사자료는 부족하다. 유대교는 물론 초기 기독교의 자료 자체도 암시된 내용을 해석해야 하는 상태이기에 논쟁의 여지가 많다. 또 서론에서 언급한 바와 같이 요세푸스의 『유대 전쟁사』 역시 매우 주관적 관점으로 저술되어서 고증할 자료가 없는 상태이다. 그러므로 이 시기 메시아사상을 통해 로마의 지배에 대한 유대인들의 태도가 어떤 성향이었는가를 판단하는 것으로 논의를 한정하자.

기원전 63년 폼페이우스가 팔레스타인을 지배하면서 메시아사상은 '역사상의 인물'이 주도하는 반란과 봉기, 전쟁에 따라 요동치게 된다. 요세푸스의 『유대 전쟁사』가 이를 반영한다. 요세푸스는 왕을 자처하며 대중들을 무장하여 반란을 일으킨 다양한 메시아 운동을 나열한다. 예를 들어, 헤롯 아켈라우스 때에 2년간 지속된 반란을 일으킨 지도자 안트론게스(Ant. 7.278-284), 페레아의 시몬(War. 2.57), 도적 떼의 두목인 에제키아의 아들 유다(Ant. 17.271-72), 갈릴리 사람 유다(Ant. 18.4-10; War. 2.117-18)와 같은 사례를 소개한다. 신약성경도 마태복음 2장에 의하면 기원전 4년경 헤롯 대왕은 그리스도가 태어났다는 소문을 듣고 왕궁과 예루살렘이 매우 민감한 반응을 일으켰고 결국 영아 학살을 지시했다는 보도가 나온다. 그만큼 메시아가 기존 질서를 전복할 것이라는 위협이 됐다는 의미이다. 또 동방의 지식인들이 별의 인도를 따라 예루살렘을 방문했다는 이야기(마 2:1-12)는 당시 페르시아의 후예들이 파르티아 제국을 건설하여 로마의 동쪽 국경을 위협하고 있었던 상황과 무관하지 않았다. 사도행전에도 기원후 6년 이 갈릴리 유다의 반란과 함께 44년에 일어난 튜다의 반란을 기록하고 있다. 이 밖에도 52-60년 벨릭스 총독 시대에도 반란이 일어났다. 당시 쿰란 공동체의 전쟁문서 중에도 킷팀(로마 제국)을 무찌르는 다윗 혈통의 메시아와 제사장 용사가 등장한다(4Q285; 4Q161.1-10; 4Q525.1-5).[75]

> 다윗의 싹이 전쟁에 나갈 것이며 […] 4. […] 회중의 왕자가 그를 죽일 것이다. [다윗의] 싹 […] 5. […] 그리고 상처와 그리고 제사장이 명령할 것이다.[…] 6.[…] 킷팀의 멸망(4Q285.1-6).

그런가 하면 성전 멸망 이후 한 세대가 지나서야 기록된 『에스드라스4서』에서는 "나의 아들 메시아"가 다윗의 아들(12:32)로 4백 년을 통치하고 인간의 역사가 종결된다고 선언한다(7:27-30). 메시아는 『솔로몬의 시편』에서와 같이 군사들을 동원하여 악인들을 심판대에 세워 불의와 악을 꾸짖으며 로마에 의해 고통당하는 하나님의 백성을 해방하여 회복할 것이다. 이것은 '다윗의 자손' 메시아가 로마 시대에 정치적·군사적 메시아상으로 대중들에게 자리 잡고 있었다는 사실을 보여 준다. 그리고 대중들은 기원후 132-135년에 제2차 유대인 반란을 이끌었던 바르 코흐바를 메시아로 여기기도 했으나 정작 자신은 '다윗의 자손'임을 주장하지 않았다고 한다.[76] 유대인의 군사적·정치적 메시아 기대는 이렇게 이어졌던 셈이다.

이렇게 유대 전쟁 당시 메시아사상은 대체로 정치적·군사적인 의미로 대중들에게 수용되고 있었다고 보아도 되겠다. 요세푸스는 유대인으로부터 새로운 통치자가 나올 것이라는 신탁으로 현자들이 혼란에 빠졌다고 한다(6.5.4 $312).[77] 이렇게 군사적 메시아상을 부추겨 반란을 선동하는 행동을 비난하는 관점은 단지 요세푸스만의 생각은 아니었을 것이다. 쿰란 공동체도 무력으로 사마리아를 정벌하고 이두매아를 개종시킨 정복 군주 힐카노스 왕을 '예언자적 메시아'로 거부했음을 앞에서 설명했다.

이렇게 역사적으로 매우 가변적이고 다양한 메시아사상을 일 괄하기는 쉽지 않고 학자들의 견해도 나뉜다. 다만 우리의 관심은 유대인의 메시아적 기대 현상이 다양한 정치적 상황에 따라 어떻게 행동으로 나타났는가이다. 그라베(Lester L. Grabbe)는 이것을 정적주의(靜寂主意, Quietism), 정치적 평화주의, 저항과 무장봉기라는 3가지 유형으로 구분한다.[78] 정적주의란 하나님이 통치할 종말론적 기대를 하면서 종교적인 활동과 선행을 통해서 자신의 삶을 고요하게 살아가는 형태이다. 정치적 평화주의란 헬레니즘 왕조나 로마인들에 대해 저항하기보다는 타협하기를 원했던 온건 바리새인들이나 요세푸스 같은 친헬레니즘계 유대인들의 태도이다. 마지막으로 유대인의 저항과 무장봉기는 로마의 지배를 하나님의 신정통치와 양립할 수 없다는 신념에서 나오기는 하지만, 반드시 메시아사상과 연관되지는 않았다고 한다. 예컨대, 기원후 132-135년 바르 코흐바가 이끈 제2차 반유대 봉기는 많은 과격파 바리새인들이 참가했음에도 불구하고, 앞서 언급한 대로 그를 메시아로 따랐거나 자신을 메시아로 자처했다는 확실한 증거는 나타나지 않는다.

종합하자면, 초기 로마시대에 일어난 유대인의 메시아사상과 기대는 매우 모호한 형편이다. 어떤 표준화된 메시아적 인물이 있었던 것도 아니다. 성전 멸망 후에도 랍비라는 현자들에 의해 어떤 표준을 제시할 수 있었던 것은 아니다(행 4장). 이러한 다양한 메시아상은 마카비 시대를 거쳐 하스몬 왕조의 수립으로 혼란한 상황을 반영하지만, 메시아를 통해 이스라엘을 회복하고 로마 제국을 무찌를 것을 기대하는 정치적 메시아사상으로 수렴된다.

4. 평화의 메시아사상

그러면 유대교의 한 종파적 개혁 운동으로 시작된 초기 기독교의 문헌에서 메시아사상은 어떤 모습으로 그려지고 있을까? 공관복음의 예수 이야기는 수난의 종과 섬기는 종이라는, 유대교에서는 매우 독특한 메시아 이미지를 부각시킨다.[79] 최초의 복음서인 마가복음서는 예수를 수난의 메시아로서 세상을 위한 '하나님의 종'으로 묘사하고 있다. 교회는 수난의 그리스도를 따르는 예수 제자 공동체이다. 또 예수의 죽음은 하나님과 세상을 위한 화해의 죽음이라는 의미로 기념됐다. 그리하여 이 죽음의 의미는 신약성서의 복음서 기록의 씨줄과 날줄이 되어 아로새겨지고 있다. 예를 들어, '세배대의 아들의 요구'(막 10:35-45. 공관복음 병행)에서 "인자는 섬김을 받으러 온 것이 아니라, 섬기고 자기 목숨을 많은 사람을 위한 속죄물로 주려고 왔다"(마 20:28)고 자신의 사명을 선언한다. 예수의 이러한 섬김의 행위는 이 세상 통치자들의 행위와 분명한 대조를 이루고 있다. "이방인의 집권자들과 고관들"(20:25)은 권력으로 통치권을 행사한다. 그러나 예수는 폭력으로 다스리지 아니하는 '온유한' 통치자이다. 이 종교적 행동은 지배와 분쟁의 세계 한복판에서 살아가는 제자 공동체에게 평화의 행동이라는 의미를 부여한다. 이러한 새로운 통치자상은 스가랴서의 인용을 통해 당시의 군사적인 메시아상(像)을 수정하고 있다.

> 보라 네 왕이 네게 오신다. 그는 온유하여서 나귀, 곧 나귀의 새 끼인 어린 나귀를 타고 오신다(마 21:5 = 슥 9:9).

자신의 목숨을 내어 주는(20:28) 메시아사상은 무력적 정복자상(비교, 마 2:16-18; 1마카 13:51; *Ant.* 12.34)과 반로마적 영웅상을 비판하고 "온유하고 겸손한"(마 11:29) 평화의 메시아로 드러난다. 우리는 이러한 메시아사상을 초기 기독교의 '평화의 메시아사상'이라고 불러야 한다. 초기 기독교가 추구한, 폭력을 포기하고 원수를 사랑하라는 예수의 요구는 수백 년간 이방인에 대한 투쟁으로 얼룩졌고, 불과 십여 년 전 발발한 잔혹한 유대 전쟁의 불씨가 사라지지 않은 팔레스타인에서 단지 이상적인 평화주의 노선으로 존속할 수는 없었을 것이다. 당시의 상황에서 유대교나 초기 기독교 모두에게 평화의 문제는 매우 긴급한 현안이었을 것이다. 평화는 유대 전쟁 이후 정치적 안정의 갈구였을 뿐만 아니라, 유대인과 이방인 기독교 공동체와의 대립이 형성됨으로써 요청된 과제이기도 했다. 이러한 사회적 분위기에서 마태복음의 평화의 메시아사상은 중요한 의미가 있다.

　그런가 하면 마가복음에 기초하고 있는 마태복음은 초기 기독교 공동체가 처한 '국제정치적 환경'에서 이 평화의 메시아사상을 부각하고 있다. 먼저 마태복음 1장과 2장에 나타난 예수 탄생과 동방박사의 방문, 헤롯 대왕의 영아 학살, 그리고 아기 예수의 피신 이야기를 보자. 헤롯 대왕은 로마 제국이 지배하는 세계 질서에서 유대 민족국가의 명운을 이끌었던 강력한 정복 군주였다. 당시 유대교에는 기원전 129년 이후 '유대인 성전 국가'에 의해 통합됐던 사마리아 지역과 유대 지역 간에 형성된 적대감과 이질감이 고조됐다. 그러나 헤롯 대왕은 지중해 연안의 항구 도시들 건설, 예루살렘 성전의 엄청난 증축 공사, 그리고 사마리아 도시의 재건 등, 수많은 도시의 재개발과 신도시를 건설했는데, 이 구체적 성과들

은 팔레스타인에 각인된 유대와 사마리아 지역의 갈등을 어느 정
도는 완화했을 것이다.[80]

　사실 헤롯 대왕은 이두매아 출신의 '유사(類似) 유대인'으로서
종교적으로야 한계를 가지고 있었지만, 유대인들은 그를 로마의
세계 지배하에서 유대인의 위상을 드높인 왕으로 인정하고 있었
다. 그러나 마태는 이 절대 군주를 영아 학살을 자행한 폭군으로
묘사하고 있다(마 2:16-18). 헤롯 대왕이 이렇게 '나쁜 왕'으로 묘사
됐던 것은 수난의 죽음을 겪게 될 평화의 메시아 때문에 얻게 된
'색깔'이었을 것이다. 반면 로마 제국의 동쪽 국경을 맞대고 있는
파르티아 제국에서 온 동방의 "현자"(μάγοι)들은 평화의 왕을 찾아
가는 외교관처럼 묘사되고 있다(마 2:1-12). 이 이야기대로라면 예수
탄생의 소식은 로마 제국과 파르티아 제국이 대치하고 있는 동쪽
국경지대에서 정치적 동요를 일으킨 것이 된다.

　이런 측면에서 이 이야기는 초기 기독교가 간직한 평화의 메
시아사상의 윤곽을 서사(敍事)로 간직한다. 초기 기독교가 고대하
는 메시아는 힘과 무력으로 '로마의 평화'를 유지하는 황제와는
대조되는 평화의 통치자였다. 메시아는 오히려 동방의 현자들에
더 잘 어울리는 현왕(賢王)의 모습으로 묘사된다. 그리하여 그는 하
늘의 계시를 '작은 자들'에게 수여하고(마 11:28-30), 겸손하여 나귀
를 탄 왕(마 21:5)으로 장차 전쟁의 폐허가 될 예루살렘에 등극한다.
반면 '평화의 도시'라는 이름의 예루살렘은 이 평화의 복음을 알
지 못하고, 로마와의 잔혹한 전쟁으로 예루살렘의 성전과 함께 함

락될 운명에 처하게 된다(마 23:37-39).

누가복음에 의하면 예수는 이런 예루살렘을 "보시고 우시며 이르시되 네가 오늘 평화에 관한 일을 알았더라면 좋을 뻔하였거니와 지금 네 눈에는 숨겨졌도다"(눅 19:41-42)고 탄식한다. 고난과 죽음을 담당하는 평화의 메시아는 초기 기독교의 기독론의 정점에 서 있다. 예수가 전하는 '좋은 소식'으로 정의하는 복음서는 이사야서를 인용하여 그의 '바실레이아'의 "복음"을 야웨의 평화의 통치로 재정의한다.

> 좋은 소식을 전하며 평화를 공포하며, 복된 좋은 소식을 가져오며 구원을 공포하며, 시온을 향하여 말하기를 "네 하나님이 통치하신다" 하는 자의 산을 넘는 발이 어찌 그리 아름다운가?(사 52:7).

예수가 선포한 '바실레이아'는 평화의 왕이 통치하는 시대의 도래요, 그의 제자들은 "평화를 위해 일하는 자들"로서 "그들이 하나님의 아들이라 일컬음을 받을 것임이요"(마 5:9)라고 선언한다. 그런 의미에서 제자들은 원수 된 관계를 무력하게 하는 '평화의 중보자'로서 비군사적인 대제사장직을 수행하는 '평화의 메시아주의자들'이라 하겠다.

그렇다면 유대 전쟁 이전에 기록됐을 마가복음의 수난의 메시아사상이 마태복음에서는 로마의 국제정치적 역학관계하에서 유지된 긴장을 깨뜨린 유대 전쟁을 겪은 후 역동적인 평화의 메시아사상으로 확장됐으리라고 추론할 수 있겠다. 예수는 그런 힘의 평화를 주러 온 것이 아니라, 죽음으로서 이루어 내는 '화해의 평화'를 실현하려고 온 것이다. 화해의 평화를 위한 이 죽음은 힘의 평화를 무력화시키는 불씨가 된다.

> 내가 세상에 화평을 주려고 온 줄로 아느냐 내가 너희에게 이르노니 아니라 도리어 분쟁하게 하려 함이로라(눅 12:51).

메시아의 죽음이 가져온 화해의 평화는 대립적 인간관계에서부터 변화를 가져오는 역동적 운동이었다. 그것은 단지 관념적인 신학 사상이 아니라, 반(反)평화적인 모든 세력을 무력화시키는 실제적인 힘이었다. 예수 그리스도 속죄의 죽음은 하나님과 인간 사이에 형성된 원수 관계를 무너뜨렸고, 그를 따르는 제자들은 "평화를 이루는 자"(마 5:9)로 정의됐기 때문이다. 따라서 '평화의 에토스'를 가진 초기 기독교 공동체에서 유대인과 이방인의 문화의 벽은 느슨해질 수밖에 없었다. 바울은 "하나님은 한 분"(롬 3:30)이며 "너희는 다 그리스도 예수 안에서 하나"(갈 3:28)라고 선언함으로써 로마 세계에서의 이방인과 유대인의 종교적 장벽을 근본적으로 해소한다. 그리고 그리스도의 화해의 징표인 성만찬을 지속함으로써 이방인 공동체에서 가난한 자와 부유한 자의 대립(고전 11:17-30), 그리고 비록 제한적이었지만 남자와 여자, 주인과 종의 대립을 넘어서게 했다(갈 3:28).

제5장
유대인 민족주의의 영성화

1. 유대교의 '영성화'

헬레니즘 군주들과 로마가 팔레스타인을 지배하던 때 유대인의 민족주의의 전체적 흐름을 멘델스(Doron Mendels)의 견해를 통해서 설명해 보자. 그는 유대인 민족주의는 궁극적으로 유대인 국가의 설립을 목표로 하는데, 이는 정치적 민족주의로서 성전, 영토, 왕권, 군대라는 4가지 '상징'이 당대의 문헌들과 역사가들을 통하여 표현된다고 한다. 민족주의 흐름의 양대 산맥은 마카비 혁명과 유대 전쟁이었다. 마카비 혁명으로 국가가 형성되기는 했으나 그것은 종착점이 아니었다. 하스몬 왕조의 정통성이 유대인 민족주의의 이념에 완전히 부합될 수 없었음은 앞에서 지적한 바와 같다. 하스몬 왕조가 멸망한 기원전 63년경부터 그 후 로마의 대리 통치자(client)로 등장한 헤롯 가문 역시(아그립바 1세가 사망했던 기원후 44년 경까지) 유대인들에게는 이방인 지배자요, 유대인 민족주의에 '유사(類似)한 왕'(pseudo-Jewish ruler)이었다. 유대인들이 로마 지배의 대안을 찾는데, 민족주의는 이상화되는 경향을 보이게 됐다고 한다. 멘델스는 로마의 직접통치 시기(기원전 63-기원후 66년)에 정치적 민족주의에 대한 4가지 흐름을 다음과 같이 정리하고 있다.[81]

1. 유대인 다수는 로마 통치로부터 독립하여 국가를 세우려는 열망이 거의 없었다. 그렇다고 민족국가 건립의 희망을 포기한 것은 아닌데, 이러한 잠재성은 기원후 66년 혁명 집단의 유대 국가 설립을 위한 혁명이 개시되었고 이것이 유대 전쟁의 도화선이 되었다. 2. 그리스도인들을 포함한 유대인 집단에서 민족주의 상징을 정치적인 것보다는 영적인 것으로 보는 관점이 대두된다. 즉, 영토는 정치적 개념이 아니고, 성전도 더욱더 '영적인' 제도, 왕권은 역사적 다윗 왕조가 아닌 영적이고 초월적인 지배권을 의미하게 된다. 예컨대, 예수와 바울을 비롯한 많은 유대인은 유대인 민족주의가 추구하는 실제적이고 물리적인 측면에 지쳤고, 영적인 대안으로 하나님의 나라('바실레이아')를 창시했다는 것이다. 3. 그런가 하면 혁명적인 민족주의 집단이 존재했는데, 이들은 유대교의 주변부에 존재했고 오랫동안 잠재해 있다가 반로마 항전에서 부상하기 시작했다. 그런데 이들에게서 메시아사상이 나왔는데, 성서적 "다윗의 아들" 개념이기는 하지만, 그렇다고 하스몬

왕조를 복원하려는 세력은 아니었다. 4. 마지막으로 로마 지배를 수용하는 집단을 상정할 수 있는데, 이들은 하나님의 심판으로 유대인들이 이스라엘 왕조를 빼앗기거나 아니면 독립된 국가가 불가피한 것은 아니라고 생각하였다는 것이다.

유대인의 독립과 주권을 주장하는 민족주의 의식은 헬레니즘 시대 마카비 가문이 떠올라 유대인 성전 국가를 수립할 때처럼, 로마 시대 헤롯 가문과 같이 유대교를 대변하는 유사 메시아적 인물이 부상할 때는 잠재되거나 수면 아래로 가라앉았다. 그러나 유대인들은 성전의 '절대성'과 로마의 절대 지배력이 공존할 수 없다는 것을 보여 주었다. 그 상징적인 사태가 기원후 26년경과 39년경 두 차례에 걸쳐 발생했었다. 기원후 26년경 빌라도가 황제의 초상을 밤에 은밀하게 예루살렘으로 들여오려는 시도에 대해 유대인들은 "바닥에 몸을 던지고 목을 내어 밀며" "율법을 어기느니 차라리 죽음을 택하겠다"고 저항했다(War. 2.174). 뿐만 아니라 로마 황제 가이우스 칼리굴라는 기원후 39년경 예루살렘에 자신의 석상을 세우려는 계획을 세워 시리아의 총독 페트로니우스에게 명령했고, 유대인들은 동일하게 저항했다(Ant. 18.271ff., War. 2.175-78).[82] 또 44년 아그립바 왕의 죽음 이후 유대아에 로마의 지방장관들이 파견되지 못하고 시리아에 부속된 지역을 관리하는 장교들에 의해 유대아의 경제가 파탄되며 자신들의 종교적 상징이 유린당할 때 유대 전쟁이 발발할 수밖에 없었다. 물론 혁명의 지도자들은 언제나 유대인 민족주의 상징을 회복해야 한다는 대의명분을 내세워야 했다. 성전과 성지의 탈환, 새로운 왕국과 통치권에 대한 메시아적 이념이 없는 혁명은 없었던 셈인데, 이렇게 유대인의 민족주의와 메시아사상은 상호 시너지 효과로 더욱 부상했다.

다른 면에서 다니엘 슈바르츠(Daniel R. Schwartz)는 제2성전기 유대교의 민족주의와 세계화의 문제를 야웨의 신정 통치의 이상과 이방인 통치의 현실 사이의 괴리로 파악한다. 이에 대한 해결책은 역사적으로 3가지가 존재해 왔다고 한다.[83] 첫째는 하스몬 시대처럼 이방인 왕권을 정복하여 대제사장이 국가를 운영하거나, 둘째로는 기원후 66년과 132년 제1·2차 반로마와의 항전과 같은 저항 민족주의로 분출되거나, 마지막으로 초기 로마의 지배처럼 타협점을 찾든가 혹은 갈등을 피하기 위하여 하나님의 주권을 "영성화"(spiritualization)하는[84] 것이라고 한다. 여기서 마지막 세 번째의 두 가지 형태는 성전 파괴에 대한 유대인들의 대응양식이었고, 이는 민족주의 관념의 세계화라고 할 수 있다. 전자는 요하난 벤 자카이(Yohannan ben Jakkai)의 유대교 재건 운동, 그리고 후자는 초기 기독교의 탄생이었다.[85]

나는 성전 파괴 후 유대인 민족주의에 대한 멘델스와 슈바르츠의 분석으로부터 제2성전기 유대교의 민족주의 관념의 변화를 옳게 해석할 수 있다고 생각한다. 포로기 이후 유대인들은 야웨의 통치를 대리하는 메시아적 왕권 도래의 이상과 이방인 지배의 현실 사이를 대제사장적 신정 통치로 살아 내었다. 제2성전 시기 동

안 때로는 묵시문학적 종말론과 대제사장 중심의 신정체제가 충
돌하기도 했고, 때로는 하시딤의 '토라 근본주의'와 과격한 헬레
니즘적 개혁주의가 충돌하기도 했다.[86]

　이제 유대인의 신정 통치는 현실주의적인 방향으로는 기능적
으로 제사장직을 대신하는 '랍비 위원회'와 같은 기관의 출현으
로, 또한 이상주의적인 방향으로는 "영성화"의 길로 가게 됐다. 전
자는 랍비 유대교 그리고 후자는 초기 기독교가 됐지만, 이 양자
모두는 '성전 없이 존속 가능한 유대교'의 형태였다. 예수와 초기
기독교의 하나님 나라 선포도 이러한 맥락에서 벗어나지 않는다.
두 학자의 견해처럼 예수와 기독교의 정치적 위상은 유대인 민족
주의 흐름 가운데 "영성화" 범주에 해당한다. 유대인과 그리스도
인은 다양한 상징과 이념을 통해 각각의 다양한 민족주의를 표출
했다. 예수와 초기 기독교의 하나님 나라 선포도 이러한 맥락에서
벗어나지 않는다. 엄밀한 의미로 고대 유대교에서 정치와 종교의
분리는 불가했기 때문이다. 나는 멘델스의 분류에서 예수와 기독
교의 정치적 위상을 이른바 유대인 민족주의의 "영성화"로 여길
수 있다고 생각한다.

2. 제2성전 체제의 균열

기원전 63년 로마의 장군 폼페이우스가 팔레스타인을 정복하고

지배하는 과정에서 유대교의 대제사장직은 다시 정치적인 협상의
제물이 됐다. 로마는 힐카노스와 미리 손잡았던 이두매아 출신의
장군 안티파트로스를 로마의 대리 통치자로 내세우면서, 힐카노
스에게는 대제사장의 옷만 걸치게 했다. 안티파트로스의 아들 헤
롯은 이두매아 출신이었기에 대제사장직까지 차지할 수는 없었기
때문이었다. 헤롯은 종교를 확실히 지배하는 수단으로 대제사장
직을 자의적으로 임면(任免)하는 새로운 전통을 세우게 됐다.

　이러한 체제에서 대제사장직은 헤롯 시대로부터 성전 파괴 이
전까지 약 100여 년 동안 무려 27명이 교체되어 봉직하게 된다.[87]
이는 포로기 이후 600여 년간 제2성전기 유대교 대제사장의 총수
인 51명의 과반에 해당한다. 헤롯 대왕 이후 대제사장에게 기름을
붓는 의식(출 29:7ff.; 30:22ff.)조차 더는 실행되지 않았고, 그 대신 넷
으로 구분된 대제사장의 예복을 입는 서품식으로만 거행되기도
하여 대제사장의 권위는 추락됐다. 더욱이 대제사장 가문들이 교
체되고, 전직 대제사장 가문의 사람들과 함께 귀족정치 집단이 형
성됐다.[88]

　제2성전기의 유산인 대제사장의 신정 통치는 오직 성전체제
를 통해 유지될 수 있었다. 그러나 성전이 파괴되자 제사장직과
신정 통치에 관한 이상은 급진적으로 변화됐다. 어느 곳에서도 야
웨의 신정 통치는 가능해 보이지 않았다. 이제 신정 통치의 이상
은 과거와 미래, 우주적인 공간이나 피안의 세계에서나 가능해졌
다. 유대인 신정 통치의 구성요소인 영토는 물론 '제사장과 이스

라엘인'에 대한 새로운 정의도 가능해졌다. 뿐만 아니라 유대인 민족주의의 상징성을 갖는 성전에 관한 관념도 변화될 수 있었는데, 이런 관점에서도 제2성전과 제사장직의 "영성화"를 이해할 수 있다.[89]

그런가 하면, 제2성전의 파괴 자체는 처참한 죽음과 파멸 말고도 거대한 의미를 갖는다. 반로마 민족주의의 온상이요 유대교의 상징이었던 건물 자체가 사라진 현실이다. 로마는 성전 순례객이 운집하여 성전이 반로마 봉기의 온상이 될 수 있다는 것을 알았기에 로마는 성전수비대를 배치했다. 전쟁이 일단락된 후에는 로마 황제가 이집트에 있던 유대인의 또 다른 '성전' 오니아스 신전까지 파괴하라고 지시했다. 당시 알렉산드리아의 로마 총독들이 성전을 폐쇄하고 그 보물들을 탈취했다고 요세푸스는 보도한다(War. 7.420f.). 이는 예루살렘 성전의 '영적' 지위와 유대인의 민족주의에서 성전의 중차대한 역할을 반증하는 것이었다.

하지만 유대인 민족주의 상징물인 성전의 유일성은 이미 헬레니즘 시대로부터 균열이 가고 있었다. 게다가 균열은 성전체제의 정점에 있는 대제사장직과 결부되어 있었다. 유대교의 성전은 역사적으로 예루살렘 성전, 사마리아 성전, 그리고 이집트 디아스포라의 오니아스 성전은 물론 갈릴리 동북부 히르카노스의 왕궁건물까지 포함한다면 4개의 성전이 존재했던 셈이다. 문제는 예루살렘 성전을 제외하고서도 나머지 성전 모두 사독계 대제사장이 제사장직을 수행하고 있었다는 점이다.

기원전 약 332년 예루살렘의 대제사장 야두스의 형제 므나세는 사마리아에 성전을 짓고 대제사장을 자처했다(*Ant.* 11.322-4). 그런가 하면 기원전 175년경 예루살렘의 헬레니즘식 개혁의 여파로 대제사장 자리에서 쫓겨난 오니아스 3세(요세푸스에 의하면 오니아스 4세)는 이집트로 망명을 가서 레온토폴리스에 성전을 세우고 대제사장직을 수행했다. 마지막으로 기원전 180년경 사독계 대제사장의 막내아들이었던 힐카노스라는 제사장은 '아라크 엘-에미르'(Araq El-Emir)에 있는 자신의 왕궁 안에 이른바 개인용 '성전'을 세웠다.[90] 이 세 개의 성전의 대제사장직은 모두 사독계 가문의 사람들이 향유했고, 도리어 예루살렘 성전의 대제사장직은 비사독계였던 하스몬 가문에 의해 유지되고 있었던 셈이다. 예루살렘 성전체제를 비판하고 새로운 공동체를 창시했던 쿰란의 제사장 "의의 교사"까지 사독계 대제사장을 정설로 받아들인다면, 성전의 유일성과 그 성전체제의 정점에 있는 대제사장의 상징성은 무력화되고 있었던 셈이다. 또한 양자에 기초한 유대인 민족주의 관념도 함께 균열이 가고 있었던 셈이다.

3. 유대교 제사장직의 보편화

다른 한편, 슈바르츠는 성전 파괴의 여파는 제사장직이 아니라 성전과 제사에 집중됐다는 점을 지적하면서, 성전 파괴 후 유대교에서 일어난 현상들을 유대교의 총체적 "영성화"로 덧칠하려는 관점은 비판되어야 함을 주장한다.[91] 거기에 오히려 그는 유대교 제사장직의 "영성화"를 출애굽기 19:6 "너희(이스라엘)는 내게 대하여 제사장 나라가 되며 거룩한 백성이 되리라"는 제사장직의 근본 선언에서 논의한다. 이 선언에 의하면 모든 이스라엘인에게 제사장직이 수여될 수 있다. 그렇다면 아론계가 아닌 평범한 이스라엘인들도 제사장이 될 수 있는 길이 열린다. 그러나 구약에서 이스라엘이 "거룩한 백성"이라는 언급은 자주 인용되지만, "제사장 나라"('마믈레케트 코하님')는 구약은 물론 제2성전기 유대교의 문서에도 인용된 적이 없다는 것을 그는 옳게 지적했다[92]

그렇다고 그가 제사장직이나 대제사장직이 모든 이스라엘 지파에 위임되거나 보편화될 수 있다고 주장하는 것은 더욱 아니다. 제사장은 오직 아론 계열에서만 나올 수 있었기 때문이다. 초기 기독교는 출애굽기 19:6에 근거한 베드로전서 2:9을 통해서 이 관념을 대중화했지만(계 1:6; 5:10; 20:6), 유대교에서 보편적 제사장권을 말하거나 시행한 적은 없었다. 슈바르츠는 랍비문헌들에 등장하는 바리새인들의 이른바 "제사장 나라"라는 슬로건은 이스라엘 전체가 '제사장 나라'라는 의미가 아니라, 전 세계에 대한 이스라엘의 제사장 역할을 의미하지만, 제사장직에 있어서 "거룩함"은 단지 미사여구가 아니라 본질이었다고 주장한다.[93]

제2성전기에 대제사장직이 정치화되고 상대화되는 현실에서 제사장직의 정당성은 '거룩함으로 구별됨'에 있다는 주장이 유대인들에게 설득력 있었을 것이다. 쿰란이 비록 사독계 제사장의 리더십 안에 있었지만, 그들의 제사장적인 정결 추구는 모든 이스라엘이 따라야 할 이상이지, 결코 아론계 제사장만의 문제는 아니었다. 여기에서 '거룩한' 비(非)아론계 인물들도 제사장직을 감당할 수 있다는 주장은 수용가능하게 됐다. 그들은 아마도, 현실적인 대안으로서의 '범(汎) 레위계' 제사장직이었을 것이다. 게다가 성전이 현실적으로 회복될 가능성은 없다고 인식되면서, 유대교는 한편으로는 제사장들에 대한 비난과 적대감이 증대됐다. 이렇게 유대교 내부에서 종교 지도자를 갈망하던 당시 상황에서 제사장을 대치할 수 있는 어떤 인물들로 유대인들은 쉽게 "현자들"('하카밈')을 상상할 수 있었다. 제사장직의 실제 대치는 여기서 일어나는데, 그들이 바로 하나님의 대리자인 "현자들"이었다.[94] 이들은 제2성전기 말에는 성전제의를 지도하고 계승했으며 토라를 전문적으로 연구하던 서기관('소페르')들 중에도 제사장들보다 현자들이 더 많았다. 그들은 재판도 관장했는데 제사장적 정결을 '하베림'의 정결로 대중화했다.

성전은 물론 제사장직에 대한 '대안들'이 발생함으로 제사장직에 대한 새로운 해석이 가능할 수 있었다. 이러한 상황에서 요하난 벤 자카이를 중심으로 바리새인들의 새로운 운동과 초기 기독교에서는 유대교의 영성화에서 독자적인 희생제의와 제사장 신학을 확립할 수 있었을 것이다.

4. 초기 기독교의 '영성화'

유대교의 "영성화"와 관련된 초기 기독교의 이른바 '영적 성전'에 관한 관념은 예수에게로 기원한다고 말할 수 있다. 마가복음에 의하면 예수는 산헤드린 심문 과정에서 "내가 손으로 지은 이 성전을 헐고 손으로 짓지 않은 다른 성전을 사흘 동안 지으리라"(막 14:58/마 26:61; 비교, 요 2:19. 필자 사역)를 가지고 결정적 고소를 당한다. 여기서 마가는 직접화법을 쓰면서도 추가로 "이 증언도 그와 같이 일치하지 않았다"(막 14:59)는 견해를 표현한다. 그러나 마태는 좀 더 유연하게 간접화법으로 "이 사람이 말하기를 하나님의 전을 헐고 사흘 동안 지을 수 있다고 말했다"(마 26:61. 필자 사역)고 표현하며, 마가의 추가적 증언 없이 그저 예수의 침묵만을 그리고 있다. 또한 요한복음은 재판장면이 아니라 예수의 성전정화 사건 가운데 유대인들과의 논쟁 속에서 이 문제가 불거지고 있고(2:18-20), 더 나아가 후대 제자들의 "그러나 예수는 성전 된 자기 몸에 대하여 말했던 것이다"(2:21. 필자 사역)는 해석을 추가한다. 그러므로 예수가 성전 파괴를 언급한 것 자체는 거짓증언이 아니라고 생각해도 된다. 다만 해석이 문제시될 뿐이다.[95] 제4복음서 저자는 그 사실에 기초하여 예수의 몸을 성전으로 동일시하는 '영적 성전'의 관념을 피력하고 있는데, 이는 마가의 "손으로 짓지 않은 성전"과 같은 개념이다.

성전의 영성화는 다시금 예수가 자신의 사역 마지막 국면에서 거대한 예루살렘 성전건물들이 "돌 하나도 돌 위에 남지 않고 다 무너뜨려지리라"고 예언한 것과 결부된다(마 24:2/막 13:2/눅 21:6). 그는 성전의 파괴를 내다보며 분명 자신의 죽음을 예견하고, 아마도 장차 손으로 짓지 않은 성전을 "지으리라"고 했을 것이다. 이 어휘는 복음서에서는 유일하게 교회라는 단어를 사용하는 마태 특수전승에서 사용된다. 베드로의 메시아 고백 장면에서 "나의 교회를 세우리라"(마 16:18. 필자 사역)고 표현된바, 메시아의 공동체를 세우려는 예수의 '의도' 자체는 부활 이후 교회의 관념으로만 생각할 수는 없다. 이런 관념은 이미 성전이 파괴되기 전에 쿰란에서도 시행되고 있었기 때문이다. 무엇보다 중요한 점은, 사해사본을 사용했던 "이스라엘을 위한 거룩한 집, 아론을 위한 가장 거룩한 회중"은 자신들의 공동체를 "견고한 성벽, 귀중한 모퉁잇돌, 그리하여 흔들리지 않을 토대"라는 성전 이미지를 사용했다는 데 있다.[96] 또 공관복음서 저자들은 포도원의 비유에서 "건축자들의 버린 돌이 모퉁이의 머릿돌이 되었다"(마 21:42/막 12:10/눅 20:17)는 시편 118:22을 인용하며 자신이 메시아로서 죽임 당하게 될 것을 암시하고 있다. 이렇게 예수의 성전에 관한 어휘들은 자신의 죽음을 염두에 두고 사용했을 것이며, 초기 기독교는 예수 부활의 몸과 결부시켜 장차 회복될 성전으로 "영성화"했다는 추측이 가능하다.

바울에게서 우리는 이보다 훨씬 나아간 관념을 분명히 발견할 수 있다. 여기서 이 사상 자체를 자세히 설명할 수는 없겠다. 다만 핵심은 '성도들이 성전'(고전 3:16)이며 교회는 "그리스도의 몸"이며 성도들은 "그 몸의 지체"라는 그의 사고방식이다(롬 12:4; 고전 6:15; 10:17; 비교, 엡 1:22f.; 4:16; 5:23). 바울에게 성전은 '그리스도 안'에 있는 성도들의 공동체와 동일시되고 있다는 사실은 분명하다. 바울의 이 독특한 성전의 "영성화" 관념은 그리스도와 성도들이 한 몸으로 연합됐다는 사상에서 출발하고 있는데, 아마도 예수의 죽음이 각인된 성만찬과 세례와 깊이 연관됐을 것이다.[97] 바울은 성만찬을 "그리스도의 몸에 참여함"(고전 10:16f.)으로, 그리고 세례를 "그리스도와 그의 죽음으로 들어가 세례를 받아" 연합되는 것으로 설명하기 때문이다(롬 6:3. 필자 사역).

앞 장에서 설명한 대로 초기 기독교에서 유대교 제사장직의 보편화를 서술하고 있는 것이 히브리서인데, 예수의 죽음을 통한 희생 제사와 제사장직 성취를 기독론적 관점에서 펼쳐 나간다. 히브리서는 크게 두 단락의 논증(1:1-6:20; 7:1-10:18)과 마지막 세 번째 단락의 권면(10:19-13:25)으로 구성된다. 첫 단락의 핵심 논증은 "예수께서 멜기세덱의 반차를 따라 영원한 대제사장이 되었다"(6:20)는 것인데, 다음 단락은 제사장직에 대한 핵심적 교의(敎義)와 권고를 담고 있다. 먼저 7:1-28은 제사장 멜기세덱과 예수의 제사장직을 비교한다. 히브리서에서 멜기세덱은 "지극히 높으신 하나님의 제사장"이요, "살렘 왕"으로 나타난다(히 7:1 = 창 14:18). 그가 멜기세덱을 인용하는 목적은 레위계 제사장을 대신하는 새로운 계통의 제사장이 일어남을 설명하기 위함이다. 즉, "레위 계통의 제사장직을 통하여 완성되었다면"(필자 사역) 멜기세덱의 계통에서 "또 다른 제사장"이 세워질 필요는 없었다(7:11)는 것이다.

저자는 이 문장 사이에 레위계 제사장직의 불완전함을 전제하며 그 이유를 "백성은 그 제사장직을 근거로 율법을 받았다"(필자 사역)고 설명한다. 그러면서 "제사장직이 변경되었으니 율법의 변화도 반드시 일어난다"(7:12. 필자 사역)고 선언한다. 저자는 모세의 언약을 율법의 배경으로, 예레미야의 "새 언약"을 맹세의 배경으로 각각 사용하여 새로운 제사장직의 근거를 들며,[98] 레위계 제사장직과 그 근거가 되는 율법과 그 세부 계명의 유효성이 만료되고 말았다는 과감한 사상을 피력한다. 이러한 사상은 성전의 파괴로 일어난 유대교의 변화 상황을 전제하지 않고는 그것을 이해할 수 없다.

그런가 하면 히브리서의 마지막 단락(10:19-13:25)은 "그러므로 형제들아 우리가 예수의 피로 성소로 들어갈 담력을 얻었나니 그 길은 우리를 위하여 휘장 가운데로 열어 놓으신 새로운 살길이요 휘장은 그의 육체니라"(10:19-20)고 시작한다. 역설적이게도 예수의 대제사장적 섬김과 희생으로 유대교의 대제사장직이 폐지된다. 왜냐하면 지성소 경계에 놓인 휘장은 단번에 드린 예수의 육체의 죽음으로 찢겨 버렸기 때문이다(히 10:20. 비교, 4:16; 9:24). 이 단번에 드린 예수의 희생으로 그리스도인은 이제 "거룩한 곳으로 들어갈 담대함", 즉 믿음을 갖게 됐다. 이렇게 히브리서에서 성전은 '하늘과 땅'인 우주로, 제사장은 예수 그리스도로, 제물은 그리스도의 죽음으로 대치된다(8:7-13). 이제 더는 성전도 제사도 제물이 필요 없다. 물론 땅 위의 대제사장은 없다. 모든 사람은 대제사장 예수를 따르는 '제사장'으로서 보이지 않는 성소에 나아갈 특권을 누리게 된다.[99]

이제 대제사장과 제사장의 구분은 의미가 없다. 왜냐하면 히브리서는 일관되게 예수가 고난과 죽음을 통과한 것은 '형제들과 같이 되기' 위함이요 이것이 바로 대제사장직의 본질임을 주장하고 있기 때문이다(2:17; 4:15). 이제 모든 그리스도인은 새로운 "구원의 창시자"(2:10)요 "믿음의 창시자"(12:2)이신 "대제사장" 예수가 열어 놓은 그 길을 가는 제사장들이 아닐 수 없다. 그것이 바로 "왕 같은 제사장"이라는 그리스도인의 위대한 칭호이다(벧전 2:9).

어쩌면 여기서 '집단 메시아사상'의 단초를 발견할 수 있을지 모른다. 앞에서 우리는 다니엘서의 메시아적 존재인 "인자 같은 이"(단 7:13)는 "가장 높으신 분의 거룩한 백성"(7:27)이라는 주장을 검토했다. 신약에서는 제자들이 메시아의 통치에 참여하며 "함께 다스린다"는 관념이 자주 등장한다. "내가 진실로 너희에게 말하노니 세상이 새롭게 되어 인자가 자기 영광의 보좌에 앉을 때에 나를 따르는 너희도 열두 보좌에 앉아 이스라엘 열두 지파를 심판하리라"(마 19:28/눅 22:30; 비교, 고전 6:2f.; 계 2:26-28; 20:4; 딤 2:12). 시편 110:4은 왕권과 평화의 대제사장 멜기세덱을 언급하는 초기 기독교의 메시아 기독론의 보고(寶庫)이다. "너는 내 오른쪽에 앉아 있으라"라는 메시아의 통치권 위임은 "주의 권능의 날에 주의 백성이 거룩한 옷을 입고 즐거이 헌신"(시 110:3)하는 모습으로 완성된다. 히브리서에서 7:2이 암시하는 대로 예루살렘은 하나님이 거하는 평화의 집이었다. "거기에서 그가 화살과 방패와 칼과 전쟁을 없이 하셨도다"(시 76:3).

제6장
'메시아주의' 윤리와 평화

제1·2차 유대인 반란으로 유대교는 제2성전과 제사장직이라는 성전체제는 물론 예루살렘이라는 민족국가의 영원한 상징을 모두 잃게 됐다. 이제 토라만 남았다. 유대인 현자들은 성전 파괴로 '성전체제 없이도 존속 가능한 유대교'를 세우기 시작하여 기원후 200년 랍비 유대교를 건설하는 주역이 됐다. 유대교는 토라를 통해서 '국가 없이도 존속 가능한 민족종교'로 존재할 수 있는가? 기독교는 이러한 상황에서 국가와 민족을 초월한 세계 보편 종교의 형태로 탄생하게 됐다. 유대교가 초기 유대교에서 랍비 유대교로 넘어가는 과도기인 기원후 70-200년 '형성기 유대교'(formative Judaism)의 상황에서 초기 기독교가 탄생한다. 이 두 종교의 성격은 종교적 관념으로 진술하는 것보다는, 유대인과 첫 세대 그리스도인이 추구한 신앙적 자유와 정치적 평화의 실천형태로 더 잘 설명될 수 있을 것이다. 예수와 바울은 과연 '바실레이아'에 대한 어떤 윤리적 관점을 표현하고 있을까? 초기 기독교의 그리스도인들은 지상의 '바실레이아'에서 인간이 추구할 자유와 평화를 윤리적으로 어떻게 추구했을까?

1. 정치적 평화의 종교적·사회적 차원

기독교는 헬레니즘 시대 고대 유대교(혹은 초기 유대교) 내부에서 시작된 개혁주의의 흐름에서 탄생하여 로마 제국의 국가 종교로 정착했다. 여기서 국가와 교회의 관계에서의 종교 공동체의 자유와 평화의 문제에 대한 사회윤리학적 논의가 필요하다.

에른스트 트뢸취(E. Troeltsch)가 쓴 기념비적 저서, 『기독교사회윤리』(Die Soziallehren der Christlichen Kirchen und Gruppen. 한국신학연구소, 2003 역간)에서 그는 "기독교의 사회 교리가 처음부터 국가와 사회에 관한 교리였다는 것은 역사적 사실이다"고 했다.[100] 책 제목대로 그는 "기독교 교회와 집단의 사회적 가르침"에 관한 논의를 예수와 복음서, 그리고 바울에게서 시작하여 중세와 근세에 이르는 역사적 탐구로 이어 간다. 그는 이 책 서론에서 "사회" 혹은 "사회적"이라는 말과 "사회학적"이라는 말을 구분하는 것으로 논의를 시작한다. 이때 트뢸치는 "사회"라는 개념에 대해서 말하기를, "사회생활과 활동의 전체 내용을 인격화한 것"이라 말하며, "복합적

으로 상호작용을 계속하고 있는 사회학적 집단들의 다양한 성격
전체를 한마디로 사회라고 부를 수는 없기에 그 말의 좁은 의미를
견지해야 한다"고 설명한다.[101] 이에 따라 '사회적'이라는 관념도
"일반적인 사회학적 현상 중에서도 특정한 그리고 또 분명하게 정
의된 부분—국가나 정치적 이해관계에 의해서 간접적으로 영향을
받겠지만 적어도 직접적으로는 규제받지 않는 사회학적 관계들—
을 의미한다"고 주장한다.[102] 이 범주에서 기독교 공동체의 자유와
평화라는 사회·윤리적 행동의 뿌리를 종교적인 차원의 교리에서
다룰 수 있겠는데, 그것은 다름 아닌 예수의 사랑의 윤리다.

트뢸취는 자신의 책 "제1장 초대 교회의 뿌리"에서 예수의 사
랑의 윤리 실현이 어떻게 사회학적 성격을 갖게 되는가를 이렇게
설명한다. 기독교 윤리는 인간의 존엄이라는 가치에서 시작하는
데, 이는 기독교의 "사랑의 하나님 관념"에서 나온다. 인간에 대한
하나님의 절대적 사랑에서 기독교 윤리는 "무제한적, 절대적 개인
주의" 성향을 갖게 된다. 그런데 사랑의 하나님 관념에는 모든 사
람에게 선의(善意)을 베푸는 보편주의의 속성도 가지고 있다. 하나
님과 인간의 친교는 절대적 개인주의에서 시작되지만, 하나님의
인간에 대한 사랑의 요구는 그 친교를 함께 나누는 '하나님의 가
족'으로서의 교회는 물론 모든 이웃과 원수에게까지 확대된다. 하
나님의 사랑의 뜻을 실현하기 위해서 인간은 자기 포기와 형제애,
이웃 사랑, 인류애로 나아갈 수 있다. 이 이상주의는 어떤 필연적
인 관념이 아니라, 헌신과 복종이 요구되는데 공동체에 "권위와

계시"로 표출된다. 토라와 성전체제를 근간으로 하는 초기 유대교의 흐름에서 본다면, 예수는 물론 바울조차 당시 토라 준수를 전제하고 있다. 그러나 유대교와 기독교는 토라에 대한 해석은 물론 인식 자체에 큰 차이를 보인다. 무엇보다 '예수'라는 한 인물의 카리스마가 토라의 권위를 능가한다. 여기서 카리스마적 권위의 개념이 사회학적 구조 안으로 도입되기 시작하는데, 트뢸취는 예수가 "율법과 예언자"의 권위를 통해서뿐만 아니라, 자신을 살아 있는 계시로서 공동체에 알린다고 한다.[103] 사회윤리의 근거를 사랑의 계명에 두어야 한다는 트뢸취의 견해에는 동의하지만, 그것은 초대 교회의 "사회학적 구조"를 통해서 수용되기보다 '나-너'라는 사회적 관계가 하나님과 인간의 관계를 규정하도록 구조화된 예수의 계명에 내재되어 있다고 보아야 할 것이다. 무엇보다 이웃 사랑의 계명에는 바로 이 사회윤리의 요소가 내재되어 있는데, 그것은 '원수 사랑'에서 가장 이상적인 형태로 발현된다.

그러나 트뢸취의 견해는, 초기 기독교 신앙 자체는 종교적인 사안이었지 사회적인 사안은 아니었다는 자신의 근본적인 신학적 경향에서 시작한다. 신약과 초기 기독교 문서들에는 "'사회'문제에 대한 논의는 없었고, 중심문제는 언제나 순수하게 종교적인 것으로서, 영혼의 구원, 유일신 신앙, 죽은 다음의 삶, 예배의 순결, 올바른 회중 조직, 일상생활에서의 기독교적 이상의 적용, 그리고 개인의 성화(聖化)를 위한 엄격한 자기 훈련의 필요성 등에 관한 것들이었다."[104] 또한 초기 그리스도인들에게 전적으로 하나님이 지배하는 하나님의 나라는 이상적인 윤리적·종교적 비전이었고, 나중에 그 나라가 "그리스도의 삶과 부활을 통해서 이미 이루어졌다는 생각이 대두됐을 때에도 구속(救贖)의 의미는 여전히 순수하게 내면적이고 윤리적이며 영적인 것이었다"는 주장이다.[105] 이 부분은 그의 자유주의 신학의 한계라고 비판받기도 한다.

오늘날 존 하워드 요더(John Howard Yoder)와 같은 신복음주의 윤리학자는 예수의 "메시아적 윤리"를 통하여 하나님 나라의 사회적·정치적 차원을 부각시키고 있다.[106] 기독교의 사랑의 윤리를 사회정치적 지평으로 해석할 가능성을 모색하기 위해서, 예수와 초기 기독교가 선포한 하나님 나라의 사회정치적 문맥을 "이스라엘 회복"이라는 제2성전 유대교의 핵심적인 사상으로 풀어낼 수 있다고 생각한다. 이 관념은 당시 이스라엘의 민족적 과제이면서 동시에 인간의 회복과 구원을 통한 영속적 자유를 추구하는 이스라엘의 세계관이었다. 기독교는 이 보편적 희망을 확대 강화하여, '이스라엘'의 정체성을 유대교의 민족적 속성으로부터 '영속적 바실레이아'의 시민이라는 보편적 성격으로 변형시킨 종교라고 할 수 있다.

이런 관점에서 기독교의 사랑의 윤리의 최고봉인 원수 사랑이 어떻게, 초기 한국 기독교인들이 제국주의 일본에 대한 행동으로 구현될 수 있는가를 성서 신학적으로 접근해 볼 필요가 있다. 사실 종교적 평화와 정치적 평화의 역학관계를 신학적으로 다루기는 매우 모호하다. 평화의 개념에 대한 역사적 고찰에서 코젤렉

(Reinhart Koselleck)은 다음과 같은 관점을 제시했다.[107]

> 신학이 해 놓은 *pax*에 대한 해석은 중대한 결과들을 낳았다. …
> 기독교 신학은 간단히 표현해 *pax*를 우주적 질서 원칙으로 파악
> 했다. … *pax*가 인간에 적용되는 한, 인간은 "사회적 존재"라기보
> 다는 "도덕적 존재"로서의 관점에 서게 되었다. 나아가 궁극의
> 상태, 화해, 모든 살아 숨 쉬는 것들을 신 안에서 하나 되게 하기
> 에는 완전한 의미에서만의 *pax*가 주어졌다. … 그러므로 기독교
> 의 평화 개념에는 "도덕적 관점"과 "종말론적 관점"이 우세했지
> 만, '평화'의 정치적·사회적 의미는 뒤로 물러나 있다. 그러나 동
> 시에—그리고 이것은 대단히 중요한데—"도덕적"이고 "종말론
> 적"인 평화 이해의 중요한 특징들은 받아들여졌다. 하지만 이것
> 이 비로소 충분한 성과를 거두게 된 것은 기독교 세계관 및 역사
> 관이 세계 내재적 구원설로 세속화되고, 정치적 평화 개념 자체
> 에 도적적이고 종말론적인 범주들이 실리면서부터였다.

이러한 관점은, 고대로부터 중세의 역사에 이르는 동안 인간
영혼의 "영원한 평화"(*pax aeterna*)로부터 국가들 간의 "지속적 평
화"(*pax perpétuelle*)의 개념으로 변화했던 것처럼, 평화의 개념에서
정신적·도덕적 평화의 개념이 정치적·사회적 평화의 개념과 결코
분리될 수 없었다는 사실을 말해 준다.[108] 기독교적 관념의 평화가
결코 정신적이거나 도덕적, 혹은 영적인 상태에 머무를 수 없었던

이유는 제2성전이 파괴된 이후 '영성화'되어 가는 초기 유대교의
역사적 맥락과 일치한다.

2. '형성기' 유대교와 기독교의 정치적 실천

다시 초기 유대교의 상황으로 돌아가서 우리의 논의를 시작해 보
자. 예수와 바울의 가르침은 예수의 추종자들과 바울의 동역자들
을 통해 성전과 예루살렘 파멸을 거치며 유대교에서 나와 독자적
인 종교로 자리 잡게 됐다. 그들은 성전의 희생 제사 대신에 예수
의 죽음을 기리고, 회당 대신에 '에클레시아'라는 그리스 정치공
동체 형태를 취하여 모였다. 더 나아가 토라에서 자라난 미쉬나
대신에 예수의 생애와 바울의 가르침을 담은 공동체 문서를 확립
했는데, 이는 유대교로부터 분리된 기독교 공동체가 구약의 역사
에 예수 사건을 새로이 추가하여 마침내 독자적인 종교의 기원설
화를 형성하는 과정이었다. 그렇지만 초기 기독교는 공동체적 윤
리까지 독자적인 체계를 가진 것은 아니었다. 그것은 바로 토라를
포함한 히브리 성서를 거룩한 문서로 공유하고 있었기 때문이다.
그들은 새로운 언약 공동체의 기원설화와 삶의 지침을 담은 신약
의 관점에서 히브리 성서를 구약으로 명명할 수 있었다.

　유대 전쟁 전후의 유대인 민족주의 흐름에서 우리는 특별히
당시 유대교의 주류를 형성하고 있었던 바리새파의 대응을 살펴

볼 필요가 있다. 예수와 바울, 그래서 초기 기독교와 가장 밀접하게 연관되어 있었던 종파가 바로 바리새파이기 때문이다. 민족주의의 관점에서 바리새주의의 사상적 흐름은 다음 두 가지로 대변할 수 있다. 하나는 기원후 약 70년까지 유대교를 주도한 샴마이학파로 대변되는 율법에 대한 "열성"이다. 회심 전 바울의 "열성"도 유대주의를 고수하려는 바리새주의를 대변한다. 여기에는 이방인에 대한 저항을 의미하는 민족주의적 경향도 내재하여 있었다. 바리새인들에게 옛 하시딤의 묵시적 사상의 불씨는 여전히 꺼지지 않고 있었다. 그들은 결코 이스라엘의 독립과 신정국가로의 회복이라는 이상을 포기할 수 없었다. 그들이 추구하는 '정결한 이스라엘의 회복'은 이미 하시딤의 묵시적 토양에서 자라난 것이었다. 이들은 이스라엘의 해방을 추구하는 젤롯당의 무장봉기에도 참여할 가능성을 열어 두었다. 비록 요세푸스가 유대 전쟁을 젤롯당의 반란으로 묘사하며 바리새인들의 책임을 회피하려는 듯이 묘사하지만, 아나니아 벤 사독(Ananias ben Zadok)의 이야기(War. 2.451)나 기원후 6년에 일어난 반란을 바리새인의 활동과 결부시키는 것을 고려한다면(War. 2.118; Ant. 18.4-10) 바리새인들이 제1차 유대전쟁은 물론 마지막으로 반로마 봉기를 일으킨 기원후 132-135년의 바르 코흐바 항전에도 참여했을 가능성이 있다.

다른 하나는 힐렐 학파로 대변되는데, 이 흐름은 종교를 지탱하기 위한 정치적 '평화 유지' 정책을 고수하며 유대교를 새로이 재편하려 했다. 유대 전쟁으로 성전과 예루살렘 시가 파괴되어 유대교 전체가 무너지는 상황에서도 그들은 무장 항쟁이 아닌, 랍비 요하난 벤 자카이를 중심으로 야브네에서 유대교 재건을 위한 로마와의 협상을 수행한다.[109] 이들은 제사장을 대신하는 하나의 세력으로 부상 중인 랍비라는 "현자들"('하카밈')을 중심으로 이 유대교 재건 운동을 주도할 수 있었다. '하카밈'에는 바리새인들이 다수일 수밖에 없었을 것인데, 바리새인들은 유대 전쟁으로 성전체제가 붕괴하자, 팔레스타인에서 성전을 중심으로 존속할 수 있었던 다른 종파들, 이를테면 대제사장 가문이나 정치적 우위에 있었던 사두개파보다 우세한 정치적 입지를 차지하고, 회당 중심의 유대교를 건설할 수 있었다.

게다가 제1차 유대인 봉기(기원후 66-70년) 이후 유대인의 이방인에 대한 강력한 저항의 사상을 품고 있었던 에세네파의 묵시사상은 대중들에게 호소력을 잃어 가고 있었다. 이렇게 에세네파 역시 역사 속에서 서서히 자취를 감추게 됐는데, 이들은 일찍이 요나단이 대제사장직에 오르자 하시딤에서 이탈하여 광야의 쿰란 공동체를 조직했던 집단이었다. 따라서 랍비 중심의 바리새파는 회당을 중심으로 한 이른바 '성전 없이도 존속 가능한 유대교'을 재건할 수 있었을 것이다. 이 운동은 기원후 132-135년 바르 코흐바 반란과는 구별되게 로마와의 협상을 통해서 저항 민족주의 노선을 피하고, 랍비 하나시(Hanassi)를 통해서 토라를 내면화된 종교의 일상으로 형성한 미쉬나를 완성하여 결국 기원후 200년경 랍비 유대교가 탄생하게 됐다.

초기 기독교의 관점에 의하면 기원후 70년 성전의 파괴는 이미 예수의 예언대로 실현됐고, 그것은 예수의 예언자적 선포를 받아들이지 않은 이스라엘의 불순종에 대한 하나님의 심판이었다(마 22:7). 예수 공동체는 부활하신 예수 그리스도를 통하여 이제 토라를 새롭게 해석하며 이스라엘을 넘어 "모든 민족"으로 나아가려 했다. 그러나 이는 반(反)바리새주의, 즉 반유대주의를 의미했다.[110] 게다가 유대 전쟁과 성전 파괴의 후유증, 그리고 로마의 경제적 불안 상황에 대응하는 바리새파는 새로운 진로를 모색해야 했다. 바리새주의는 여기서 로마체제에 대한 저항 혹은 순응 양대(兩大) 진영으로 나뉘었다.

기독교 공동체는 유대교의 회당연합으로부터 분리되기 시작함으로써 필연적으로 로마에 대한 정치적 태도를 취해야만 했을 것이다. 이는 저항의 길은 아니었다. 그렇다고 로마의 징세에 대하여 "가이사의 것은 가이사에게 하나님의 것은 하나님에게"(막 12:17/눅 20:25)라는 태도, 즉 '두 왕국설'적인 관점에 서 있었던 것도 아니었다. 그것은 "그들이 실족하지 않게 하는 길"(마 17:27)로서 아마도 충돌을 피하는 길이었을 것이다. 다시 말해, 마태 공동체는 로마가 유대인에게 일종의 인두세(fiscus Judaicus)로 부과했던 "반세겔"(마 17:24-27)에 대항해 젤롯파와 같은 전면적인 거부투쟁의 길을 가지 않았다는 말이다. 그런가 하면 바리새주의 가운데 샴마이 학파와 같은 민족주의적 저항과도 거리를 두었다. 동시에 이방 세계로부터 분리된 순수한 종교 공동체 네트워크를 설립하는 요하난 벤 자카이가 이끄는 세력과도 거리를 두었다. 기독교 공동체가 선포한 하나님 나라는 종말론적인 성격이 강했는데, 예수를 참다운 왕으로 고백했기 때문이다.

따라서 이러한 사상은 로마 제국 아래에서는 본질적으로 정치적 성격을 가질 수밖에 없었다. 말하자면, 반로마항쟁이나 민족주의적인 경향과는 멀었지만, 비정치적이라고 말할 수도 없었던 셈이다. 당시 초기 기독교인들은 이방인의 세계에서 살아가면서 모든 민족을 포괄하는 문화적 포용성을 가질 수밖에 없었다. 그것은 평화를 추구하는 공동체의 에토스로서(마 5:9), 로마 군인들이 억지로 오 리를 끌고 가고자 하면 십 리를 가고(마 5:41), 원수를 증오하지 않고 사랑하는(마 5:44) 그런 삶의 태도였다. 이러한 일종의 '신학적 포괄주의'는 필연적으로 민족주의적 성격의 유대교와는 구분될 수밖에 없었을 것이다.

3. '메시아주의' 윤리

고대 유대교는 페르시아 시대에 그 터가 형성됐고, 헬레니즘 시대의 세계화에 저항했던 마카비 혁명을 경험하며 자신만의 독특한 무늬를 가지게 됐다. 그 터는 토라, 제2성전, 대제사장 신정 통치였고, 무늬는 민족주의적 종교였다. 기독교는 고대 유대교의 세계관과 메시아 신앙, 종교체제를 거의 그대로 물려받았다. 그러나 사상의 중심축이 토라에서 예수 그리스도로, 그리고 민족에서 세계로 이동된 새로운 메시아 운동으로 자라났다. 이제 이 메시아사상을 유대교와는 구분되는 의미에서 '메시아주의'라고 명명하자.

이 운동의 가장 중요한 모멘텀은 메시아 예수의 죽음과 부활에 대한 제자들의 경험이었다. 그들은 십자가에 못 박혀 죽은 예수가 부활하여 이스라엘의 '크리스토스', 즉 기름 부은 자('메시아')로 입증됐고, 온 세상을 다스리는 유일하신 주(主)가 됐다고 고백했다. 게다가 부활하신 예수를 하나님과 같이 경배의 대상으로 삼게 됨으로써, 기독교는 고대 유대교와 분리되어 독립된 종교체제를 갖게 됐다. 즉, 유대교의 성전 및 회당, 속죄체제를 대신하여 하늘의 성전, 그리스도의 몸인 교회, 예수의 죽음을 기념하는 성만찬을 종교와 신앙의 상징 세계로 정착시켰다.

유대교의 부활 사상은 마카비 혁명 시대 이방인의 지배에 대한 저항 민족주의의 토양에서 배양됐다. 부활은 죽음 이후 '영혼의 존재'나 '상태'가 아니라, 사후의 새로운 삶에 관한 유대인의 세계관을 새롭게 형성했다. 이 세계관은 창조주 하나님과 이스라엘의 영원한 언약이 파기될 수 없다는 신앙의 필연적 결과였다. 즉, 부활 신앙은 헬레니즘의 세계화 속에서의 민족적 토라 신앙의 결과물인 셈이다. 기독교는 부활이 예수의 부활 사건을 통하여 '역사 안에서 이미 돌입한 상태'라는 유대교에서는 새로운 사상과 신앙을 부가했다. 즉, 인간 예수의 부활은 예언자의 환생, 혹은 죽음을 보지 않고 승천한 인간의 상태가 아니었다. 그것은 역사 속에

오직 한 번 일어난 '몸의 부활'로서 종말에 모든 인간에게 이루어
질 부활을 앞당겨 역사 속에 미리 일어난 첫 번째 사건의 범례, 즉
"첫 열매"였다. 예수 부활로 종말은 이미 시작됐다. 역사의 마지막
때에 창조주가 나사렛 예수에게 일으킨 동일한 사건과 방식으로
역사 속에서 인간 모두를 깨어 일으키는 방식으로 '몸의 부활'을
성취하여 자기 백성과 이루신 영원한 약속, 즉 구원을 이루실 것
이다. 구약 다니엘서에 나타난 '인자'와 '그의 거룩한 백성'에 대한
유대교의 메시아사상은 이렇게 메시아 예수의 부활을 통하여 기
독교 '메시아주의'를 탄생시켰다.

　그런데 기독교 '메시아주의자들'은 토라 중심의 유대교 민족
국가 수립에 대한 열망을 예수의 '바실레이아 윤리'를 통하여 보
편화하고 영속화할 수 있었다. 예수는 힐렐과 같이 토라의 계명
중에서 도덕적 계명을 하나의 정신적 원리로 꿰뚫었다. 이를테면,
모든 율법을 사랑의 계명으로 관통하는 것이다. "네가 원하는 것
을 먼저 남에게 행하라. 이것이 율법과 예언의 핵심이다"(마 7:12)와
같은 황금률로 사랑의 계명을 관통시켰다. 물론 이 원리는 제의적
율법까지 다루지는 않았는데, 예수는 특히 정결법과 같은 토라의
종교적 계명들은 급진적으로 축소하거나 '영성화'하여, 당시의 랍
비들은 물론 유대교의 바리새인들과 충돌했다. 그러나 윤리적인
계명은 부활이 중심인 종말론적 세계관을 결부시켜 '메시아주의
윤리'를 한편으로는 더욱 급진화하고, 다른 한편으로는 영원한 속
성으로 '영성화'했다.

예수의 윤리는 이웃 사랑의 계명, 특히 이웃 사랑의 최고봉인 원수 사랑 계명에서 가장 잘 드러난다. 예수의 원수 사랑 명령은 한결같이 이웃 사랑의 문맥에서 보존되고 있다. 신약의 원수 사랑은 적극적으로 악을 극복하라는 계명을 담고 있으며, 폭력 포기의 의미에서 사용되고 있다(마 5:38-48; 눅 6:27-38; 롬 12:17-21). 마태는 원수 사랑의 계명을 6개의 반립(反立) 명제(5:21-48) 가운데 마지막 6번째에 두고 있다. 이는 레위기 19:18의 이웃 사랑의 계명을 "네 이웃을 사랑하고 네 원수를 미워하라!"로 해석하는 유대교의 구전 전승에 대립하여 적극적인 사랑의 계명으로 해석하고, 다른 한편으로는 소극적인 사랑의 계명으로서 첫 번째 반립 명제인 '살인 금지'와 '긴급한 화해의 계명'(5:21-26)과 연결된다. 그런가 하면 누가는 원수 사랑의 계명을 황금률의 상호호혜성에 기초함으로써, 더 구체적인 상황에서 더 현실적인 행동으로 나아갈 수 있게 한다. 이를테면, 미워하는 사람에게 잘해 주며, 보복을 포기하며, 되돌려받을 생각을 포기하고 주라는 것이다(눅 6:27-31). 마태복음 역시 원수 사랑의 계명을 5번째 반명제인 폭력 포기(마 5:38-42)와 직접 연결시키고 있다. 그리고 마태나 누가는 모두 이 행동의 동기를 '하나님을 본받음'(imitatio dei)과 연관시키고 있다.

> 그러므로 하늘에 계신 너희 아버지의 온전하심과 같이 너희도 온전하라(마 5:48).
> 너희 아버지의 자비로우심과 같이 너희도 자비로운 자가 되라(눅

6:36).

인간이 신을 닮는다는 것은 기독교 메시아주의가 낳은 이상적 인간상이 아닐 수 없다. 즉, 하나님의 신정 통치 이상을 구현할 인간 대리자는 '완전'해야 한다는 것이다. 그러나 이런 '메시아주의 윤리'가 그를 따르는 '메시아주의자'에게 요구되고 있다는 것은 더욱 급진적인 사상이라 하겠다. 즉, 모든 그리스도인은 이 세계에서 신의 완전을 이상으로 살아가는 '메시아주의 윤리'를 실천하도록 요구된다. 예수는 원수 사랑을 통해 이웃 사랑에 나타난 하나님의 근본적 요구를 구체적인 상황에서 행동으로 요청하고 있다. 이 급진적 메시아주의 윤리가 메시아를 따르는 '메시아주의자'에게 고스란히 부과되고 있는 셈이다.

그렇다면 원수 사랑은 내용상으로 무엇을 의미하는가? 원수 사랑은 늘 폭력 포기의 요구와 결합하여 나타난다. 물론 이 역시 구체적인 실례로 나열된다. 즉, 이 뺨을 치면 다른 뺨을 돌려 대며, 겉옷을 달라면 속옷까지 주고, 오 리를 가자 하면 십 리를 가라는 것이다(마 5:38-42; 눅 6:29-30). 이 예수 말씀은 이웃이 원수가 된 당시의 사회정치적 상황을 전제한다. 그렇지 않고는 이런 '예화들'은 예수의 청중을 설득하지 못한다. 여기서 중요한 것은 원수가 된 관계를 해결하는 과정이다. 앞서 말한 '문안'과 '돈을 꾸어 줌'의 문제는, 폭력의 문제로 이미 비화하여 원수가 된 관계를 해결하는 첫 과정일 뿐이다. 즉, 원수 사랑은 낮은 수위의 사랑, 이를테

면 친절, 자비와 같은 행동을 통해서만 실천될 수 있다는 말이겠
다. 그렇다면 사랑의 최고봉에 서 있는 원수 사랑의 첫발을 떼는
행동은 인간의 행위에서 구체적으로 무엇일까?

신약성서는 그것이 용서라고 말한다. 이것은 앞에서 언급한
평화의 메시아사상에 뿌리내리고 있다. 마태복음에서 죄 용서의
사상은 메시아 공동체의 윤리적 자의식과 실천의 핵심에 자리한
다. 우선 죄를 용서하는 메시아상(像)은 예수의 일생을 관통한다.
복음서 서두의 출생 이야기에서 예수라는 이름을 "그가 자기 백성
을 그들의 죄에서 건져 내실 것이다"(1:21b)라고 해석하는데, 이는
다윗 왕의 혈통에서 온 예수를(1:1-17), 죄를 용서하는 메시아로 묘
사하는 것이다. 그리고 복음서 말미의 최후의 만찬 이야기에서는
"죄의 용서를 위해 흘리는 나의 피"(26:28)라는 독특한 강조점을 둠
으로써 '용서하는 메시아'를 복음서 서사의 씨줄로 삼는다.

이런 메시아는 누구인가? 예수 출생 이야기의 한 부분(2:1-12)에
나오는 동방의 현자들(μάγοι)이 방문한다는 이야기는 유대교 전승
에 있던 메시아 대망(2:4-6 = 미 5:1-3)을 이방 세계까지 확장하는 셈
이다. "스불론 땅과 납달리 땅과 요단 강 저편 해변 길과 이방의
갈릴리여 흑암에 앉은 백성이 큰 빛을 보았고 사망의 땅과 그늘에
앉은 자들에게 빛이 비치었도다 하였느니라"(4:15f.). 그는 유대인
의 메시아일 뿐만 아니라, 하늘과 땅의 모든 권세를 가지고 "모든
민족"을 통치한다(28:18).

세례 요한은 이러한 용서의 권위(ἐξουσία)를 갖는 메시아를 세

상에 알린다. 예수께서 세례를 받을 때 "이는 사랑하는 나의 아들"(마 3:17의 3인칭!; 비교, 막 1:11의 2인칭)이라는 소리는 마치 메시아의 대관식(戴冠式) 선언처럼 하늘로부터 울려 퍼진다. 그런데 마태에게서 요한의 세례는 "죄 용서를 위한 회개의 세례"(막 1:4)가 아니라, 단지 "죄를 고백하는"(마 3:6) 세례로 묘사된다. 이는 죄 용서의 권세가 오직 메시아에게만 속한 것임을 알게 하고자 함이다. 그렇지만 유대교에서 메시아가 죄를 사한다는 표상은 낯선 것이다.[111] 그는 죄를 심판하는 대리자 역할을 할 뿐이다. 죄를 사하는 권세는 오직 하나님 한 분(막 2:7//마 9:3)에게 있기 때문이다. 그러나 마태는 유대교의 이런 메시아상(像)을 수정하며 이를 자신의 통치권을 포기하는 새로운 통치자로 묘사한다.

마태복음에서 메시아의 제자들은 그의 "말씀과 가르침"(4:23; 9:35)을 따르며, 예수와 동일한 행동을 하도록 부름을 받는다. 우선 산상설교에서 그를 따르는 자들은 "온유하고", "자비하며", "평화를 이루는 자들"(5:5, 7, 9)로 불린다. 이들은 자신들과 적대적으로 살아가는 사람들과 화해하기 위하여 분노를 억제하여야 하며 (5:21ff.), 그들의 과실을 용서해야 한다. "너희가 사람의 잘못을 용서하지 아니하면 너희 아버지께서도 너희 잘못을 용서하지 아니하시리라"(6:15). 더 나아가 원수에 대한 보복까지도 포기하고 그들을 사랑하라는 급진적인 요구까지 받아들여야 한다(5:43-47). 분명 산상설교는 이 새로운 통치자를 따르는 제자들에게, 유대교뿐만 아니라 이방 세계의 도덕적 규범보다도 "더 나은 의"(πλεῖον, 5:20;

περισσὸν, 5:47)를 요구하고 있다. 그러므로 산상설교의 메시아 공동
체는 원수를 용서하는 높은 자의식을 갖는 에토스(aristocratic ethos)
로 살아간다. 그들은 "하나님의 아들들"로서의 왕적인 자의식을
갖고, "그러므로 하늘에 계신 아버지의 온전하심과 같이 온전"하
여야 한다(5:48). 이렇게 메시아 공동체에는 새로운 통치자 예수의
"가르침과 행함"을 따라야 한다는 '통치자의 에토스'(Herrschafts-
ethos)가 면면히 살아 있다. 이것이 바로 예수를 따르는 자들이 종
국적으로는 예수와 함께 '하나님의 아들'이 되어야 한다는 기독교
'메시아주의 윤리'의 특수성이다.

요약과 전망

제1부에서 우리는 헬레니즘 왕국과 로마 제국의 지배하에 팔레스타인에서 발생한 유대인의 마카비 혁명과 '유대 전쟁'을 정치·종교사적 맥락에서 분석해 보았다. 이를 위해 마카비 혁명과 유대 전쟁에서 양대 산맥을 이루는 유대인 민족주의 및 메시아사상의 기원과 과정을 진술했다. 유대인 민족주의를 한편으로 헬레니즘 당시 지중해 역내의 국제정치적 정황 속에서는 성전 및 대제사장직에 관한 관념으로, 다른 한편으로 로마 시대에 발발한 유대 전쟁과 관련하여서는 메시아사상을 통해서 다루었다. 이를 통하여 유대교 민족주의의 보편화 혹은 '영성화' 흐름 속에서 탄생한 초기 기독교의 성격을 보편적 평화주의 운동으로 설명하고자 했다. 예수와 초기 기독교 운동은 고대 유대교의 종교 민족주의 환경에서 태어나 평화의 메시아사상으로 발현된 유대교 개혁 운동이었

다.

기원전 4세기 초부터 기원후 1세기 말의 팔레스타인 고대사에 대한 이 짧은 개관은 19세기 말 한반도를 중심으로 한 동아시아 국제정치 질서를 연상시킨다. 헬레니즘 시대 이스라엘의 정치사는 19세기 이후 우리 민족의 역사와 너무도 유사하다. 헬레니즘계 유대 귀족들이 펼친 예루살렘의 헬레니즘식 개혁은 마치 구한말 개화파들에 의해 시도된 갑오개혁을 보는 듯하다. 이 개혁은 율법에 충실한 삶을 살아가는 보수적인 유대교 대중들의 저항을 불러일으켰고 마카비 혁명의 직접적인 도화선이 됐다. 중국과 일본 및 세계열강들의 침탈에 대항한 민족의 주체적 자립을 위한 반외세 저항운동으로, 또한 조선의 귀족 엘리트 체제에 대항한 반봉건적 저항으로 터져 나오게 된 동학농민운동에서 마카비 혁명을 떠올리는 것은 그리 어렵지 않다.

따라서 고대 팔레스타인과 근대 한반도의 역사에서 비슷하게 반복되고 있는 '종교 민족주의에 구현된 기독교 평화'라는 주제는 한국의 근대 기독교 민족주의와 3·1운동을 보는 새로운 관점을 제시할 수 있다. 기독교 민족주의는 방대한 연구 성과가 축적되어 있는 한국 교회사의 대표적 연구 주제이다. 1970년대 무렵 민경배·이만열을 위시한 연구자들이 선교사관의 차원에서만 서술·해석되던 한국 교회사 연구에 민족사적인 시각을 도입하며 역사적 재평가를 시도한[112] 이래, 지금까지 수많은 연구들이 한말 기독교의 사회적 역할, 민족의식의 성장, 기독교 민족운동의 역사를 규명

하는 데 공헌했다.[113]

　그러나 기독교 민족운동이라는 개념은 민족과 인종, 계급과 성별, 신분의 경계를 초월하는 '보편적 세계시민주의로서의 기독교'와, 자민족에 대한 애정과 자긍심, 타민족에 대한 저항을 바탕으로 하는 '배타적 민족주의로서의 반침략 독립운동'의[114] 사이에서 필연적으로 논리적인 자기모순에 처하게 된다. 이에 교회사 연구자들에게는 표면상 모순되어 보이는 기독교와 민족운동의 관계를 기독교 민족주의자들이 어떻게 이해하고 설정했는지에 대한 보다 구체적인 설명이 요구됐다.

　이러한 요구는 기독교 민족운동 중 가장 대표적인 운동으로 손꼽히는 3·1운동에 대한 연구사에도 동일하게 나타나고 있다. 예컨대 3·1운동에서 비폭력 평화주의, 인간 존엄의 가치, 세계시민 의식으로 표출되는 '평화'는 발칸지역 이외에는 민족자결을 인정하지 않은 서구의 '위선적 평화론'이나, 자신을 맹주로 한 동아시아 지역 질서를 수직적으로 재편하려는 일본식 '동양평화론'과는 근본적으로 다른 성격을 가지고 있었던 것으로 평가된다.[115] 그러나 이러한 관점에서 3·1운동에 드러나는 평화의 성격과 원인을 다루는 연구가 사학계에서는 3·1운동에 대한 재인식으로서 조명되고 있는 추세인[116] 반면, 교회사 분야에서는 다소 부족한 편이다.

　우리는 이러한 연구사에서 나타나는 제한점이 민족운동과 기독교를 다룬 대다수의 교회사 연구들이 기독교 민족운동의 내적 논리에 대한 20세기 한국 대부흥운동의[117] 역할을 지나치게 배제하여 왔기 때문이라고 판단한다. 대부흥운동을 '한국 교회에 성서적이며 복음주의적인 신앙을 형성한 내연(內然)의 계기'로[118] 평가한 민경배의 연구를 시작으로, 교회사 연구자들은 대부흥운동을 한국 교회사에서 매우 중요한 사건이며 현대 선교의 역사 가운데서도 가장 위대한 사건 중 하나로[119] 평가해 왔다. 하지만 대부흥운동과 근대 한국 민족운동과의 관계에 대해서는 대부흥운동이 항일독립에 대한 욕구를 누그러뜨림으로써 민족 단합의 저해 요소로 작용하게 됐다고 보는 시각이[120] 지배적인 것이 사실이었다.

그러나 후속 연구들을 통하여 대부흥운동 이후 신민회, 105인 사건, 3·1운동 등 기독교인 다수가 참여한 민족운동이 진행됐음이 확인됨으로써, 대부흥운동은 단순히 기독교인의 신앙적 양태를 형성했을 뿐 아니라 이후 전개될 기독교 민족운동들에도 큰 영향을 미쳤음이 확인됐다. 따라서 기존의 연구에서 더 나아가기 위해서는, 대부흥운동을 통한 기독교인들의 영성화와 평화주의의 내면화가 당시 그들의 민족의식 혹은 민족운동에 미친 영향이 무엇인지를 분석해 보는 연구가[121] 필요하다.

우리는 이 문제를 20세기 전후 한반도에서 일어났던 역사적 사건에서만 그 모티브를 찾지 않고, 조선에 전래된 기독교 신앙과 정신, 그 에토스가 탄생하고 실천됐던 초기 기독교의 역사에서 찾고자 했다. 그것도 유대교와 기독교가 자신의 문화적·종교적 외연을 확장하던 팔레스타인과 지중해 연안에서 끼쳤을 정치사적 영향력을 분석해 보았던 셈이다. 예수의 원수 사랑과 용서라는 평화

의 계명을 그리스도인이 정치적인 지평에서도 실행할 수 있었다
는 우리의 가설은, 2천 년의 시공을 초월한 20세기 전후 한반도에
서도 가능할 수 있었을까? 아니 아예 한 걸음 더 나아가, 3·1운동
의 평화사적 의미는 기독교와 성서 전승의 영향사로 자리매김할
수 있을까?

　종교적 용서가 정치적인 지평과 연관될 가능성은 아렌트
(Hannah Arendt)의 철학을 통해서 발견할 수 있다. 아렌트는 용서라
는 인간 행위를 정신적·종교적 차원에서 정치철학의 지평으로,
"사적 영역"에서 "공적 영역"으로 이끌어 낸다. 이러한 관점에서
일본 제국주의에 일관되게 비폭력 평화적으로 저항했던 3·1운동
의 종교적 영향력과 배경에는 초기 한국 기독교인들의 종교적 민
족의식으로부터 대부흥운동, 그리고 3·1운동으로 정점에 이르는
기독교 민족주의와 신앙의 상호작용이 있었다는 가설을 검증할
필요가 있다. 이러한 일련의 흐름에서 발생한 3·1운동의 평화주의
는 당시 다른 종교·사회운동과는 어떤 차별적인 관점을 가지고
있었고, 또 당대인의 민족의식에 어떤 변화를 일으켰을까?

　이러한 구상에서, 제2부에서는 대부흥운동을 통해 평화를 중
심으로 한 기독교적 민족의식이 초기 한국 기독교인들에게 어떻
게 형성됐는지를 밝히고, 그것이 3·1운동을 주도한 기독교인들이
비폭력 저항이라는 평화적 방법론을 구축하는 데 어떠한 영향을
미치게 됐는지에 관해 서술하고자 한다. 3·1운동의 종교적 세계관
과 신념이 기독교, 특히 개신교 구성원들의 민족 정체성에 어떤

내용을 각인시켰는가를 설명하는 과정을 통해, 유대 전쟁을 통해서 드러난 고대 유대교의 종교적 저항운동과 '영성화' 흐름이 1907년 대부흥운동의 성격을 해석하는 관점이 될 수 있는가를 검토하게 될 것이다. 1세기 유대교 내부에서 태동한 초기 그리스도인들의 평화주의 사상은 과연 시공간을 초월한 20세기 초 한국 그리스도인들에게 어떠한 영향을 줄 수 있었을까?

제2부

근대 한국의 기독교 민족의식과 3·1운동의 평화

제7장
근대 한국의 종교 민족주의 운동과
기독교 민족주의의 성장

1. 종교 민족주의의 발흥과 동학농민운동

19세기 말 조선의 전통 사회는 한반도를 둘러싼 일본과 서양 열강의 각축으로 인해 커다란 변화와 존립의 위기에 처해 있었다. 1876년의 조·일수호조규를 통하여 일본에게 첫 문호를 개방한 이후 미국, 영국, 독일, 러시아, 프랑스 등 서양 국가들과 차례로 맺은 근대적 조약들은 대부분 치외법권과 해안 측량권, 최혜국 대우를 허가하는 등의 불평등 조약이었다. 이를 통하여 열강들은 경제적 침략을 위한 발판을 마련할 수 있었으나, 조선은 국내 산업에 대한 보호 조처를 거의 취할 수 없게 됐다.

개항 이후 청과 일본이 조선에 대한 침략 경쟁을 지속하는 가운데, 전통 질서를 지키고 외세를 배척하자는 척사위정론이 보수

적인 유생층으로부터 전개됐다. 개항과 개화를 반대하던 이 운동
은 외세의 침략이 본격화되는 가운데 항일 의병운동으로 이어졌
다. 한편, 국가 재정이 궁핍해져 농민에 대한 수탈이 심해지는 가
운데 일본의 경제적 침투까지 이어지자 농촌 경제는 파탄에 이르
는 위기를 맞게 됐다. 이에 농민층은 사회 변혁을 주장하며 대규
모 민중운동을 전개했다.

당시 이러한 민중운동의 중심에는 동학(東學)이 있었다. 동학은
경주의 몰락 양반인 최제우가 1860년 민간신앙과 유교, 불교, 도
교를 융합하여 만든 새로운 종교였다. 동학이 포교되던 1860년대
는 서양 세력의 침략 위협과 천주교의 확산으로 인하여 민중들 사
이에 서양에 대한 위기감이 그 어느 때보다도 고조되고 있었다.

1861년 최제우가 동학 성립의 동기를 기록한 「포덕문」(布德門)
에는 당시 동학이 가진 시대인식이 잘 드러나 있다. 이 글에서 그
는 서양을 "싸우면 이기고 치면 빼앗아 이루지 못하는 일이 없는"
강력한 힘을 가진 국가로 묘사했다. 즉, 서양 세력이 밀려들어 오
면서 낡은 도에 불과한 유불도는 위기에 봉착했고, 이러한 위기를
극복하기 위해서는 새로운 운수를 감당할 만한 '도(无極大道)'를 바
로 세울 필요가 있다는 것이었다.[122]

또한 최제우는 자신이 터득한 도를 서학이나 유학에 비견할
수 없는 새로운 것이라고 자신했다. 기존의 사상과는 비교할 수
없는 무극대도인 동학이라는 인식이야말로, 중국이나 서양 국가
들과는 구별되는 조선에 대한 확고한 자기인식의 확인이었다.[123]

이렇듯 위기감의 한가운데에 서양이 자리하고 있으며, 이것이 동학의 창도와 포교의 당위성을 제공한다는 사상은 이후 동학운동에 민족주의적 성격을 부여했다.

동학농민운동이 벌어진 1894년의 농민들은 일본의 수탈과 정부의 폐정(弊政)이라는 이중고로 신음하고 있었다. 쌀의 일본 유출로 인한 물가의 앙등, 임오군란 및 갑신정변과 관련한 정부의 거액의 배상금 지불 등은 대부분 농민의 부담으로 돌아왔다. 농민들은 일본과 부패한 관료들의 이중 수탈로부터 비롯된 심각한 식량난과 망국의 위기로부터 민중을 구하겠다는 동학의 '보국안민'(輔國安民) 사상에 전적으로 의지할 수밖에 없었다.

이재헌은 동학 창도로부터 시작된 한국신종교운동에 대해 "미륵신앙이나 정감록신앙과 같은 민중의 종교적 체험이 축적되어 나타난 것이며, 기존의 사회 질서가 끝나고 새로운 사회가 도래하리라는 혁세(革世)사상을 통해 민중의 종교적 욕구를 수용하여 형성된 것"이라고[124] 설명한다. 사회가 혼란스러울 때, 민중은 민간에 전래되어 오는 이상사회 건설, 또는 혁세사상에 민감하게 반응할 수밖에 없었다. 구한말 어수선한 국제정세와 근대화에 실패한 정부로 인해 무너져 버린 조선 사회를 다시 일으킬 수 있는 힘이 오직 종교에 있다고 보는 인식을 통해, 19세기 당시의 종교는 민족운동의 구심점으로서 민족주의 형성의 중추적 역할을 감당하는 '종교민족주의'(religious nationalism) 기능을 발휘했음을 확인할 수 있다.

'종교민족주의'라는 개념은 20세기 후반 미국의 종교사회학자들에 의해 제시된 것으로, 종교와 민족주의 간의 연계를 통해 민족형성 과정에 깊이 참여하게 된 종교를 배태한 민족주의를 의미한다.[125] 특히 근대 식민국가의 민족주의 형성 과정에서 종교는 매우 큰 역할을 했다. 아시아 지역의 경우, 영국 식민하에서 불교에 의해 주도된 버마의 민족운동, 네덜란드 식민하에서 이슬람교가 주도한 인도네시아의 민족운동, 중국에서 일어난 유교의 외국인 배척운동, 필리핀의 로마 카톨릭에 대한 반사제주의 운동 등이 활발히 전개됐다는 사실이[126] 이를 뒷받침한다.

한국의 종교민족주의에 대한 연구는 한국인의 역사적 경험에 비추어 일제 식민통치와 같은 억압 상황에서 민족주의 이념 확산 및 민족국가 형성에 종교가 어떤 역할을 수행하는가에 초점을 맞추어 왔다. 신기영은 식민통치 상황에서 피압박 민족의 종교민족주의 형성의 기반으로 민족운동 조직의 공백, 식민 상황에서 종교의 '상대적 자율성' 확보, 종교와 민족운동의 동일시 형성 등 3단계 과정을 제시한다. 이 같은 과정을 거쳐 식민 상황에서 종교는 민족공동체의 정치적 기능, 즉 민족주의 확산과 민족국가 형성 등의 과제를 수행하게 된다.[127]

한국의 종교민족주의는 일본을 비롯한 서구 열강에 대하여 저항적이고 배타적인 방식으로 형성됐다. 19세기 외세의 도전에 맞서 벌어진 신종교운동이 종교민족주의를 탄생시켰다. 이렇게 발흥한 '근대적 종교민족주의'는 주변 민족과 우리 민족과의 관계에

있어서 민족의 개별성 확립에 일정한 기여를 하며,[128] 한국의 민족
주의 형성 과정에 있어서 매우 중요한 위치를 차지하게 됐다.

이러한 견지에서 동학은 타민족의 침략적 위협에 대한 저항의
식을 운동(movement)으로 표출한 최초의 종교였다. 19세기 말 '민
족'(民族)이라는[129] 단어가 보편적으로 사용된 것은 아니었으나, '척
양척왜'(斥洋斥倭)를 주창하며 타 종족과의 경계 짓기를 통하여 자
기 종족의 정체성을 확인하는 모습을 보여 주는 동학의 성립 과정
은 다분히 민족주의적인 것이었다. 이후 열강의 침탈이 본격화되
면서, 개항 이전 서학(西學)에만 한정되어 있었던 반외세의 범위는
척왜(斥倭)와 척화(斥華)로 점차 확대됐다. 이러한 동학의 성격은 전
봉준의 공초 내용을 통하여 확인할 수 있다.

> 그 후에 들으니 일본이 개화라 칭하고 처음부터 민간에 일언반구
> 도 언급하지 않고 또 격문도 없이 군사를 이끌고 우리 도성에 들
> 어가 야반에 왕궁을 습격하여 임금을 놀라게 하였다 하기로 초야
> 의 사족과 백성들이 충군애국(忠君愛國)의 마음으로 비분강개하여
> 의병을 규합하고 일본인과 전투하여 이런 사실을 우선 일차 따져
> 묻고자 함이었습니다.[130]

종교적 민족운동의 효시인 동학은 근대 민족주의의 두 가지
과제였던 반외세·반봉건 모두에 주목했다는 점에서 척사위정론
이나 개화사상보다는 좀 더 완전한 민족주의로 평가됐다.[131] 그러

나 동학의 척왜·척양·척화로 상징되는 반외세 이념과 배타적 민족주의로 인해, 한국의 근대 종교민족주의는 폐쇄적 세계관이라는 태생적 한계를 지니게 됐다.

조선인들에게 민족종교로 기능하던 동학은 동학농민운동이 결국 실패로 돌아가게 되면서 교세가 급격하게 쇠퇴하게 됐다. 1894년 9월 일본군의 경복궁 침범과 조선에 대한 내정간섭에 반발하여 일어난 제2차 농민봉기에서 동학군은 일본군의 강력한 저지와 압박으로 많은 세력을 잃었다. 특히 1894년 11월 공주 우금치 전투에서의 결정적 패배로 전봉준 등 동학의 지도자들 상당수가 체포됐고, 결국 동학은 조직을 지탱할 힘을 상실했다.[132] 그 결과 동학이 주도하던 종교민족주의는 그 구심점이 되는 종교를 상실하게 됐다.

한편, 이미 동학을 비롯한 기존 전통종교의 한계를 깨닫고 있었던 일부 개혁적 성향의 민족주의자들은 당시 새롭게 유입된 기독교와의 연합을 모색하게 됐다. 기독교는 바로 이러한 민중적 기대가 충만하던 사회적 분위기 속에서 한반도 전역에 빠른 속도로 전파됐다.

2. 기독교 민족주의의 형성

동학이 민족종교로서의 성격을 뚜렷이 가지고 성립된 것과는 달리, 기독교는 서양에서 유입된 외래종교라는 태생적 한계를 지니고 있었다. 특히 한국 최초의 개신교 선교사들이 조선에 입국한 1885년의 국내 정세는 제너럴셔먼호 사건(1866), 병인양요(1866), 오페르트 도굴 사건(1868), 신미양요(1871) 등 서양 열강들의 잇따른 침입과 도발로 인해 흥선대원군의 지시로 척화비가 세워지는 등 서양에 대한 인식이 극도로 악화되어 있던 상황이었다.

기독교가 특유의 '이질성'으로 인한 부정적인 선입견을 극복하게 된 계기는 선교사들의 열정적인 선교 활동이었다. 개신교의 초기 선교정책이 교육·의료 등의 간접선교 방식으로 전개되면서, 조선의 지배층과 민중은 자신들을 가르치고 고쳐 주며 필요를 채워 주는 서양 선교사들과 그들의 진보한 문명을 점차 긍정적인 시선으로 바라보게 됐다. 또한 선교사들의 일관성 있는 모습을 통하여 서양인들이 총과 대포를 가지고 조선을 멸망시키러 온 것만은 아니라는 사실을 누차 경험하게 되면서, 서양에 대한 경계심 또한 호기심으로 바뀌게 됐다. 언더우드(Horace G. Underwood) 선교사의 아내인 릴리어스 호튼 언더우드(Lillias Horton Underwood)의 기록에는 이러한 조선 민중의 인식의 변화가 반영된 글이 남아 있다.

기독교 병원에만 오면 죽지 않고 살 수 있다는 것을 사람들에게 알리는 선전문이 담벼락에 붙어 있었다. 며칠 밤을 꼬박 새우며 환자를 돌보는 선교사들을 본 사람들은 서로 이렇게 말하곤 했다. "이 외국인들이 어쩌면 우리를 이렇게 사랑할까? 이 사람들

이 남에게 하는 것만큼 우리가 우리 애들에게라도 할 수가 있을
까?" 여름날 아침 어둑한 여명 속에서 거리를 급히 걸어가고 있
는 언더우드 씨를 본 몇몇 사람들은 이렇게 말했다고 한다. "저기
그리스도의 사람이 가는구나. 저분은 한시도 쉬지 않고 병자들과
함께 밤낮을 일하고 있다네." "무엇 때문에 그러지?" 하고 다른
사람이 물었다. "우리를 사랑하기 때문이야" 하는 것이 그 대답
이었다.[133]

선교사들이 한민족의 편에 서 있다는 것을 보다 확실하게 증
명하게 된 계기는 고종 32년의 춘생문 사건(1895)이었다. 을미사변
직후 친일파들에 둘러싸인 국왕을 친미·친러파 관료들이 궁궐 밖
으로 피신시키려는 계획에는 조선 측 인사뿐 아니라 국왕의 부탁
을 받은 언더우드, 알렌(Horace N. Allen) 등 미국 선교사들도 가담했
다. 또한 선교사들은 이듬해의 아관파천(1896)에도 적극적으로 참
여하여 조선을 차지하려 하는 일본의 야욕으로부터 고종을 보호
하려고 애썼다.

이처럼 1890년대 선교사들은 황실의 안녕을 지키는 것을 국
권수호의 길로 여기는 '충군애국'(忠君愛國)적 활동을 전개하며[134]
외부로부터 유입된 서양인들의 종교라는 기독교의 한계를 극복하
기 위해 노력했다. 일제의 노골적인 침략 의도에 반하여 조선의
국권을 수호하기 위한 선교사들의 적극적 태도에 가장 먼저 반응
을 보인 것은 조선의 민중들이었다. 러일전쟁 이후 정치·사회적

불안이 가중되면서, 교회를 찾는 민중들은 더욱 늘어 갔다.[135]

> 요즈음 지방이 어수선하고 들썩이므로 백성들이 의지할 곳 없어 신교(개신교)에 귀의하니 마을마다 예배당이오 동네마다 십자가 라[136]

> 지금은 이 나라의 기독교 사역자들에게 참으로 황금 같은 기회 다. 전반적으로 불안하며 의지할 것이 없기 때문에, 사람들은 선 교사와 선교사가 가진 말씀에 의지한다. 그들은 자신들이 신뢰할 수 있는 그 무엇이 우리에게 있는지 알려고 한다. 지난번 지방 시 찰에서 나는 "의지할 곳 도무지 없소"라는 말을 자주 들었다. 어 떤 민족이나 어떤 사람에게 믿을 것이 하나도 없다고 생각하는 것은 매우 힘든 일이다. 그들은 정부와 나라에 대해서 믿어 왔던 모든 것을 빼앗기고, 이것들을 무방비로 남겨 두어 어디에서 떨 어질지, 어디로 떨어질지도 모르는 상태에 있다.[137]

당시 민중들에게 교회는 일제의 탄압을 피할 수 있는 피난처 의 역할을 제공했다. 기독교는 비록 서양에서 유입된 외래종교였 지만, 한민족의 당면한 문제에 관심을 가지고 적극적으로 대처하 는 모습에 감화받은 민중들에 의하여 그 태생적 한계를 극복하고 조선 사회에 적지 않은 영향력을 가진 신종교로 자리 잡게 된 것 이다. 이러한 분위기 속에서 동학에 실망했던 일부 민족주의적 동학교도들이 기독교로 개종하는 사건도[138] 발생했다.

　개혁적 성향의 민족주의자들은 기독교를 방편으로 개혁 운동을 전개하려는 의도를 가지고 기독교에 관심을 보이기 시작했다. 최영근에 따르면 한국 근대 민족주의가 태동하기 시작하는 20세기 초반, 특히 독립협회 활동 시기를 전후로 기독교와 한국 민족국가의 발전을 연결하는 주장들은 매우 일반적인 논조였다. 기독교가 근대화를 이끌고 서양 문명을 제공함으로써 쇠락한 한국을 문명개화시킬 것이라는 기독교 문명화 및 근대화 담론은 당시 개화지식인들에게 보편적으로 나타나는 주장이었던 것이다.[139]

　독립협회 지도자들의 옥중개종 또한 그 결실 중 하나였다. 독립협회는 갑오개혁과 을미사변을 거쳐 아관파천 등 일련의 정치적 변혁이 격심하게 야기되고 있던 당시, 외세 의존적인 자세를 버리고 한국의 자주독립과 자유민권을 추구하던 정치적 단체였다.[140] 정부의 탄압에 따른 해산으로 체포된 독립협회의 지도자들은 대부분 정부 고위직에 참여했거나 상당 수준의 학식을 갖춘 지식인들이었으며 서구 문화에 대한 이해를 가진 신진 개화론자들이었다.

　선교사들은 이들의 석방을 위해 힘쓰는 한편 감옥에 기독교 서적과 교양서적을 넣어 주었다. 언더우드와 벙커(Dalziel A. Bunker)는 주일마다 교대로 감옥을 방문하여 죄수들을 면회하고 상담하기도 했다. 이들은 선교사들의 전도를 통하여 옥중에서 신약을 연구하고 세례를 받으며 기독교 신앙을 갖게 됐다. 석방 이후, 이상

재·이원긍·홍재기·김정식 등은 1904년 8월 24일 연동교회에 출
석하며 황성기독교청년회(YMCA)에 가입하는 한편, 게일(James S.
Gale) 선교사의 집에서 국민교육회를 발족했다. 이는 기독교 세력
이 중심을 이루고 기독교 정신에 근거한 최초의 문화계몽 운동단
체이자 기독교 민족운동단체였다.[141]

장규식에 따르면 국민교육회와 황성기독교청년회를 주도한
대한제국의 개혁파 관료들은 기독교로 개종하기 이전 대부분 변
법개화(變法開化)의 차원에서 정치·사회제도의 개혁을 통한 근대국
가의 건설을 추구하던 인사들이었다.[142] 이들에게 개신교는 막강한
서구 문명의 원동력으로 여겨졌다. 정치를 통해 이루지 못한 자주
독립국가의 실현을 기독교를 통해 이루고자 했던 것이다.[143]

이는 당시 지식인들이 기독교에 종교민족주의적 성격을 부여
하고 있음을 방증한다. 유길준은 "개인적으로나 국가적으로나 믿
고 따르는 종교가 없으면 독립도 자유도 불가한데, 우리 사회를
살펴보면 불교는 부패한 지 이미 오래되고 유교는 정치 도덕일 뿐
종교가 아닌 까닭에 박애지선(博愛至善)한 종교 도덕 곧 예수 그리
스도의 감화에 의지코자 한다"며[144] 종교민족주의의 새로운 주도
자로 기독교를 거론했다.

이러한 인식은 기독교 민족주의자들에게서 '종교입국'(宗敎立
國) 사상을 배태했다. 장규식은 그의 연구에서 종교입국론을 "중세
적 사회통합의 이념으로서 그 수명을 다한 유교를 대신하여 민족
국가 차원의 새로운 종교운동을 일으킴으로써 국민 통합과 국운

융성의 구심점을 마련하자는 논리"라고[145] 설명했다. 이러한 사상
은 을사조약으로 일제에 국권을 침탈당한 이후 식자층 사이에 폭
넓게 확산되어 나갔다. 「대한매일신보」의 기사는 을사조약 이후
기독교에 대한 기대를 다음과 같이 보도하고 있다.

> 지금 한국 안에 기독교 신도가 수십만에 달하였는데, 각각 오직
> 죽음이라는 글자로 경계하고 주의하여 국가의 독립을 잃지 않기
> 로 하늘에 기도하고 동포에게 부지런히 논하니 이는 대한의 독립
> 의 뿌리를 잡은 터전이라.[146]

기사의 요지는 지금 나라 안에 기독교 신도가 수십만에 달하
며, 이들이 국가의 독립을 잃지 않기 위해 하늘에 기도하고 동포
들을 권유하는 것이 대한의 독립에 있어서 근본 바탕이 된다는 것
이었다. 이러한 당대의 인식을 통하여, 민족운동의 단초를 제공하
는 이념과 지도력 및 운동력의 한 축이 기독교 세력에 의해 견인
되기 시작했음을 엿볼 수 있다.[147]

이 당시 기독교인들의 민족적 저항 의식은 1900년에서 1920
년까지 조선 교회의 강단에서 선포된, 『백목강연』(1920)과 『종교계
제명사강연집』(1921)에 수록된 설교를 통해서도 확인할 수 있다.
박규환은 이 설교들을 분석하며 "대부분의 설교에서 강한 민족의
식과 저항정신을 엿볼 수 있다"고[148] 주장했다. 일제 초기 설교는
기독교 민족주의자들에게 구약성서의 출애굽 사건과 바빌로니아

포로 역사를 활용하여 식민지 조선의 현실을 일깨우고 민족의 독립을 위한 각오를 세우며 민족성을 고취하기 위한 담론을 형성하는 데 주요한 역할을 했다.[149]

> 그때에 이스라엘 백성에게 이러한 연단이 있었습니다. … 애굽인들이 이스라엘인을 핍박할수록 이스라엘 사람은 더욱 번성하였습니다. 그와 같이 옛적에 예수교회도 핍박을 당함으로 사방에 흩어져서 복음을 전파하였습니다.[150]

> 이스라엘인들이 본국에 있을 때에는 논이나 밭에서 김을 매다가 자기가 마음대로 쉬고 싶으면 쉬지만, 지금 바벨론에 와서는 제한된 시간에 일어나지 않으면 어깨에 쇠뭉치가 내려집니다.[151]

기독교인들은 설교를 통하여 자신들을 이스라엘 민족에 비유했다. 또한 "이스라엘 민족을 바로의 손에서 건져 홍해를 육지같이 건너게 하시며 수만의 앗수르 군사를 하룻밤에 멸사시키던 하나님의 능력"으로[152] 일제의 압제에서 벗어나 자유로이 하나님을 노래할 해방의 날을 기대하게 됐다.

기독교로 개종한 민족주의자들이 본격적으로 항일 독립운동에 참여한 시기는 1900년대 초였다. 초기 기독교 민족운동은 기도회를 통해 민족의 비운을 하나님께 간구하는 형태로 전개됐다.[153] 독립협회 출신 인사들이 대거 입회한 황성기독교청년회

(YMCA)의 창립(1903) 외에도 교회 안에 조직된 청년회들이 종교 활동뿐 아니라 계몽운동에 참여했다. 특히 정동감리교회의 정동엡웟회(1897), 상동감리교회의 상동청년회(1897), 연동장로교회의 국민교육회(1904) 등이 주도적 역할을 담당했다.[154]

그러나 1905년 11월 을사조약을 기점으로, 기독교인들의 운동은 공세적인 무력투쟁의 양상을 보이기도 했다. 정치적으로 자주적인 민족국가의 건설이 불가능해지고 한국이 일제의 보호국으로 전락함에 따라 반제국주의적이고 저항적 성격을 띤 반일민족주의가 대두됐던 것이다.[155] 1905년 을사조약 체결 직후, 상동청년회의 전덕기와 정순만은 친일관료들과 일진회 지도자, 이토 통감을 암살하려는 무장테러 모의에 가담했다.[156] 이에 스크랜튼(William Benton Scranton)은 서둘러 청년회를 해산함으로써 같은 일이 반복되지 않도록 조처하려 했다.[157] 그러나 이들 기독교 민족운동가들은 일제의 침략에 대한 무력 저항을 이어 갔다.

일부의 기독교인 민족주의자들이 자신의 신앙을 버리지 않고도 인명의 살상을 목표로 하는 무력투쟁에 적극적으로 참여할 수 있었던 까닭은, 근대 한국 민족운동의 사상적 전통 때문이었다. 19세기 한국사에서 근대 민족주의의 주요 과제는 반봉건과 반제국주의의 '저항적 민족주의'로[158] 규정되어 왔다. 자민족에 대한 애정과 자긍심, 타민족에 대한 저항을 바탕으로 하는 '배타적 민족주의로서의 애국 독립운동'에[159] 있어서 독립을 쟁취하기 위한 투쟁과 폭력은 불가피한 것이었다. 이러한 논리에 충실하여 탄생한 동

학은 손에 무기를 쥔 농민들의 혁명으로 외세의 침탈을 극복하고
자 했다.

기독교가 민족주의자들을 대거 수용하는 과정에서 내면화된
저항적 민족운동의 전통은 의병운동에 대한 일부 기독교인의 인
식에서도 드러난다. 명성황후 살해 사건과 단발령의 실시로 인한
보수 유생들의 반일 감정이 격화되어 벌어진 을미의병(1895)을 시
작으로 을사늑약의 체결 후 국권회복을 위해 봉기한 을사의병
(1905), 고종의 강제 퇴위와 정미칠조약의 체결, 군대의 강제 해산
등을 계기로 일어난 정미의병(1907) 등 의병운동은 전국적인 항일
구국 전쟁으로 전개됐다. 당시 이러한 의병운동에 대해 긍정적인
입장을 보인 기독교인들이 적지 않았으며, 이들은 의병을 효유하
기 위한 기독교의 선유사(宣諭使) 활동을 공개적으로 비난하기도
했다.[160]

이러한 사상적 영향을 기반으로 형성된 기독교 민족운동가들
의 '평화' 인식 또한 무력투쟁과 기독교 신앙의 모순을 상쇄하는
데 작용했다. 일제는 한반도를 병탄하는 과정에서 '동양평화론'을
그들의 침략 논리로 활용했다. 즉 문명국 일본이 미개국 조선을
선점하여 조선을 문명개화시키는 길이 동양평화의 길이라는 논리
로 한국 침략을 정당화하려 했던 것이다.[161] 이에 맞서 한국의 민족
운동가들은 이토 히로부미의 동양평화론을 비판하며 동아시아 국
가의 갈등과 분쟁을 유발하는 원인이 일제의 침략 야욕에 있음을
지적하고 이를 해소하려는 '적극적 평화'를[162] 주장하고 나섰다.

기독교를 대표하는 민족운동가였던 전덕기 목사에게서도 이러한 적극적 평화에 대한 논리를 찾아볼 수 있다. 그는 일제 지배 하의 현실을 자격 없는 기관수가 이끄는 배와 차에 비유하며, 그로 인해 승객의 생명이 위협받는다면 기관수를 해고하는 것이 마땅하다는 논리를 주장했다.

> 기관수가 기술이 정묘하고 훌륭하지 못하면 승객의 위험뿐 아니라 기관수의 몸이 먼저 죽을 것이오 … 오늘날 기관수가 기계를 사용하지 못하여 생명이 사라질 지경에 있으니 그 기관수를 단단히 해고함이 어찌 불가하리오.[163]

이는 천주교인이었던 안중근의 동양평화론에서 좀 더 분명하게 드러난다. 그는 동양이 평화를 유지하기 위해서는 나라를 보존, 유지하는 것이 우선되어야 한다고 생각했다. 또한 동양이 영원히 평화를 유지해 나가는 과정에서 가장 중요한 것은 평화를 방해, 교란하는 장애세력인 일본의 완전한 제거라고 믿었다.[164] 이러한 논리에서 이토 히로부미의 처단은 안중근에게 단순한 살인이 아니라 동양평화의 첫걸음이라는 명분을 가지게 했다.

이처럼 무력투쟁을 정당화하는 몇몇 기독교 민족운동가들의 사상은 '살인하지 말라'는 십계명과 '원수를 사랑하라'는 예수의 새 계명을 근간으로 하는 기독교의 전통적 평화사상과는 본질적인 차이를 보이는 것이었다. 따라서 3·1운동의 유례없는 평화적 특성을 설명하기 위해 반드시 짚어 보아야 할 것은, 초기 한국 기독교인들으로 하여금 기독교 사상의 내면화를 통해 그 실천을 가능하게 했던 '모멘텀'이다. 이는 바로 1907년의 대부흥운동이었다.

제8장
대부흥운동과 민족의식의 영성화

1. 용서의 윤리와 기독교 평화의 내면화

대부흥운동 이후 한국 교회가 항일 애국적 행위에 앞장서 왔다는 점이 한국 교회사학자들의 연구 성과를[165] 통해 밝혀지면서, 대부흥운동에 대한 기존의 평가에 관한 재고가 요구됨과 동시에 대부흥운동이 민족의식에 끼친 영향 또한 재발견됐다. 웰스(Kenneth M. Wells)는 "대부흥운동은 민족적인 굴욕의 시기에 발생했던 것으로 조선의 미래에는 더 이상 희망이 없다는 주장에 대항하여 추구됐기 때문에, 민족적 문제들에 결코 무관심하지 않았으며 개신교의 교육적인 노력에 상당한 박차를 가할 수 있었다"고[166] 주장했다. 장동민 또한 부흥운동 후에 더욱 활발하게 일어난 민족운동의 양상을 볼 때, 부흥운동이 반봉건과 반외세의 사회적 의제 해결에 적

잖은 영향을 끼치며 민족의식을 강화시킨 것이 틀림없음을 강력히 주장했다.[167]

본고는 이러한 선행 연구의 논지를 토대로, 대부흥운동을 통해 신앙적으로 각성한 기독교인들이 그 영향으로 성서 중심적인 기독교 평화사상을 확립했음을 주장하고자 한다. 대부흥운동은 정치적이고 현실적인 목적을 가지고 기독교에 입교한 초기 교인들이 진정한 회개를 통하여 기독교 신앙의 본질적인 체험을 얻게 됐던 주요한 계기로 여겨진다. 이때 가장 궁극적인 특징은 죄를 회개하고 형제를 용서하는 행위를 통해 하나님의 사랑을 체험하는 것에 있었다.

알려진 바와 같이, 대부흥운동에 성령의 불길을 점화시킨 것은 민족적 우월감과 자만심으로 한국인을 마음속으로 차별하고 무시하며 예수 그리스도 안에서 한 형제요 자매와 같이 사랑하지 못했음을 눈물로 회개한 하디(Robert A. Hardie) 선교사의 고백이었다. 이후 이웃에 대한 미움과 갈등, 불화, 반목에 대한 죄의 자백과 그에 따르는 성령의 임재는 1907년 평양 장대현교회에서 열린 '겨울 남자 사경회'(The winter bible training class for men)에서도 다시금 재현됐다.[168] 사경회의 저녁 집회에서 방위량(William N. Blair) 선교사는 '불화와 연합'(Discord and Unity)이라는 제목으로 신자와 신자 사이, 특히 외국인 선교사와 한국인 교인 사이의 갈등과 반목을 고백하는 설교를 했다.

방위량 선교사는 고린도전서 12:27 본문을 가지고 "이제 너희

는 그리스도의 몸이요, 지체의 각 부분이라"는 말씀을 통해 교회
의 불일치가 우리 몸에 발병하는 병과 같다는 사실을 일깨워 주었
다. 그는 만일 한 지체가 고통을 받으면 모든 지체도 함께 고통을
받는다는 사실을 통해 형제의 마음을 상하게 하는 미움이 전 교회
에 상처를 줄 뿐 아니라 교회의 머리 되신 그리스도에게 고통을
준다는 사실을 보여 주려 했다.[169] 화해와 사랑의 공동체를 강조한
이 설교는 곧장 강력한 성령의 역사를 불러일으켰다. 사경회에 참
석한 많은 사람들은 눈물을 흘리며 다른 사람들과 선교사들에 대
한 나쁜 감정과 미움들을 고백했다.

　하디 선교사의 고백 이후 대부흥운동은 공개적으로 자신의 죄
를 자백하는 회개운동의 양상으로 전개됐다.[170] 이 공개적 고백에
는 사람이 범할 수 있는 갖가지 죄목들이 나열됐는데[171] 초기 한국
교인들은 그중 그리스도 안에서 한 몸 된 형제와 자매를 미워하고
사랑하지 못했던 죄를 가장 고통스러운 죄 중 하나로 여기며 회개
했다.

> 그 모임에 있었던 모든 일을 다 언급하는 것은 적절하지 않은 것
> 같다. 그것은 진실로 마지막 심판을 보는 것처럼, 너무도 무시무
> 시했다. 다만 나는 그날 밤의 장면을 설명하기에 더 이상 어떤 단
> 어도 적합하지 않다고 말할 수 있을 뿐이다. 그러나 한 가지 특기
> 할 만한 사실은, 그리스도 안에 있는 자기 형제를 미워하는 죄가
> 비록 가장 큰 것은 아닐지라도 어떤 다른 죄만큼이나 큰 고통을

가져다주는 요인인 듯했다.[172]

이처럼 대부흥운동 기간 중 교인들이 고백한 죄들은 주로 왜곡되거나 훼손된 인간관계에서 비롯된 것이었다. 대부흥운동에서 회개의 주요한 특징 중 하나는 자신의 죄를 공개적으로 고백하는 것이 하나님 앞에서뿐만 아니라 교인 서로를 대상으로 이루어졌다는 점이다. 박정수의 연구에 따르면, 초대교회 공동체에서도 이러한 상호 간의 죄 고백을 통해 공동체의 정결을 이룰 수 있었던 사실이 확인된다. 공동체의 형제를 미워함은 사랑이신 하나님의 본성을 거스르는 것이기에, 죄로부터의 정결은 공동체 안에서 형제 사랑에 대한 에토스로 뿌리내렸다.[173] 이러한 결과가 2천 년의 시공간을 뛰어넘어 한국의 대부흥운동에서도 발생했던 것이다.

이를 가능하게 한 것은 바로 성서였다. 주지하듯이 대부흥운동은 한국 기독교인들의 신앙 양태를 형성하는 데 매우 중요한 영향을 끼쳤는데, 그중 하나가 선교사들마저 감동시킬 만큼 말씀을 뜨겁게 사모하는 열정이었다. 한국 성도들은 항상 성경을 소지하고 언제든지 펴서 읽었으며, 성경을 공부하기 위하여 몇백 리 이상 떨어진 곳에서 먹을 쌀을 짊어지고 4-5일을 걸어 사경회에 참석하는 고생을 마다하지 않았다. 또한 그들은 배운 말씀을 단순히 암기할 뿐 아니라 행동의 좌표로 삼아 그대로 실천하는[174] 모습을 보였다. "원수를 사랑하라"(마 5:44)라는 성서의 계명 또한 대부흥운동을 경험한 이들에 의해 삶으로 오롯이 실천됐다.

집안 문제로 관계가 좋지 않아 서로 말도 하지 않는 사이가 된 두 여인이 있었습니다. 그중 한 여인에게 가서 화해하라고 말하면 '차라리 내가 지옥에 갈지언정 말을 걸지 않겠다'고 하였는데 이번에는 죄의식에 사로잡혀 견디다 못해 괴로워하다가 둘이 함께 일어나 자기들의 죄를 자백한 후 서로가 서로에게 용서를 빎으로 두 사람은 모든 문제를 풀고 예배당을 떠날 수 있었습니다. 집회가 없었다면 이런 일은 도저히 이루어지지 않았을 것입니다. 우리는 두 사람이 다시 사이좋게 될 것이라는 기대를 포기하고 있던 터였습니다.[175]

선교사들이 지적했던 것처럼, 대부흥운동에서 여러 차례 고백되어진 살인과 폭력은 전근대 사회의 불완전한 법률과 인간 생명의 경시로부터 비롯된 것이었다.[176] 그러나 대부흥운동을 통한 신앙적 각성은 기독교인들에게 자신의 혈연과 가문에 집중되어 있던 시야를 넓혀 타인의 복지에 대한 책임감을 불어넣었다.[177] 성도들은 인간이라면 누구나 하나님이 귀하게 여기시는 그분의 자녀이기 때문에, 타인에게 물리적인 해를 끼치는 폭력적 행동이 원수까지도 사랑하라고 말씀하신 그리스도의 법을 거스르는 죄임을 깨닫게 됐다.

이처럼 대부흥운동을 통해 내면화된 기독교적 민족의식의 첫번째 특성은 '평화주의'였다. 폭력 대신에 비폭력적인 사랑과 평

화의 방식으로 하나님의 나라를 세우는 기독교적 평화는 폭력과
죽음이 난무한 전근대 사회를 살아가던 한국인들에게는 다소 생
소한 개념이었다. 그러나 대부흥운동을 통해 2천 년의 시공간을
뛰어넘어 이러한 평화를 경험한 한국인들은, 초대교회 신앙공동
체가 예수의 십자가 처형과 부활의 소식을 접한 이후 예수의 가르
침을 따라 비폭력 평화주의를 그들의 삶의 원칙으로 받아들였던
것처럼, 평화에 대한 재인식을 통해 한국 사회에 만연해 있던 '폭
력'의 죄악들을 돌이켜 보게 됐다.

이처럼 대부흥운동기의 기독교인들은 일체의 폭력을 악으로
규정하고, 폭력과 대항폭력의 악순환을 제거하여 평화의 이념을
구축한다는 기독교 윤리적 이상을[178] 획득하게 됐다. 이로 인해 대
부흥운동 기간 중 성령을 체험한 성도들 사이에는 폭력에 비폭력
으로 대응하는 용서와 사랑의 행위가 나타나기 시작했다.

> 이 도시를 방문했다가 결신하고 세례로 주 예수 그리스도를 고백
> 한 사람이 있다. 그런 다음 그는 이 놀라운 이야기를 전하러 고향
> 으로 돌아갔다. 친족들은 그 이야기를 듣고 크게 화를 냈으며 곧
> 분노한 친척들이 그에게 달려들어 죽도록 때렸다. 그가 병원에
> 실려 갔을 때, 그의 목숨은 실낱같이 붙어 있었다. 여러 주가 지
> 난 후에 의사는 그에게 집으로 돌아가도 좋다고 말해 주면서 언
> 제든지 출혈 때문에 목숨을 잃을 수도 있다고 알려 주었다. 그 교
> 인은 아주 많은 책자를 구입하여 집으로 갔다. 3년 동안 그는 고

향 마을을 돌아다니면서 책자를 나눠 주고 구주에 대해 전했다.
어느 날 그는 피를 쏟았고, 그의 영혼은 하나님께로 올라갔다. 하
지만 그는 자신을 죽이려고 했던 불신자의 마을에 11개의 교회를
남겨 놓았다.[179]

유경동에 따르면 '비폭력주의'는 폭력의 이면의 폭력을 유발
하는 정신적 세계관을 겨냥하여 폭력을 휘두르는 인간이나 집단
을 미워하지 않는 것이다.[180] 현실의 폭력은 결국 거룩한 평화에 굴
복하게 된다. 이처럼 비폭력을 저항의 전략으로 내세우고 폭력에
사랑으로 맞대응하는 기독교인들의 모습은 폭력을 가한 가해자뿐
만 아니라 그것을 지켜보는 이들의 영혼까지도 감동시켜 회심케
하기에 충분한 것이었다.

긍천이라는 지역에서 예배 도중 술 취한 남자 몇 명이 예배당에
나타나 집회를 방해하는 일이 발생하였다. 그 현장에는 가정을
가진 젊은 여신도가 있었는데, 몰려온 군중 가운데 한 남자가 그
녀의 뺨을 때리고 욕설을 퍼붓는 일이 발생했다. 이 모욕적인 상
황에서도 그녀는 아무런 저항도 하지 않고 "나는 그리스도를 위
해 이것을 참을 수 있습니다. 원하면 다른 뺨도 때리십시오"라고
말하였다. 그러자 그 남자는 무안하고 부끄러운 나머지 급히 그
곳을 떠나갔다. 이들은 그리스도인이 자신들을 핍박하는 원수를
위해 기도하는 경건한 모습을 보고는 마음에 가책을 받기 시작하

며 물었다. "우리가 그들을 구타하고 모욕했을 때, 그들은 왜 우리들을 치거나 모욕하지 않았지요? 확실히 이 종교에는 무엇인가 놀라운 것이 있음이 틀림없습니다."[181]

대부흥운동에서의 사랑과 용서의 경험을 통한 평화사상의 확립 이후, 대부분의 기독교인들은 무력으로 사회를 변혁하거나 폭력으로 민족문제를 해결하는 것을 기독교의 진리에 모순되는 것으로 이해했다. 그리고 비폭력 저항을 사랑의 무기, 정의의 힘으로써 강적에 대항할 최선의 방어책으로 받아들였다.[182]

기독교 신앙 안에서 민족주의 이데올로기가 구현할 수 없었던 민족문제의 새로운 차원을 획득할 수 있었던 것은, 대부흥운동의 독자적 공헌이었다.[183] 이처럼 대부흥운동이 전통 종교문화와는 다른 새로운 기독교 사회윤리를 형성시키는 계기가 되면서,[184] 기독교인의 민족의식에는 예수 그리스도의 십자가 사건과 부활에 대한 기독론과 교회론, 종말론의 신학에 기초를 둔 기독교 평화주의가 굳게 형성됐다.[185] 이로써 한국 기독교인들의 민족의식은 대부흥운동을 통한 영적인 각성 속에서 기독교 평화주의 위에 다시금 세워지게 됐다.

2. 성서적 인간관과 배타적 민족주의 극복

'사랑과 평화의 공동체'는 대부흥운동에서의 영적 각성을 통해 경험된 기독교인의 자기 정체성이었다. 예수 그리스도 자신이 평화(롬 5:1)였기 때문에, 기독교의 복음은 곧 '평화의 복음'이었다.[186] 초기 교부들이 산상수훈의 말씀을 신앙과 실천의 원리로 삼아 예수의 평화사상을 신실하게 따르고 지킴으로써 자신들이 그리스도인됨을 증거하려 했던[187] 것처럼, 예수의 사랑의 윤리를 기초로 한 평화는 회심을 경험한 한국 교인들의 신앙과 사상에도 확고한 뿌리를 내리게 됐다. 선교사들은 '대부흥운동이 한국에 새 사람, 새 남녀를 만들어 내었으며 대부흥운동을 체험한 한국인들은 새로운 자아상, 새로운 민족의식, 강력한 사회의식, 세계의식을 창출해 소유하게 되었다'고 평가했다.[188]

이러한 평화사상의 확립은 기독교적 민족주의가 특유의 배타성을 극복하고 평화주의로 발전해 나아가는 중요한 분기점이 됐다. 민족주의는 본래 타민족과 자민족을 구분 지음으로써 형성된다는 점에서 태생적으로 배타성을 띨 수밖에 없는 한계를 지니고 있었다. 특히 한국의 상황과 같이 식민 경험을 가진 나라의 민족주의는 더욱 그러했다. 그러나 대부흥운동을 통해 한국의 기독교인들은 종래의 협소한 민족 개념을 뛰어넘는 '하나님 아버지의 자녀'이자 '하나님 나라의 백성'으로서의 정체성을 획득하게 됐다.

이러한 인식은 '만왕의 주' 되시는 예수 그리스도라는 기독교의 전통적인 기독론에서 비롯된 것이었다. 일찍이 이승만은 1903년 11월 「신학월보」 사설에서 이렇게 호소했다.

> 마땅히 만국의 왕이시고 만국 왕의 왕이신 예수 그리스도를 우리의 왕으로 삼아 사악함과 정욕의 모든 주인을 다 버리고 함께 돌아와 만세에 빛난 보좌 앞에 머리를 숙이고 모두 천국을 위하여 싸우는 강한 병사가 되어 사탄과 세상을 쳐서 이기고 만국을 합하여 한 천국을 만들자 함이니 …[189]

대부흥운동은 당시 기독교인들로 하여금 '하나님은 창조주이며 절대자로서 인간을 창조한 아버지이며, 인간은 하나님의 형상을 닮은 존재로서 서로 한 형제요, 자매'라는 자기인식을[190] 가능하게 했다. 기독교 복음의 세계성에 기인하는 이러한 인간관의 변화는 기존의 민족주의를 초월하여 신앙 가운데 새로운 민족의 전망을 획득하는 계기가 됐다.

기독교인 모두가 인종과 민족을 초월하여 하나님의 자녀이자 천국의 백성이라는 사상은, 대부흥운동의 귀중한 열매로 손꼽히는 한국 교회 지도자와 선교사와의 화해를 가져왔다. 대부흥운동 이전 한국 교회는 인종적 차이에 의한 보이지 않는 갈등을 경험하고 있었다. 일부 백인 선교사들은 민족적·문화적 우월감에 사로잡혀 한국 문화를 야만시하고 한국인을 열등하고 미개한 족속으로 여기는 백인 우월의식을 가지고 있었다. 또한 한국 특유의 무속적 특징을 가진 기복신앙과 정치적 목적에서 비롯된 불순한 입신 동기에 대한 의심, 한국 교회 지도자들의 능력에 대한 회의를 가지고 한국 성도들 앞에서 고압적 자세로 군림하려는 경향을 보였다.[191]

숭실학교에서 근무했던 선교사 무어(Samuel F. Moore)는 대부흥운동에 대한 보고서에서 그동안 서양 선교사와 한국 교인들 사이에 세워져 있었던 문화적·심리적 장벽을 고백했다.

> 작년까지만 해도 나도 은연중에 '서양은 서양이고 동양은 동양이다'라는 식의 바람직하지 못한 관념에 사로잡혀 있었다. 동양과 서양이 함께 만날 수 있는 근거나, 둘 사이에 어떤 유사성도 찾을 수 없다고 생각했다. 다른 선교사들과 마찬가지로 나도 한국인들은 서양인들이 하는 그런 종교체험은 할 수 없을 것으로 생각했다. … 이번 부흥회는 내게 두 가지를 깨우쳐 주었다. 첫째, 표면적으로 본다면 한국인이 서양인과 정반대되는 것이 수천 가지가 넘지만 본질로 돌아가 근본적인 것을 따지면 서양인과 한국인이 한 형제이며 하나라는 점이다.[192]

대부흥운동을 통해 한국인이 가진 뛰어난 종교적 감수성을 목격하게 되면서, 비로소 선교사들은 한국인들에게 가졌던 부정적인 선입견을 벗게 됐다. 선교사들은 흔히 한국 교회를 '젖먹이'(infant)로 비유하기를 좋아했으며 마치 부모가 자식들을 가르치고

키우는 듯한 자세로 한국 교인들을 대했다.[193] 그러나 대부흥운동
을 거치면서 선교사들은 한국의 기독교인들이 기도와 성경 암송
에 있어서 자신들을 훨씬 능가한다는 점을 깨닫게 됐다.[194] 1905년
함흥 부흥운동을 경험한 맥래(Edith F. McRae) 부인은 "한국인들은
불가능하다. 한국인들은 가망이 없다"라는[195] 편견을 씻고 한국인
들도 서양인과 마찬가지로 깊은 종교적 체험을 할 수 있음을 인정
했다.

　선교사들은 지금껏 자신들이 고수해 왔던 인종차별적 의식과
문화 식민주의적 발상을 공개적으로 회개하며 용서를 구했다. 이
에 화답하여 한국인들 또한 선교사들을 속여 그들의 물건을 훔치
거나 그들을 불신하고 미워했던 점에 대해 통회하며 자복했다.[196]
선교사와 한국인 사이의 불화와 반목이 해결되는 모습은 성도들
에게 강력한 성령의 임재를 경험하게 하는 결정적인 계기가 됐다.
이처럼 선교사들과 한국 교인들은 대부흥운동을 통하여 언어와
민족과 인종을 넘어선 기독교적 형제애와 천국 백성으로서의 정
체성을 회복할 수 있었다.

　이러한 맥락에서 가장 특기할 만한 사실은, 지배 권력인 일본
에 대한 관점의 변화였다. 한국 성도들은 인간의 정체성에 대한
기독교적 정의를 정면으로 부정하는 일제의 침탈이, 한민족을 괴
롭히는 인권 탄압 및 차별의 핵심적인 원인이 됨을 깨닫게 됐다.
따라서 이들은 자신들이 속한 특정 민족만을 위하여 민족운동을
전개하는 것이 아니라, 보편적이고 평화적인 관점에서 하나님 백

성의 정체성을 회복하기 위한 성서적이며 기독교적인 저항을 시작하게 됐다.

일부 교인들은 하나님을 거역하는 모든 죄를 자복하며 원수인 일본인을 미워하는 생각마저도 회개하기에 이르렀다.[197] 당시 조선 통감 이토 히로부미의 초청을 받고 일본 통치하의 조선 상황을 취재하기 위해 한국에 왔다가 감리교 선교사 노블(William A. Noble)의 초청으로 평양을 방문 중이었던 예일대학교의 심리학 교수 래드(George T. Ladd)는, 대부흥운동에 참여하면서 일본인을 용서하는 것에 대한 한국인들의 자발적인 움직임이 있었음을 기록했다.[198]

> 가장 주목할 만한 대목은 일본인들을 증오한 죄, 심지어 살해하려는 계획까지 세웠다는 죄를 자복하는 장면이었다. 이 같은 철저한 자기비판이 있은 뒤 아주 진지하고도 감동적인 제안이 나왔는데, 일본인들을 용서해 줄 뿐만 아니라 원수들에게 하나님의 축복을 빌어 주자는 내용이었다.[199]

원수를 사랑하라는 성서의 말씀을 그대로 실천하는 이러한 원수 사랑의 모습은 일본 제국주의의 칭송자가 되어 일본의 편에 서 있는 학자가 보기에도 경이로운 것이었다. 제국주의 침략에 대한 민족적 분노까지도 회개의 대상으로 삼고 있는 이러한 장면은, 성서가 말하는 아가페적 사랑이 예수를 따르는 이들에게 용서와 화해에 기반한 보편평화를 실현시킴으로써 민족주의의 배타성마저 무너뜨리는 강력한 힘을 내포한 것임을 입증한 사례였다.

그동안 대부흥운동을 통하여 형성된 이러한 범민족적 정체성은 기독교 민족주의를 약화시켰다는 지적을 받아 왔다. 그러나 앞서 살펴본 바와 같이 대부흥운동은 오히려 한국 교회와 기독교인들이 신앙 안에서 기독교적 민족의식을 새롭게 형성하는 데 도움을 주었다. 19세기 인물로서 복음 안에서 기독교 신앙과 민족의 관계를 이해하고, 성서적 신앙을 통해 민족 구원의 사명을 강조했던[200] 김인서는 이러한 관점의 변화를 기록하고 있다.

> 민족주의를 배울 때에 예수는 민족주의의 전형 같고, 톨스토이를 배울 때에 예수는 세계주의의 선구 같더니, 십자가의 공덕으로 구원을 얻고 보니 예수는 세계주의자도 아니요, 사회주의자도 아니요, 민족주의자도 아니요, 예수는 만국 만민의 완전한 구주시라.[201]

대부흥운동을 경험한 이들에게 민족은 더 이상 배타적이며 국수적인 것이 아니라 세계 만민을 구원하시는 하나님의 구원의 대상이며, 다른 민족을 구원하는 하나님의 구원의 도구였다.[202] 성도들은 대부흥운동을 통하여 한민족은 하나님의 보편사적 특성과 사명을 가지고 있는 존재이며 민족의 구원사적 사명은 다름 아닌 아시아 대륙을 향한 복음선교임을 확인했다.[203] 동족을 향한 구령의 열정은 민족복음화에 대한 비전으로 이어졌으며 이것은 다시

국내 선교를 넘어 해외 선교운동으로 전개됐다.[204]

한국 교회가 대부흥운동을 통해 받은 성령의 에너지는 일본의 압제라는 비참한 상황 속에서도 교회로 하여금 자국을 넘어 세계를 품을 수 있는 의식과 사명감을 심어 주었다.[205] 한국 교회는 하나님이 원하시면 중국과 일본까지 가능한 한 빨리 복음을 전하려는 소원을 품었다.[206] 대부흥운동 기간 중 사경회와 기도회에서는 세계를 위한 중보기도가[207] 이어졌다.

이후 평양의 장로회 신학교는 목회자를 양성하여 김영제 목사를 북간도에, 김진근 목사를 서간도에 파송했다. 같은 해 한석진 목사는 동경에 파송되어 유학생을 상대로 전도를 시작했으며, 노회는 다시 캘리포니아주와 멕시코에 사는 동포들을 위해 방화중 목사를 파송했다. 1912년에는 장로회 총회 기념으로 김영훈·박태로·사병순 세 목사가 중국 산동성에 파송됨으로써 한국 교회의 본격적인 해외 선교가 시작됐다.[208] 이처럼 선교를 통한 타민족에 대한 관심은 기독교인들이 세계·보편적 시민의식을 확립하는 데 기여했다.

대부흥운동 기간 중 집회 참석자들은 모두 동일한 성령의 체험을 가지고 자신의 고향으로 돌아갔다. 이 부흥의 물결은 교회뿐 아니라 전국에 산재한 기독교 학교들을 통하여 한국 사회에도 널리 퍼졌다. 대부흥운동 당시 성령의 임재를 경험한 학생들은 약 10여 년 뒤인 1919년에는 한국 사회와 교회의 주축을 이루는 청장년 지도자로 성장했다. 대부흥운동 이후 기독교인이 중심이 된 민족운동과 3·1운동은 바로 이렇게 철저한 회개를 통하여 신앙과 삶의 변화를 겪고 기독교 평화사상을 내면화한 교회 지도자들과 성도들에 의해 전개됐던 것이다.

이지원은 그의 연구에서 3·1운동 시기에 한국 지성들이 지향하던 '평화'는 인간에 대한 차별과 억압이 없는 적극적 평화, 인권으로서의 평화권 개념임을 주장했다.[209] 제국주의 시대의 세계사에서 선구적이라 할 수 있는 이러한 3·1운동의 평화사상에서 대부흥운동의 사상적 영향력을 엿볼 수 있는 것이다.

제9장
3·1운동과 기독교 평화

1. 기독교계의 비폭력 운동

한국 기독교인들은 3·1운동의 초기 조직화 과정에서부터 후기 대중적 투쟁에 이르는 일련의 과정에서 주체적 세력으로 활약했다. 1919년 당시 상하이에는 한인 유학생과 정치 망명객들이 모여 세운 상하이 한인교회가 있었다. 상하이 한인교회가 교회 청년회 형태로 조직했던 신한청년당은 1919년 2월 파리 강화회담에 파견하여 독립을 갈구하는 한민족의 소원을 전달할 민족 대표로 김규식을 선정하고, 이를 뒷받침하기 위해 선우혁을 국내로 파송했다.[210] 당시 신한청년단에서 서북지방을 담당했던 선우혁은 105인 사건 때의 동지들이자 서북 기독교계의 영향력 있는 지도자였던 양전백·이승훈을 만나 두 사람에게 독립운동의 호기가 온 것을 설명하고 국내외에서 총궐기할 것을 부탁했다. 이들은 평양교회의 유력한 인사들과 회동하여 3월 3일 고종 국장일을 기해 독립운동을 결행키로 했다.[211]

일본 YMCA에서도 1919년 1월 6일 독립운동을 결의하고, 실행위원 9명을 선출하여 이광수로 하여금 조선청년독립단의 이름으로 독립선언서와 결의문을 작성하게 했다. 이들은 2월 8일 동경 한국인 YMCA에서 '조선청년독립단' 대회를 개최하고 '2·8 독립선언서'와 결의문을 채택했다. 이 동경 YMCA의 독립운동은 국내 독립운동에 결정적인 자극과 동기를 부여했다.[212]

한편 기독교계의 다른 일각에서는 YMCA를 중심으로 한 독립운동 계획이 진행되고 있었다. YMCA의 청년부 간사였던 박희도는 1919년 1월 말경부터 학생청년단을 조직하여 독립운동을 준비하고 있었다. 박희도의 제안을 받은 신홍식은 이승훈이 추진하고 있는 운동과의 관련 여부를 설명했고, 청년학생층의 거사 계획을 접한 이승훈이 이명룡을 보내어 함께 추진할 것을 제의해 오자 박희도 등도 이에 동참하기로 결정함으로써 기독교 세력의 단일화가 이루어지게 됐다.[213]

3·1운동에 참여한 기독교 민족 대표들은 거의 대부분 대부흥운동의 직접적인 영향권하에 있었다. 이는 당시 그들의 신앙의 궤적을 통하여 확인할 수 있다.

이름	시기	행적	이름	시기	행적
이승훈	1908년	입교	정춘수	1904년	세례
이필주	1903년	세례	최성모	1907년	입교
양전백	1907년	목사 안수	신석구	1907년	입교
길선주	1907년	대부흥운동	김병조	1909년	입교
신홍식	1904년	입교	유여대	1909년	신학교 입학
오화영	1906년	세례	박동완	1907년	입교
박희도	1905년	입교	이갑성	1903년	세례
이명룡	1902년	세례	김창준	1908년	세례

<표 1> 3·1운동 기독교 민족 대표의 대부흥운동기 신앙 행적[214]

　　표에 의하면, 독립선언서에 서명한 기독교 대표 16명 중 이미
목회자로서 부흥회를 주도하거나 신앙생활을 하고 있었던 3명을
제외한 13명의 민족 대표들은 대부흥운동이 한참 진행 중이거나
그 여파가 남은 직후에 기독교에 입교하거나 세례를 받았음을 파
악할 수 있다. 남은 3명 중 목회자로서 부흥회를 주도한 길선주를
제외한 2명도 이 시기에 목사안수를 받고 신학교에 입학하는 등
신앙적으로 큰 변화를 경험했다.

　　사경회를 중심으로 전개됐던 대부흥운동은 그것을 경험한 성
도들이 말씀을 깊이 연구하고 깨달은 바를 실천하는 신앙 양태를
형성하는 데 크게 기여했다. 성서에 언급된 예수의 평화는 철저한
사랑의 원칙 위에 서 있었다. 기독교인들은 "악한 자를 대적하지
말라. 누구든지 네 오른편 뺨을 치거든 왼편도 돌려 대라"(마 5:39)
와 "칼을 가지는 자는 다 칼로 망하느니라"(마 26:52)라는 성서에 대
한 절대적인 순종과 실천을 통하여 일본에 대한 보복 의지와 적대

감을 극복하게[215] 하는 기독교 평화주의를 내면화했다.

이처럼 기독교 민족 대표들이 내면화한 기독교적 평화는 3·1 운동의 방법론을 결정하는 과정에서 여실히 드러났다. 대부흥운 동을 통해 뿌리내린 기독교 평화사상은 전쟁과 폭력과 억압이 지 배하는 세상과 일본 제국주의에 대한 용서와 화해를 구체적으로 실천하는 것이었다.[216] 따라서 대부흥운동의 신앙을 소유한 기독교 민족주의 대표들은 인류 평화를 위한 독립을 주장함에 있어 폭력 을 지양하고 비폭력, 무저항적인 방법을 사용해야 한다는 생각을 천명했다.[217]

3·1운동의 비폭력 저항정신은 보편성을 추구하는 기독교 정신 에 입각하여 저항의 신앙적·도덕적 정당성을 주장하고자 했던 기 독교인들 사이에서 특히 강조됐다. 웰스(Kenneth M. Wells)에 따르면, 일제하 기독교인은 민족주의를 형성하려고 시도하는 과정에서 민 족주의와의 갈등의 해결책으로 한민족을 '하나님 왕국의 백성'이 라는 가치와 제휴시킨 민족주의를 형성했다.[218] 따라서 그들에게는 기독교를 탄압하는 일본의 지배에서 벗어나는 것이 동학의 종교 민족주의 운동에서처럼 단순히 민족적 해방을 추구하는 것만이 아니라, 보편적인 차원에서 종교의 자유를 의미하는 것이기도 했 다. 대부흥운동을 이끌었던 길선주 목사를 위시하여 사경회를 인 도했던 설교자들은 이스라엘의 운명을 한민족의 운명으로 보고, 요한계시록 설교를 통하여 한민족의 구원에 대한 희망을 심어 주 었다.[219] 이러한 관점에서 기독교의 독립운동은 하나님께서 허락하

신 것이며, 성도들은 이 운동에 참여함으로써 하나님 백성으로서
의 임무를 다 하는 것이었다.[220]

우리의 현재 시위들과 엄숙한 선언서는 외부의 영향에 자극받지
않았다. 그것들은 우리 민족 내부에 실재하는 정신적인 힘에서
나왔다. … 지도자는 하나님이시고 이 운동은 2천만 한국인의 마
음에 뿌리를 두고 있기 때문이다. 우리는 이것이 우리 민족이 자
기표현을 하고 하나님이 우리에게 부여한 민족자결권을 거듭 주
장할 수 있는 기회라고 확신한다. … 우리의 확신과 기도는 하나
님께 향한다. 하나님, 우리의 기도를 들어주시고 우리를 압제자
에게서 구해 주소서. 당신은 우리의 힘이고 구세주이십니다.[221]

한국민을 대신하여 33인의 대표들에 의해 서명되어 지난 3월 1
일에 발표된 그 선언문은 단지 몇몇 소수 사람들만의 뜻을 담은
것이 아니라, 나라 전체의 양심과 백성들의 마음으로부터 우러나
온 것입니다. 우리는 하나님께서 이것을 용납하실 것이라 믿습니
다. … 이 백성의 요구인 한국의 독립은 인간 본연의 권리요 요구
사항으로서 이 시대의 정신과 하나님의 목적과도 맥이 통하는 것
입니다.[222]

기독교인이건 비기독교인이건 간에 그들이 동일하게 가지고 있
는 확신은 하나님이 정의의 편이고 그들의 대의가 승리하도록 인

도하신다는 것이다.[223]

　　이러한 논리를 통하여 3·1운동에 참여한 기독교인들은 민족의 자주와 독립의 요구에 성서적 역사관에 근거한 신앙적 양심으로 응답할 수 있었다. 이상재는 3·1운동의 주도 세력을 묻는 일본 경찰의 취조에 "3·1운동을 주도하는 이는 전능하신 하나님"임을[224] 당당히 주장했다. 이를 통하여 당시 기독교인들에게 3·1운동에 대한 참여는 조선인에게 강요되는 정치적 굴종과 불이익에 항거하려는 민족적 문제를 넘어 신앙적 양심에 의거한 항거이자 '하나님의 공의'의 구현이기도[225] 했음을 짐작할 수 있다. 따라서 하나님의 뜻을 받들어 이루어지는 저항은 기독교인들의 양심을 거스르는 폭력적인 방식을 배제한 거룩한 평화의 방식이어야만 했다. 이러한 사상을 기반으로 3·1운동의 참여자들은 태극기가 그려지고 선언문이 적힌 종이 조각을 움켜쥔 채 신체의 가장 약한 부위를 스스럼없이 드러내 놓는 자세로 '만세'를 외칠 수 있었던 것이다.

　　독립선언과 만세시위라는 새로운 형태의 민족운동인 3·1운동은 기존의 대표적인 종교 민족운동의 하나인 동학농민운동과는 확연히 다른 전개 양상을 보여 주었다. 가장 큰 차이는 폭력과 비폭력, 즉 저항의 방법론적 차이에 있었다. 3·1운동은 기독교 이외에도 종교 민족주의적 성격을 뚜렷이 나타내는 또 하나의 종교단체와 연결되어 있었다. 그것은 동학의 사상적 유산을 이은 천도교였다. 천도교와 기독교 지도자들은 3·1운동의 기본이념을 '민족의 독립과 자주'로 규정하는 데 합의했다. 그러나 3·1운동 민족 대표들은 천도교 측이 주장하는 독립 '선언'과 기독교 측의 독립 '청원'으로 이견을 보였다.

3·1운동의 방법론에 대한 이덕주의 연구에 의하면, 독립선언은 일본의 지배라는 현실 자체를 부정하는 입장이었기에 투쟁방법이 과격해질 가능성이 높았다. 반면 기독교 지도자들은 16명 가운데 반수에 가까운 7명이 3·1운동을 평화적인 방법으로 이끌어가기 위해 선언보다는 청원의 형식을 고수했으며, 과격한 투쟁보다는 비폭력 평화시위를 추구했다.[226] 이러한 역사적 정황을 통해, 3·1운동의 기본적 성격이 비폭력적이고 평화적인 저항운동으로 정착되는 과정에는 기독교인들의 역할이 지배적이었음을 확인할 수 있다.

기독교인들의 독자적 선언서로 분류할 수 있는 대표 문건 중 하나는 "독립단통고문"(獨立團通告文)이다. 이 통고문은 1919년 3월 서울에서 '독립단'의 이름으로 작성된 것이며, 그 대상은 기독교인들로 제한된 일종의 '전단지'와 같은 형태로 되어 있었다. 이는 다른 선언서와 달리 독립선언의 배경이나 취지 등에 대해서는 언급하지 않고, 운동의 태도와 방법만을 구체적으로 명시했다는 점에서 특이하다. 통고문은 폭력 사용을 금지하고, 운동 방법으로서의 신앙행위 지침을 다음과 같이 제시했다.

오늘날 우리 민중이 통고문을 발한다. 우리의 존경스럽고 존귀한

독립단원 여러분이여, 어떤 일이든지 일인(日人)을 모욕하지 말고
돌을 던지지 말며 주먹으로 치지 말라. 이는 야만인이 하는 짓이
다. 독립을 주장하는 일에 손해될 뿐이니 행동에 주의하라. 신도
는 매일 세 차례 기도하되 일요일에는 금식하며 매일 성경을 읽
어라.[227]

이 지침의 내용은 성서 읽기와 기도 등 철저히 비폭력적인 방
법만을 요구한다는 점에서 기독교 평화주의의 전형적인 특성을
보이는 것이었다.

번하이젤(Charles F. Bernheisel) 선교사의 기록에 따르면 1919년 3
월 1일, 만세시위가 일어나기 바로 직전 고종황제를 애도하는 봉
도회에서 서문외교회를 담임하는 김선두 목사는 베드로전서
3:13-17,[228] 로마서 9:3의[229] 두 성경본문을 봉독했다. 뒤이어 산정현
교회 전도사 정일선이 연단에 서서 독립선언서를 낭독하고 불법
적인 짓을 하지 말고, 모두 주어진 지시에 따를 것이며, 관헌에게
저항하지 말고, 일본인 관리나 민간인들을 해치지 말라고 당부했
다.[230]

이러한 기독교의 비폭력 평화주의는 대부흥운동을 경험한 민
족 대표들에게서도 강하게 나타났다. 민족 대표 33인 중 한 사람
인 신석구 목사는 경무총감부에서 실시한 경찰 심문에서 이렇게
답했다.

조선은 일본이 약탈하기 때문에 일본을 조선의 원수라고 하지마는, 우리들은 하나님에게 몸을 바치고 있으니까 그 원수를 갚겠다고는 하지 않고 하나님의 마음으로 조선을 독립시킬 것이다. … 이 일은 단지 조선을 위하여서만이 아니라 일본에게도 이익이 된다고 생각한다.[231]

또 다른 민족 대표인 유여대 목사 또한 1919년 5월 8일 경성지방법원에서 열린 심리에서, 시위의 폭력성을 걸고넘어지는 판사에게 3·1운동의 비폭력주의에 관하여 확고하게 대답했다.

> 문: 사람을 모아서 조선독립선언을 하면 군중은 그에 자극되어 폭동을 일으키는 것이 필연적 사실이 아닌가.
> 답: 그와 같은 걱정이 있었으므로 그와 같은 일이 없도록 선언서를 낭독 발표한 후 시중을 누비고 다닐 생각으로 출발을 할 때, 나는 군중에 대하여 혹시 구타를 당한다 할지라도 관리에 저항하는 일이 없도록 하라고 주의시켰다.[232]

이처럼 기독교적 평화주의에 입각한 비폭력 저항의 모습은 3·1운동을 직접 목격한 선교사들에 의해 여러 차례 반복하여 증언됐다.

1919년 3월 1일에 33명의 지도자들과 한국 땅 전역에 사는 영웅들이 독립을 요구하고 나선 행동이야말로 용기를 필요로 하는 것이었다. 그들은 무기를 갖고 있지 않았다. 벨기에인들이 군대를 전선에 배치해 수백만 독일군을 막아 낸 것은 용감한 행동이었다. 그러나 한국인들은 더 용감했다. 한국인들은 이렇게 말했다. "나에겐 무기가 없다. 싸울 힘도 없다. 하나님 외엔 호소할 대상이 없다. 보상받을 곳도 없다. 나의 육체가 죽더라도 나의 영혼만은, 나의 영혼만은 절대 굴복하지 않으리라." 그들은 이 같은 말을 했고 독립운동을 계속해 나갔다. 그들은 웃는 얼굴로 주변에 있는 모든 사람들을 축복했고 조용히 걸어가다가 체포되었다. … 3·1운동 다음 날, 피를 흘리고 짓밟힌 동료들을 목격하고 악독한 악마들이 감옥에서 그들을 어떻게 괴롭혔는가를 알고 있었던 조선인들이다. 그러니 분을 풀려면 곤봉과 돌멩이로 무장을 할 수 있었을 것이다. 그리고 전국에 흩어져 살고 있는 일본인들을 살해하고 서울에 있는 모든 집들에 불을 질렀을 수도 있었을 것이다. 그러나 이것은 그날의 명령이 아니었다. "아무도 다치게 하지 마라. 폭력을 사용하지 마라. 우리의 대의를 알려라. 그것이 정당한 방법이다"라는 것이 그날의 명령이었다.[233]

목격한 바로는 한국인들은 저항하지 않았다. 그들은 방어하기 위해서 막대기를 들거나 돌을 던지지 않았으며, 일본인에 대해 욕설 한마디도 하지 않았다.[234]

남녀노소를 불문하고 무차별로 모욕받고 구타당하고 칼로 베이고 소방대원들의 갈고리로 맞았다. 경찰서에서는 공식적으로 때렸으며 어떤 때는 칼로 베어 버리기도 했다. 한국인들은 한 사람도 결코 군인에게 항거하지 않았다. 말 그대로 무저항의 저항이 여기에서 실천되었다.[235]

남자, 여자, 어린이 등 군중들이 모여, 집에서 만들어 온 태극기를 흔들며, "조선 독립 만세"를 외치고, 어떤 곳에서는 거리를 행진하였다. 그 어떤 곳에서도 경찰이나 일본인에게 폭력을 행사한 곳은 없었다. 재산 파괴나 폭력행사를 막기 위한 임무를 가진 사람들이 군중 속에 배치되어 있었다. 아마 세계에서 보아 온 이런 유사한 시위 가운데 가장 놀라운 시위 중 하나였다.[236]

기독교인들의 비폭력은 일본 제국에 대한 무력감에서 온 것이 아니었다. 이만열 또한 3·1운동에 대한 그의 연구에서 독립선언서 가운데 비폭력적 방략을 채택하고 있는 이유가 기독교 사상과 무관하지 않다는 점을 지적했다. 독립운동의 방략으로서의 '비폭력'이라는 전략이 강권적이며 침략적인 국제관계에서 그 한계가 뻔하기는 하나, 그럼에도 이러한 방법을 천명한 것이 비단 우리 손에 무기가 거의 들려 있지 않았던 한계만은 아니라는 것이다.[237] 폭력을 사용할 수 있음에도 불구하고 비폭력을 '선택'했던 기독교인들의 입장은 3·1운동 당시의 기록을 통해서 파악할 수 있다.

… 여자들이 이런 상태에서 풀려나오는 것을 본 군중에게 연민의 물결이 휩쓸어 일제히 울음을 터뜨렸다. 어떤 사람들은 "저런 야만인들 밑에서 사느니 죽는 편이 낫다"고 울부짖었으며, 맨주먹으로 경찰서를 습격한 후, 서장을 잡아 발가벗겨 죽도록 패 주자는 의견이 강력했다. 그러나 한 장로 등 신중론자들의 의견이 우세하여 폭력 행위를 못하게 했으며 마침내 해산하게 되었다. 하루 이틀 뒤, 마을에서 멀지 않은 광산에서 일하는 광부 600명의 대표가 한 장로를 찾아와 사건을 자세히 물었다. 대표들은 그러한 야만인들에 대해서는 더 이상 참을 수 없다고 말하며, 경찰을 습격하여 복수하기로 결정했다고 알렸다. 한 장로는 이들과 한참 동안 시비를 따졌다. 대표 중 적어도 한 사람은 술을 마시고 왔다가 참지 못해 한 장로의 사타구니를 때렸다. 그러나 한 장로는 마침내 그들을 설득해서, 적어도 현재 경찰서에 갇혀 있는 기독교인들이 석방되거나, 또는 다른 장소로 이송되기까지는 기다리도록 했다. 그는 기독교인들이 폭력에 말려드는 것을 원치 않았다.[238]

기독교의 평화사상과 비폭력적인 민족운동 방법론은 기독교인뿐 아니라 비기독교인들에게도 전파됐다. 3·1운동 당시 한국독립을 갈망하는 강렬한 정치적 열정은 학생, 노동자, 농민층을 휩쓸며 수많은 사람들의 열광적인 호응을 이끌어 내었다. 3·1운동 입감자의 종교별 상황을 보면, 비폭력 저항의 방법론을 주장했던 천도교와 기독교를 제외한 불교와 유교, 무종교인들은 5,655명으로 전체의 약 62%에 해당할 만큼 적지 않은 수였음을 확인할 수 있다.[239] 이러한 수치는 당시 한국 민중의 사회적 심리상태가 전체적으로 고양되어 있었다는 사실을[240] 방증한다.

그런데 여기서 기독교 신앙이 없고 성서의 권위를 인정하지 않는 비기독교인들 또한 3·1운동의 초반에는 비폭력적 저항의 방식을 수용했다는 점이 주목된다. 기독교 평화주의에 공감하지 못하는 그들에게는 기독교가 주도하는 비폭력 만세시위에 동참해야 할 아무런 이유가 없었다. 그러나 그들은 민족 대표들의 뜻에 순응하여 비폭력 방법론을 적극 수용했고, 3·1운동 내내 일제의 잔혹한 폭력을 경험하면서도 폭력적인 대응을 최대한 자제하기 위해 노력했다.[241]

3·1운동이 시작된 지 한 달여가 지난 3월 말 4월 초에는 시위의 폭력적 성향이 나타나기도 했다. 3·1운동 초기에는 비폭력적인 만세시위가 전국 곳곳에서 벌어지지만, 식민지 권력이 이 시위를 단호하게 무력으로 탄압하자 결국 시위에 참여한 사람들은 일방적으로 희생되거나 돌이나 농기구를 동원하는 원시적인 방식으로 맞설 수밖에 없는 상황으로 내몰렸다.[242] 군중들은 관공서나 경찰서를 습격하고 방화하거나, 일본인들을 폭행하기도 했다.[243]

그러나 윤해동은 이러한 경향이 "발포와 같은 강압적 진압방식에 의해 촉발된 폭력적 대응"이라고 주장하며, 이는 방어능력이

없는 사람들이 취할 수밖에 없었던 자기방어의 수단임을 지적한
다.[244] 이는 당시 상황을 목격한 선교사의 증언에서도 증명된 바 있
었다.

> 내가 이미 말했듯이, 그 운동의 방법은 수동적인 저항과 평화적
> 인 시위이다. 관리들은 많은 곳에서 정당한 이유가 없는 폭력을
> 사람들이 사용했다는 혐의를 둔다. 그런 경우가 있었을지도 모른
> 다. … 그러나 나는 그런 경우가 있더라도, 드문 예외적인 일이라
> 고 확신한다. 정부가 소유하는 재산이나 생명을 파괴하기 위해
> 막대기, 돌, 성냥 등을 사용해 온 대부분의 경우, 그것은 법을 집
> 행하는 관리들이 가혹하고 잔인한 방법을 사용한 후에 이루어졌
> 다. 일본인들은 거의 사망하지 않았고, 일본 민간인들도 거의 부
> 상당하지 않았으며, 공공건물은 거의 피해를 입지 않았고, 일본
> 상점은 약탈당하지 않았다.[245]

이를 통하여 3·1운동 당시 민중의 폭력적 대응은 일본 경찰의
과잉진압에 비하면 매우 미미한 수준이었음을 알 수 있다. 결국
3·1운동을 통해 발현된 예수 평화의 정신이 비기독교인들에게도
깊은 감명을 주게 됐고, '폭력은 폭력을 재생산할 뿐이며, 무엇보
다 폭력으로 진정한 승리를 거둘 수 없다'는 기독교 평화주의적
사고를 일시적이나마 공유하게 됐음을 짐작할 수 있다.

르네 지라르(René Girard)에 따르면 성경적 종교는 오랫동안 숨

겨져 오던 폭력을 백일하에 드러냄으로써, 그 위장된 성격을 노출하고 고발함으로 인해 그것을 극복할 계기를 제공한다.[246] 기독교인들의 평화주의적 운동이었던 3·1운동 또한 그것을 제압하려 하는 일제의 잔인한 폭력과 극명하게 대비됨으로써, 문명국을 자처했던 일본의 실체와 폭압적 지배의 현장을 세계인들에게 노출하고 고발하는 효과를 가져왔다.

3·1운동의 교회사적 가치는 기독교 평화주의가 단순히 이상적인 도그마주의에 그치는 한계를 벗어나, '시민적 정치 윤리에 입각해 사회적 불의와 폭력에 맞서는 사회참여'의 성격을 분명히 함으로써 '기독교 평화주의'의 현실적 적용을 제시했다는[247] 것에 있다. 이국헌에 의하면 이는 "비폭력주의의 원리를 지향하면서도 폭력에 대응할 수 있는 실제적인 저항의 정치를 모색하고 있음을 보여 주는 것"이다.[248] 3·1운동이 당대에 외부 세계로부터 세계사에 신기원을 연 비폭력적인 평화운동으로 평가받을[249] 수 있었던 것은, 바로 이러한 이유 때문이었다.

2. 기독학생·여성의 평화주의

기독교 민족운동으로서 3·1운동이 남긴 또 하나의 족적은 성서적 인간관의 반영과 회복이었다. 3·1운동의 전국적인 규모와 비폭력적인 평화시위는 그것을 지켜보는 세계인들의 관점에서도 세계

역사상 전례가 없는 놀라움 그 자체였다.[250] 3·1운동의 대중화는 소수 선각자의 몫으로 여겨졌던 독립운동을 일신시켰다. 주목해야 할 사실은 대중의 대다수에 해당하는 이들이 기독교 신앙을 가진 학생 및 여성이었다는 점이다. 그만큼 3·1운동은 미션스쿨의 교육 과정을 이수한 남녀학생과 기독교 여성의 참여가 두드러졌다.

앞서 언급한 바와 같이 3·1운동의 핵심적인 동력은 기독교 계열 학교의 학생들이었다.[251] 기독교 학교의 건립이 전국적으로 확산되기 시작한 것은 대부흥운동 이후부터였다. 사경회를 통해 성서 교육의 필요성이 제기되고 여아 교육에 대한 부모의 책임의식이 증대되면서, 기독교 학교의 설립 움직임이 자연스레 강하게 일기 시작했던 것이다. 이러한 분위기 속에서 평양 대부흥운동이 일어났던 1907년에만 무려 130여 개 이상의 학교가 신설됐다.[252] 박혜진의 연구에 따르면 3·1운동이 벌어진 1919년에는 총 298개의 종교 사립학교 중 불교 학교 8개를 제외한 290개 학교가 기독교 학교였다.[253] 전국적으로 설립되어 있던 이 기독교 학교들이 3·1운동이 전국적으로 확산되어 거족적으로 일제에 항거하는 데 큰 공헌을 했던 것이다.[254]

선교사들은 교육을 통하여 조선인들에게 국제정세에 대한 감각과 서양의 민주사상을 자연스럽게 고취시킬 수 있었다. 이들 미션스쿨에서는 종래의 봉건적 전통 질서와 달리 사민·남녀평등을 가르쳤으며, 자주·자립정신에 입각한 민족의식을 고양시키며 학생들로 하여금 '근대적 시민'으로서의 소양을 갖추도록 했다.[255] 이러한 사회적 문명개화는 민권의식을 강화시켰고, 나아가 사회의 내적모순에 대한 비판과 정치의식의 각성 및 국가의식의 고조를 불러일으켰다.

이처럼 미션스쿨을 통한 교육 인프라를 바탕으로, 1917년 평양에서는 평양신학교와 숭실학교에 다니는 학생들을 중심으로 전국 각지에서 진학을 위해 평양으로 모여든 기독교계 중등학교의 학생들에 의해 '조선국민회'가 결성됐다. 이들은 3·1운동 당시 학생 동원과 독립선언서 배포 등 평양과 평안도 일대의 만세운동에 주요한 역할을 담당했다.[256]

서울에서도 1919년 1월 26일부터 연희전문학교의 김원벽, 보성법률상업학교의 강기덕, 경성의학전문학교의 한위건, 중앙기독교청년회 간사 박희도 등 전문학교 대표들을 중심으로 독자적 독립운동 계획을 세워 놓고 있었다. 그러나 박희도가 2월 22일경 종교계에서 독립시위를 벌일 예정이라는 소식을 듣고 이틀간의 회의 끝에 3월 1일 독립선언식에 참여하고, 3월 5일에는 학생들만의 독자적 시위를 전개한다는 방침을 세웠다.[257] 그리고 3·1운동에 참여했던 서울의 학생들은 3월 5일 고종의 국장에 참석했던 수많은 지방민과 학생들이 귀향하는 시점을 노려, 김원벽과 강기덕의 총지휘하에 대대적 독립만세운동을 일으켰다.[258]

3·1운동에 적극적으로 참여한 또 하나의 세력은 바로 기독교 여성이었다. 일제 헌병대가 조사한 3·1운동 피검자 종교별 현황에

따르면, 여성 피검자 471명 중 309명인 65.6%가 기독교 여성들이었다.[259] 기독교는 남존여비사상이 팽배한 조선의 가부장 문화 속에서 조선의 여성들이 하나님이 만드신 피조물로서의 천부인권을 회복하는 계기로 작용했다. 대부흥운동을 통해 점화된 여성 교육에 대한 열정은 이후 전국의 여학교 설립운동으로 연결됐다. 한국 기독교 여성들의 자각은 민족문제에 대한 깊은 고민과 독립운동에 대한 열의를 불러일으켰다. 이는 성인 남성 중심의 가부장적인 문화에서 소외의 대상이었던 여성이 사회의 주체로서 자발적으로 독립운동에 참가할 수 있는 사회적 토양을 마련했다.

여성도들은 대부흥운동 기간 동안 자발적인 기도 모임을 갖기 시작했는데, 처음에는 종교적인 목적에서 시작된 기도회는 이후 정치적 상황변화에 따라 민족의식을 반영한 기도회로 발전했다. 최초의 비밀항일여성단체인 송죽회도 평양 숭의여학교 학생과 교사의 기도 모임으로부터 비롯된 것이었다.[260] 3·1운동의 시위에서는 이처럼 여학생, 교사, 전도부인으로 구성된 여성들의 네트워크가 주도적 역할을 담당하게 됐다.[261]

이처럼 3·1운동은 기독교 여성들이 민족운동의 주역으로서 역사의 전면에 드러나는 계기가 됐다. 그중 가장 독보적인 역할을 한 것은 미션스쿨의 어린 여학생들이었다. 이들은 자발적으로 비밀결사대를 조직했다. 심옥주에 따르면 이 '여학생 비밀결사대'는 각 학교별로 여학생들에 의해 자발적으로 만들어져 전국으로 확대됐다. 당시 대표적인 여학생 비밀결사대로는 권애라·장정심·조

숙경·이향화·권명범·이영지·류정희·조화벽·김정숙 등이 참여한
'호수돈여학교 비밀결사대'와, 황에스더·안정석·박현숙·황신덕·
채광덕·이마대·송복신·이효덕·김옥석·최자혜·서매물·최의경·이
혜경 등 20여 명의 선후배들로 구성된 '숭의여학교 송죽결사대'가
있었다.[262] 이들은 학교 기도실에 은밀히 모여 나라를 위한 기도를
시작으로 민족의식과 역사의식을 강화하는 집회를 주기적으로 가
지는 한편, 비밀리에 거사를 준비하며 밤새워 태극기를 제작하고
독립선언서를 등사하여 배부하는 데 앞장섰다.

거리에서는 여학생들이 만세운동의 선봉에 서기도 했다. 호수
돈여학교의 졸업생이자 전도부인인 어윤희는 대낮에 독립선언서
를 당당하게 팔에 걸고 배부하여 그 모습을 지켜보는 이들의 항일
의식을 고양시켰다.[263] 부산에서는 일신여학교 학생들이 만세운동
을 주도함으로써 부산 최초이자 경남 일대 3·1운동의 효시가 됐
다.[264] 이화학당에서는 프라이(Lulu E. Frey) 당장(堂長)이 교문을 폐쇄
하며 만세운동을 강경하게 만류하자 서명학, 유관순·김복순,·김
희자·국현숙 등으로 구성된 5인 학생 결사대가 기숙사 뒷담을 넘
어 남대문으로 향하는 결기를 보이기도 했다.[265]

시위 둘째 날에는 시위를 주동한 소녀들이 기독교 계열 소년학교
로 갔다. 그 소년학교의 교장은 감옥에서 순교하는 것보다 당장
공부하는 것이 더 중요하다고 믿고 있었기 때문에 소년들이 시위
에 참여하지 말 것을 권하고 있었다. 하지만 여학생들의 경멸은

소년들이 견딜 수 없는 것이었다. "지난 이틀간 여학생들이 외치는 만세 소리를 듣지 못했니?" 소녀가 물었다. "젊은 남자들이 일본인을 무서워하는 거야?" 소년들이 대규모로 시위에 참여한 것은 말할 나위 없었다.[266]

한 골목길을 서둘러 가다가 나는 여학생 두 명을 쫓아가는 한 경찰을 보았다. 한 명은 머리가 아래까지 내려온 어린 소녀였는데 그 경찰은 여학생의 땋은 머리를 잡아채 땅바닥으로 그 소녀를 넘어뜨렸다. 그리고 그 경찰은 좀 더 성숙해 보이는 소녀를 붙잡았다. 그가 그 소녀를 매우 난폭하게 다루었기 때문에 나는 그 소녀 옆으로 다가갔다. 아마도 내가 있었기 때문인지 경찰은 검색 후 그녀를 놓아주었다. 그 즉시 소녀는 내게로 돌아서서 바로 그 경찰 앞에서 내게 묻는 것이었다. "제가 시위를 계속해도 될까요?"[267]

조선의 여학생은 여성에 대한 일본의 잔악한 인권 유린과 폭력성에 정면으로 맞섰다. 문명국임을 자처하는 일본인들이 약자인 여성을 우대하고 배려하는 서양의 정신을 경멸한다는 아이러니는 이미 3·1운동이 일어나기 전인 1918년 '여선교사 폭행 사건'을[268] 통해 세간에 알려진 바 있었다. 3·1운동 과정 중에서 유독 여성 시위자를 대상으로 표출되는 일본인들의 잔인성과 야만성은 서양 선교사들에게 커다란 충격을 주었다.

가장 놀랄 만한 용기는 젊은 여성들이 보여 주었다. 만일 붙잡히면 어떤 고문이 그들을 기다리고 있는지 그들은 잘 알고 있었지만 남자들만큼 두려움이 없었다. 3월 5일에 태극기를 흔들다가 체포된 사람 중 몇몇이 그들의 이야기를 전해 주었다. 그들은 발로 차이고 얻어맞고 경찰서로 잡혀 들어간 뒤, 그곳에서 가장 용감한 사람도 굴복시킬 수 있을 만큼 끔찍한 고문을 당했다. 한 소녀는 이렇게 기록했다. "… 그들이 내 옷을 벗겨 나체로 만들고 나를 고문했지만 내 마음에 분노심은 없었다. 조국을 위해서 한 일이었으므로 나는 그 괴로움을 달게 받았다." … 그 소녀들은 서구사회의 젊은 여성들처럼 부모들이 애지중지하며 배려해 키우는 좋은 환경에서 성장했다. 그런데 그 소녀들이 이 괴로움을 당하고 있으면서도 웃는 얼굴로 괴로움을 감수하고 있는 것이다.[269]

여학생들은 가장 특별한 용기와 결단력을 보여 주었다. 한 학교의 여학생들은 다른 사람들이 그렇게 취급받았다는 것을 알고, 그들이 단호하게 하기로 계획한 대로 시위에 참여한 것 때문에 경찰에 의해 옷 벗겨지고 매 맞을 것을 예상하면서도, 그들이 시련을 당하는 동안 완전히 벌거벗겨지지 않을 수 있다는 기대로 그들의 평범한 옷처럼 쉽게 제거되지는 않는 특별 속옷을 바느질하면서 전날 밤을 보냈다.[270]

스코필드(Frank W. Schofield)는 자기방어와 무장이 불가능한 민간인 여성에 대한 일본 군대의 잔인한 진압에 분개했다. 그는 3·1운동 과정에서의 여성들에 대한 총격에 관해 당시 조선헌병대 사령관 고지마 소지로(兒島惣次郞)를 찾아가 항의했다. 이에 고지마는 "한국 여자들은 화가 나면 고집이 매우 세고 군인들의 지시를 따르지 않는다"는[271] 핑계로 상황을 애써 모면하려 했다.

이처럼 한국의 여성들은 만물의 질서를 중시하는 유교 문화에서 비롯된 남존여비사상으로 인해 오랫동안 차별과 억압의 대상으로 존재했다. 나이 어린 소녀들에 대한 대우는 더욱 말할 나위 없었다. 그러나 사회에서 가장 취약한 위치에 처해 있던 이들이 복음과 교육을 통하여 빼앗긴 인권과 자아를 되찾게 되면서, 성서적 인권회복이 일어나게 됐다. 각지에 여학교들이 설립되면서 여자아이들도 남자아이들과 동일한 교육을 시키게 된 것도 전통 사회에서는 볼 수 없었던 여권신장의 한 단면이었다.[272] 이러한 변화는 3·1운동에 대한 여성들의 적극적 주도를 통해 정점을 맞았다.

한편, 3·1운동은 대부흥운동을 통해 기독교 평화사상을 내면화한 기독교인들에게 고양된 정의·자유·평등의 인류 보편적 가치에 대한 의식을 바탕으로, 일본의 비성서적이며 악의적인 인권 탄압에 대응하는 계기가 됐다. 일본은 식민지 지배자의 위치에서 피지배자들의 윤리의식과 가치관을 철저하게 무시하고 비인간화하는 시도를 끊임없이 전개하며,[273] 반인륜적이고 전시적인 폭력을 통하여 한국인들의 인권을 공개적으로 말살하고자 했다.

　그중에서도 한국인들이 가장 참기 힘들어했던 것은 한국인을 향한 일본의 민족적 차별과 인권 탄압이었다. 도면회의 연구에 따르면, 1919년 조선헌병대사령부가 제작한 『조선 소요사건 상황』에 기록된 조선인의 불평 중 가장 많은 것은 무단정치나 경제적 수탈이 아니라 민족적 차별임을[274] 알 수 있다. 일제는 병합 이후 한국인들이 자신보다 열등한 민족이라고 생각하는 기존의 한국 멸시관에 따라 민족 차별정책을 쓰며 시세와 민도의 차이를 구실로 들었다.[275] 일제의 탄압은 단지 조선인을 경제적 혹은 물리적으로 힘들게 한 것만이 아니라 인간으로서의 존엄성을 해치는 것이었다.[276]

　이러한 일본의 민족적 차별과 탄압은 차별의 대상인 한국인들뿐 아니라 한국에 거주하던 선교사들마저 그 심각성을 지적할 정도였다. 선교사들은 자신의 한국인 친구들이 일본인들로부터 불평등한 대우를 받는 것을 보며 분노를 느꼈다. 스코필드는 자신이 직접 보고 듣고 경험한 내용을 보다 구체적으로 적시했다.

　　일본제국으로의 동화는 탈민족화와 차별정책을 통해 이루어졌으며 어디서건 이 원칙이 적용되었다. 이것은 한국의 국민들이 일본 천황의 아들과 딸이 되어 다른 이들과 마찬가지로 동등한 지위를 누리게 될 것이라는 약속을 송두리째 부정하는 것이었다. 한국의 가장 우수한 학교 중 몇 곳은 폐교되었으며 한국인들을 위한 고등교육은 갈수록 어려워졌다. 차별은 한국인들을 중요한 지위에서 단계적으로 몰아내는 것을 의미했다. 예를 들어 한국에는 단 한 명의 한국인 역장이 있을 뿐이다. 우체국장과 같은 작은 권위나 보다 많은 평균 급여를 제공하는 지위의 거의 대부분은 일본인에게 돌아갔다. 일본인에 대한 이주 보조금과 강력한 동양척식주식회사의 활동으로 좋은 농지는 갈수록 일본인들의 손으로 넘어갔다. 한국인들은 그들의 상전인 일본인들을 위해 장작을 패고 물이나 길어야 할 팔자라고 보기가 쉽다. 실제로 일본인들은 도로, 철도, 위생, 행정과 교정 시설에서 상당한 진보를 이루었으나 이것들 중 마지막으로 언급한 것만이 온전히 한국인들을 위한 것이다. 아마도 한국인들이 그중에서도 가장 견디기 힘든 것은 일본 침략자들이 가지고 있는 참기 어려운 '우월감에 가득 찬 태도'일 것이며, 이러한 태도는 일상생활 속의 일반적인 접촉에서 흔히 드러난다. 교육을 받고 품위를 갖춘 일본인들은 일본 본토에 남아 있으며 경찰, 헌병, 상인 그리고 하급관료로 한국에 온 이들은 보통 고압적이며 예절이라곤 없는 이들이다.[277]

위 기록에 따르면, 일본은 교육상의 차별정책을 적용하여 한국인들에게는 고등교육의 혜택을 받지 못하도록 조치하고 있음을 알 수 있다. 일본인들은 똑같은 일에 대해서도 일본인보다 한국인에게 더 낮은 급여를 주거나 말단 직위만 부여하는 것에 대하여 당연하게 생각했다. 이 외에 관리 임용에도 차별이 적용되어 요직은 일본인들이 차지했으며, 같은 직위라도 일본인 관리는 한국인

관리보다 급료를 40% 이상 많이 받았다.[278]

게일(James Gale) 선교사 역시 그의 보고서에서 한민족을 차별하고 무시하는 일본인들의 거만한 태도에 대하여 지적한다.

> … 즉 한국에서 일본 헌병들은 한국 학생들에게 일본에서 일본 황실을 대하는 것과 같은 수준의 존경을 상습적으로 요구한다는 것이다. 이러한 경우는 극단적인 '인종차별'의 예로 여겨질 수 있다. 그 인종차별은 한반도 전역에 걸쳐서 야만적인 폭력으로 유지되고 있다. 가령 가장 비천한 일본인 노동자가 품격 높은 한국인을 함부로 대하고, 모욕하고, 구타하고, 매질할 수 있는 권리를 가졌다고 권력을 제멋대로 행사한다. 한국 사람들은 이를 시정할 어떤 수단도 없다.[279]

기독교는 이미 105인 사건을 통하여 이를 경험한 바 있었다. 일제는 신민회와 같은 국내의 반일민족세력을 제거하고 그들의 식민통치에 장애가 되는 외국인 선교사들을 추방하기 위한 목적으로 105인 사건을 조작·날조했다.[280] 이 사건에 연루된 피의자는 무려 700여 명에 달했으며, 실제 있지도 않았던 사건을 조작하는 과정에서 기독교인들에 대한 가혹한 고문과 협박이 자행됐다. 당시의 체형(體刑)은 일본인이 아닌 한국인들에게만 시행될 수 있는 것이었기에 고문을 사용한 취조는 명백히 민족 차별적인 것이었다.

　　한국인에 대한 일본인의 무시와 차별은 3·1운동의 진압 과정에서도 그 실체가 고스란히 드러났다. 일본 경찰은 체포된 수감자들을 짐승과도 같이 비인간적인 방식으로 대우했으며, 기독교 학교를 졸업했거나 재학 중인 사람들에게는 특히 잔혹한 형벌을 가했다.[281] 선교사들은 "이러한 행동을 '훈'족이 아닌 일본인이 저지를 것이라고는 상상도 못했다"며[282] 그들의 야만적인 잔인함에 격분했다.

　　게일은 일본인들에게 한국인들을 그들의 원수로 만들지 않으려면 "한국인이 어떤 면에서는 일본보다 부족하지만 또 다른 면에서는 우월하다는 점을 알아야 하며, 한국인을 대할 때 자신을 대하는 것처럼 대해야 함"을[283] 역설하면서, 성서적 인류 보편가치의 회복을 위하여 일본으로 하여금 그와 같은 불공정하고 비인도적인 정책을 당장에 버릴 것을 요구했다. 그는 자신이 '현대판 네로 황제가 저지른 잔악스러운 범죄행위'라고 묘사한 제암리 학살사건 현장을 직접 목격하고 이렇게 증언했다.

　　　나는 노인 한 명이 산비탈에 있는 것을 보고 그를 향해 올라갔다. 경찰은 내 앞길을 막아섰고, 엄한 모습으로 나를 쫓아다녔다. "이런 일이 어떻게 일어났습니까?"라고 나는 그 노인에게 물었다. 그러나 그는 아득히 먼 지난날을 탐색이라도 하는 듯한 눈초리로 그저 나를 바라볼 뿐 말이 없었다. 나는 그에게 "하나님은 살아계십니다. 하나님은 선을 축복하시고 악은 분명히 멸망시키십니다. 하나님은 이런 악행을 저지른 사람을 멸망시키실 것입니다"
라고 말해 주었다.[284]

이처럼 한국 주재 선교사들은 3·1운동의 진압 과정에서 "시대
에 뒤떨어진 야만적이며 비문명적인"[285] 일본의 태도를 악으로 규
정하며, 3·1운동에 대한 보고서에서 일본인 경찰과 군대가 무장하
지 않은 한국인들에게 저지른 잔학행위를 상세하게 서술하는 등
이들의 야만성을 세계에 폭로하는 데 힘썼다.[286]

3·1운동에 참여한 기독교인들은 개인이 누리는 자유 민권과
인권, 국가의 자주권 등이 다 하나님의 것이라고[287] 인식했다. 또한
이처럼 모든 사람들이 다 하나님이 주신 권리를 누리고 있는데,
이 귀중한 권리가 외인의 침탈로 상실되고 있다면 그것은 하나님
의 정의에 어긋나는 것이라는 확신을 가지고 있었다. 이들은 기독
교적 평화사상에 입각한 인간 존엄의 가치와 인권의 회복을 한반
도 땅에 구현하려면 일제로부터의 독립이 반드시 필요하다고 보
았다.

우리는 이것이 우리 민족이 자기표현을 하고 하나님이 우리에게
부여한 민족자결권을 거듭 주장할 수 있는 기회라고 확신한다.
이것은 우리가 일본 압제자들의 손에서 벗어날 수 있는 기회이
다. 우리는 지구상의 모든 민족에게, 우리의 처량한 처지에 대한
한계가 설정되고 우리가 인류 공통의 권리를 획득하기를 진심으

로 호소한다. 우리의 확신과 기도는 하나님께 향한다. 하나님, 우리의 기도를 들어주시고 우리를 압제자에서 구해 주소서. 당신은 우리의 힘이고 구원이십니다. 하나님, 우리의 돕는 자. 우리는 당신을 믿습니다. 아멘.[288]

　이처럼 기독교인들은 3·1운동을 민족적 결단의 기회로[289] 삼고, 제국의 힘을 과시하는 일경의 총칼 앞에서도 당당히 평화의 만세를 외치며 하나님께서 인류에게 허락하신 평등·자유·민권의 가치를 주창했다. 이로써 미션스쿨과 교회라는 기독교 네트워크를 통하여 기독교인들에 의해 조직되고 전개된 3·1운동은 기독교적 세계관 위에서 인류 보편적 평화를 지향하는 비폭력운동의 성격을 명확히 가질 수 있었다.

맺는말

헬레니즘 시대 지중해 역내의 국제정치질서의 틈바구니에 끼인
이스라엘의 운명은 기원전 200년까지는 이집트의 프톨레마이오
스 왕조, 그리고 그 이후 얼마 동안은 시리아의 셀레우코스 왕조
가 좌우했으나 결국, 서쪽으로부터 지중해 패권을 장악해 오고 있
는 로마 제국에 의해 결정됐다. 기원전 167년 지방 사제 가문인 하
스몬 가문의 마카비 형제단은 국내외적 헬레니즘 세력에 대한 반
외세·반귀족 봉기를 이끌었지만 로마의 원로원의 비호를 받지 않
으면 성공할 수 없는 상황이었다. 로마는 팔레스타인을 지배하던
시리아 왕조를 견제해야 했다. 지중해 역내의 이 미묘한 정치적
역학관계에서 마카비 가문은 기원전 142년, 가까스로 독립된 하스
몬 왕조를 건립하고 '유대인 성전 국가'라는 지위를 유지했다.

　하지만 이스라엘 왕조는 로마의 패권이 그 땅을 옥죄어 오면

서 이 왕조의 후계자들은 물론 이 왕조의 종교적 태반(胎盤)이었던 바리새파와 사두개파의 대립과 갈등을 유발하는 방식으로 접근하던 폼페이우스에 의해 기원전 63년, 불과 80년 만에 다시 식민지로 전락하게 된다. 물론 로마는 팔레스타인에 정착된 헬레니즘적 군사경제 지배체제를 공고히 유지했다. 이 당시 헬레니즘 경제체제의 생산력의 급격한 진보와 국제경제의 호황이 끝났음에도 불구하고 그 땅에 대한 로마의 경제적 착취는 지속됐다. 팔레스타인 농촌은 피폐한 상황에 처하고 유대 팔레스타인은 이번에는 로마에 대항한 민중봉기 양상으로 치닫고 있었다. 그만큼 로마 제국의 원로원 의원들과 황제들의 토지에 대한 탐욕스런 욕망은 팔레스타인 민중들의 뼛속까지 파고들었다. 이렇게 마카비 혁명은 물론 기원후 66년 발발한 로마에 대한 유대인 제1차 항전, 이른바 유대전쟁도 바로 이런 세계제국의 지배체제가 낳은 반외세·반귀족 민족주의 혁명의 산물이었다.

헬레니즘 시대 이스라엘의 정치사는 19세기 이후 우리 민족의 역사와 너무도 유사하다. 팔레스타인은 동서양 문명이 충돌하는 길목이었다. 알렉산드로스 대왕 이후 동으로는 시리아의 안티오코스 왕조가 남으로는 이집트의 프톨레마이오스 왕조가 이 지정학적 요충지를 차지하기 위해 5차례에 걸친 시리아 전쟁을 고대의 팔레스타인 '코일레-시리아' 지역에서 수행했다. 설상가상으로 지중해의 패권을 차지하려 동진하던 로마에 의해 이스라엘의 민족사는 회생하다가 다시 침몰했다. 마침내 성전이 파괴되고 고대 유대교는 그 땅에서 존속하지 못하고 디아스포라로서 2천 년간을 지내야 했다.

이스라엘의 핵심 지도자 그룹인 대제사장과 서기관의 정치적 식견은 헬레니즘의 범세계화에 휘둘렸다. 유대인의 역사에 길이 남은 마카비 혁명은 단지 이방 문화에 대한 종교적인 저항운동이 아니라 예루살렘 귀족체제에 대한 지방 사제들의 경제적 혁명의 성격을 갖는다. 이 사건은 유대인들의 역사에 헬레니즘의 범세계화에 저항한 유대 종교의 민족주의적인 성격과 동시에 '율법을 위한 투쟁'이라는 독특한 '무늬'를 아로새겨 놓았다. 유대교의 학자 벤 시라는 이 운동의 사상적 맹아(萌芽)를 형성했다.[290] 그런가 하면 초기 기독교는 토라의 범세계화 일환으로 탄생된 그런 유대교 개혁 운동과 맥을 같이한다.

기원전 4세기 초부터 기원후 1세기 말의 팔레스타인 고대사에 대한 이 짧은 개관만으로도 19세기 말 한반도를 중심으로 한 동아시아 국제정치 질서를 연상시킨다. 중국과 일본에 의해 끼인 한반도에 해양 세력과 대륙 세력이 몰려오면서 조선은 절체절명의 위기에 처하고 민중들의 항거는 한편으로는 세계열강들의 침탈에 대항하며 민족의 주체적 자립을 위한 반외세 저항운동으로, 다른 한편으로는 조선의 귀족 엘리트 체제에 대항한 반봉건적 저항으로 터져 나오게 된 동학농민운동을 떠올리는 것은 어렵지 않다. 또 헬레니즘계 유대 귀족들이 일으킨 예루살렘의 헬레니즘식 개혁은 마치 구한말 개화파들에 의해 시도된 갑오개혁을 보는 듯하다. 이 개혁은 율법에 충실한 삶을 살아가는 보수적인 유대교 대중들의 저항을 불러일으켰고 마카비 혁명의 직접적인 도화선이 됐다. 조선에서의 개화파의 개혁은 지속적인 세력에 의해 추진되진 못했으나, 마카비 혁명은 국제적 헬레니즘 경제체제와 이에 편승한 예루살렘의 헬레니즘계 유대인 귀족들에 대한 투쟁으로 마침내 독립된 왕조를 건립했다.

그런가 하면, 고대에 종교가 한 민족의 역사 속에서 민족주의적 성격을 독특하게 구현된 사례를 제2성전기 유대교에서 찾을 수 있었다. 사실 이제까지 '마카비 혁명'은 마치 안티오코스 4세의 종교적 박해에 대한 유대인의 봉기로, 그리고 로마인에 대한 유대인의 저항 사건으로 시작된 '유대 전쟁'은 요세푸스를 통해서 민족적·종교적 감정에서 발발한 봉기로 읽혀 왔다. 이렇게 이 두 사건은 이제까지 과도하게 종교적으로 채색되어 정치·경제사적 요인이 가리워진 것이 사실이다.

흔히 고대 유대교의 민족주의적 면모는 헬레니즘 왕조는 물론 로마 제국에 대한 저항과 독립투쟁이라는 정치적인 측면과 종교적으로 토라 준수를 위해서 이방인을 멀리하는 문화적 배타주의를 별개의 것으로 이해하려는 경향이 있다. 그러나 이 양자는 상호보완적인 요소로서 로마 제국을 넘어 헬레니즘 시대에 헬레니즘의 '세계화'에 대한 유대인 민족의 문화적 동화와 저항운동의 결과물이었다. 유대 전쟁은 일단은 식민지 시대 반로마 항전으로 정의될 수 있다. 유대 전쟁으로까지 발전되어 가던 팔레스타인에

서의 유대인의 삶은 '로마의 평화'에 대항한 저항과 봉기를 일상
화시키고 있었다. 예루살렘과 그 성전이 가진 민족과 종교의 상징
이 파괴되면서 민족주의적 저항과 종교적인 저항은 일체가 됐다.

　이 방대한 역사에 대한 해석은 현재의 팔레스타인 고대사 연
구가 워낙 다양한 관점으로 기술되고 있기에, 특정한 관점을 가지
고 진입하지 않으면 안 됐다. 물론 이 관점은 객관적인 평가와 함
께 진행되어야 한다. 우리는 민족주의 논쟁을 중심으로 서론에서
이 문제를 다루었다. 이 주제는 3·1운동의 해석 관점과 깊이 연관
되어 있기도 하다. 그것은 현대의 역사 연구와 고대 이스라엘의
역사를 해석하는 쟁점에 바로 국가와 민족, 민족주의라는 주제가
놓여 있기 때문이다. 이를 위해서는 민족과 종교가 역사적으로 어
떻게 상호작용하여 국가를 이루는 혹은 이루려는 구성원의 의식
과 삶, 문화 전체에 영향을 주어 왔는지 밝힐 필요가 있었다.

　종교는 역사라는 토양에 뿌리내려 민족의 범주로 살아가는 인
간 삶으로 드러난다. 그래서 한 종교의 특성은 경전의 가르침이
어떻게 한 민족의 역사와 삶 속에서 구현됐는가에 따라 다양하게
진술될 수 있다. 여기서 종교의 보편적 진리와 그것을 수용하는
민족적 전통의 특수한 연관성은 필연적인 연구과제가 된다. 우리
는 팔레스타인 고대사에서 이스라엘이 어떻게 민족이라는 의식과
정체성을 가지게 됐는가를, 특히 '책의 민족'으로 각인된 유대인
의 민족의식을 중심으로 서술했다. 이를 통하여 우리는 동서양은
물론 고대사와 근현대사의 거대한 공간을 이을 해석학적 다리를

구축해 보려고 했다. 이 문제는 근현대는 물론 최근의 구소련의
여러 민족들의 분리 독립의 열망 속에 담긴 민족주의와도 연관이
있을 것이며, 그러한 민족주의에 종교적 분쟁이 깊이 파고들어 있
는 팔레스타인과 이스라엘의 분쟁에 대한 지역학 담론으로도 확
대될 여지를 남겨 둔다.

또한 이것이 초기 한국 그리스도인들의 영성화를 통해 재현되
는 과정에 대해서도 살펴보았다. 19세기 말 기독교 민족주의의 출
현으로부터 1907년 대부흥운동 그리고 3·1운동에서 정점에 이르
기까지, 민족주의와 신앙의 상호작용 속에서 발생한 3·1운동의 평
화주의는 당시 다른 종교·사회운동과는 차별된 평화의 논리를 구
사하며 민족 구성원들의 종교의식이나 사회의식, 시민의식에 변
화를 일으켰다.

일제는 한반도를 병탄하는 과정에서 '동양평화론'을 그들의
침략 논리로 활용하여 문명국 일본이 미개국 조선을 선점하여 조
선을 문명개화시키는 길이 동양평화의 길이라는 논리로 한국 침
략을 정당화하려 했다. 이에 민족운동가들은 이토 히로부미의 동
양평화론을 비판하며 동아시아 국가의 갈등과 분쟁을 유발하는
원인이 일제의 침략 야욕에 있음을 지적했고, 이 과정에서 형성된
기독교 민족운동가들의 '적극적 평화'에 관한 인식은 무력투쟁과
기독교 신앙의 모순을 상쇄하는 데 작용했다.

그러나 무력투쟁을 정당화하는 민족운동가들의 사상은 '살인
하지 말라'는 십계명과 '원수를 사랑하라'는 예수의 새 계명을 근

간으로 하는 기독교의 전통적 평화사상과는 본질적인 차이를 보이는 것이었다. 따라서 3·1운동의 유례없는 평화적 특성을 설명하기 위해 반드시 짚어 보아야 할 것은, 초기 한국 기독교인들으로 하여금 기독교 사상의 내면화를 통해 그 실천을 가능하게 했던 1907년의 대부흥운동이었다.

3·1운동에 참여한 기독교인들의 민족의식에 내재된 평화사상은 대부흥운동을 통해 형성됐다. 대부흥운동을 통해 내면화된 기독교적 민족의식의 첫 번째 특성은 '평화주의'였다. 폭력 대신에 비폭력적인 사랑과 평화의 방식으로 하나님의 나라를 세우는 기독교적 평화는 폭력과 죽음이 난무한 전근대 사회를 살아가던 한국인들에게는 다소 생소한 개념이었다. 그러나 대부흥운동을 통해 2천 년의 시공간을 뛰어넘어 이러한 평화를 경험한 한국인들은, 초대교회 신앙공동체가 예수의 십자가 처형과 부활의 소식을 접한 이후 예수의 가르침을 따라 비폭력 평화주의를 그들의 삶의 원칙으로 받아들였던 것처럼, 평화에 대한 재인식을 통해 한국 사회에 만연해 있던 '폭력'의 죄악들을 돌이켜 보게 됐다.

이처럼 대부흥운동에서의 신앙적 각성을 통하여 민족의식의 새로운 지평을 마련한 기독교인들은, 종교민족주의적 선민의식을 넘어서 기독교 평화운동으로서의 민족운동을 전개할 수 있었다. 19세기 동학농민운동이 배타성과 폭력성을 완전히 벗지 못했던 반면, 3·1운동은 그러한 기존의 한계를 '비폭력'이라는 방법으로 극복하며 인간의 생명과 존엄을 보전하고 하나님 나라의 보편적 가치를 지향하는 평화적 차원으로 전개됐다. 3·1운동 과정에서 비폭력이라는 방식으로 표출된 기독교 평화주의는 초대교회 때부터 교부들과 그리스도인들에게 문자적으로 받아들여졌던, 예수 그리스도의 '사랑의 명령'으로부터 비롯된 신앙적 태도였다.

대부흥운동을 통해 본격화된 인권의식의 각성은 단순한 민족주의적 저항에서 끝나지 않았다. 3·1운동에 참여한 기독교인들은 민족지상주의를 표출한 것이 아니라, 오히려 인류 보편적 자유와 정의에 호소하는 모습을 보여 주었다. 이처럼 기독교인들의 3·1운동은 항일, 독립, 민족을 넘어 세계평화와 보편주의적 기독교 평화사상에 입각하여 이루어졌다.

이와 같이 3·1운동이 당대에 외부 세계로부터 세계사에 신기원을 연 비폭력적인 평화운동으로 평가받았다는 점과, 당시 기독교 민족운동이 기독교인들에게 성서적 인간관을 바탕으로 민족과 국가의 협소한 틀을 뛰어넘어 세계 보편 시민으로서의 정체성을 다지는 '기독교 평화주의'의 가능성을 여는 계기가 됐음은 부정할 수 없는 역사적 사실이다. 그리고 이 평화는 약 100년이 지난 지금도 이념적 대립에 의한 남북 분단이라는 민족적 과제를 극복하지 못한 한국 교회에 여전히 요구되고 있다. 이로써 성서의 가르침 자체는 물론 성서로 경험한 이른바 '성서적 사건'을 자신의 정체성 일부로 삼고 있는 기독교와 그 구성원들로부터, 민족의 역사에 대한 새로운 정체성 담론을 시작할 수 있을 것으로 기대한다.

미주

서론
1. 박명림, "민주공화 100년, 세계시민 100년: 보편평화를 향하여," 『3·1운동 100주년 특별 국제학술대회』 (2019. 2).

제1장
2. Doron Mendels, *The Rise and Fall of Jewish Nationalism: Jewish and Christian Ethnicity in Ancient Palestine* (Grand Rapids: Eerdmans, 1992), 45.

제2장
3. Friedrich Meinecke, Reinhard Wittram, Franz J. Neumann 등이 이에 해당한다. 독일 쪽 학자들은 민족을 종족, 조상, 종교, 언어, 공통의 문화, 영토, 관습 등 공통의 역사적·사회적 가치를 소유한 원초적인 유대 관계를 강조하는 '종족적 형태'로 보았다. 에르네스트 르낭, 『민족이란 무엇인가』, 신행선 역 (책세상, 2002), 101-102.
4. 박찬승, 『민족, 민족주의』 (소화, 2016), 35.
5. Steven Grosby, *Nationalism: A Very Short Introduction* (Oxford: Oxford University Press, 2005), 13.
6. 장문석, 『민족주의』 (책세상, 2011), 27-28.
7. Anthony D. Smith, *The Cultural Foundations of Nations: Hierarchy, Covenant, and Republic* (Blackwell Pub., 2008), 184.
8. Eric Hobsbawm의 *The Invention of Tradition*(『만들어진 전통』, 휴머니스트,

2004 역간), Ernest Gellner의 *Nations and nationalism*(『민족과 민족주의』, 한반도국제대학원대학교 출판부, 2009 역간), Benedict Anderson의 *Imagined Communities*(『상상된 공동체』, 길, 2018 역간)가 그것이다.

9. Adrian Hastings, *The Construction of Nationhood: Ethnicity, Religion and Nationalism* (Cambridge University Press, 1997), 16. 우리말 번역어의 사용에 관하여 부연하자면, 우리말 신약성경 『개역개정』에서 ἔθνος는 복수(ἔθνη)로 많이 쓰였고, 이 경우는 "이방인"이 된다(다만 복수라 해도 마 28:19처럼 πάντα τὰ ἔθνη로 사용된 경우는 "모든/각 민족"으로 단수로 취급되어 번역되어 있다). 단수로 사용되는 경우는 11회인데(마 24:7; 막 13:8; 눅 7:5; 21:10; 요 11:48; 행 7:7; 8:9; 17:26; 24:17; 계 13:7; 14:6), 다양하게 번역되어 있다. 이 가운데 "민족"으로의 번역이 가장 많고, "나라" 혹은 "족속"으로도 번역되어 혼돈스럽기까지 하다. 그런가 하면 계 13:7과 14:6에서 "족속"으로 번역된 그리스어는 φυλή로서, race의 의미이다.

10. 장문석, 『민족주의』, 56.

11. Steven Grosby, *Biblical Ideas of Nationality: Ancient and Modern* (Indiana: Eisenbrauns, 2002), 13-22, 27.

12. Grosby, *Biblical Ideas of Nationality*, 27-39, 46.

13. 아자 가트, 알렉산더 야콥슨, 『민족』, 유나영 역 (교유서가, 2020).

14. Stuart D. E. Weeks, "Biblical Literature and the Emergence of Ancient Jewish Nationalism," *Biblical Interpretation* 10/2 (2002), 144-157(145f.).

15. Weeks, "Biblical Literature and the Emergence of Ancient Jewish Nationalism," 147.

16. Weeks, "Biblical Literature and the Emergence of Ancient Jewish Nationalism," 148.

17. E. Stern, "The Persian Empire and the Political and Social History of Palestine in the Persian Period," in: W. D. Davies & Louis Finkelstein, *The Cambridge History of Judaism. Vol. I: The Persian Period* (Cambridge: Cambridge University Press, 1984), 70-87(83f.). 에스라-느헤미야서의 영토 묘사는 다섯 군데에서 언급되는데, 이 가운데 네 곳(스 2:21-35; 느 7:25-38)은 당시 실제 예후다의 영토와 같다고 볼 수 있지만, 마지막 느 11:25-35의 유다 주민들이 거주하는 지역은 현실과 다르다.

18. Weeks, "Biblical Literature and the Emergence of Ancient Jewish Nationalism," 152.

19. William M. Schniedewind, *How The Bible Became A Book: The Textualization of Ancient Israel* (Cambridge: Cambridge University Press, 2004), 17. Davenport, "Jewish National Identity," 13.

20. Weeks, "Biblical Literature and the Emergence of Ancient Jewish Nationalism," 154f.

21. 아람어 레위 문서와 토비트(아람어와 히브리어 포함), 4QBerakhot 그리고 예레미야와 에스겔, Miqṣat Maase Ha-Torah와 민수기, 열두 소선지서, 다니엘, 전쟁 규율와 다마스쿠스 문서, Shirot ʿolat Hashabbat(마사다 사본 포함), 공동체 규율과 레위기, 그리고 에녹 문집과 창세기, 『희년서』와 출애굽기와 이사야, 신명기와 시편 등. David Goodblatt, "Judean Nationalism in the Light of the Dead Sea Scrolls," in ed. by David Goodblatt, *Historical Perspectives: From Hasmoneans to Bar Kokhba and the Dead Sea Scrolls* (Leiden, Boston, Koeln: Brill, 2000), 3-27.

22. Goodblatt, "Judean Nationalism in the Light of the Dead Sea Scrolls," 27.

23. Mendels, *The Rise and Fall of Jewish Nationalism*, 17.

24. R. MacMullen, *Paganism in the Roman Empire* (London, New Haven: Yale University Press, 1981), 1-48.

25. M. Avi-Yonah, *The Holy Land From the Persian to the Arab Conquest* (Grand Rapids: Baker Book House, 1966), Ch. I. 아코(Akko)와 가자(Gaza)는 페르시아인들이 직접 통치했다고 한다. Avi-Yonah는 이 시기 팔레스타인은 세 가지 형태의 정치체로 분리됐다고 한다. 첫째는 소왕국 공동체(national state)로서, 유다와 사마리아, 므깃도, 아스돗과 같은 민족적(ethnic) 요소가 공존하는 단위, 곧 헤브론 주위의 에돔인의 지방과 모압, 암몬과 다양한 민족 공동체, 둘째는 해안의 페니키아 상업도시들, 셋째는 아랍의 부족체제로 존속했다.

26. 마르틴 헹엘, 『유대교와 헬레니즘』, 제1권, 박정수 역 (나남, 2012), 133-142.

27. 알렉산드로스가 동방에서 왕으로 자처함으로써 그의 장수들, 즉 계승자들 및 부하들과의 갈등을 빚은 이야기에 대해서는 월뱅크, 『헬레니즘 세계』, 대우학술총서 530, 김경현 역 (아카넷, 2002), 34-37.

28. Mendels, *The Rise and Fall of Jewish Nationalism*, 21

29. Mendels, *The Rise and Fall of Jewish Nationalism*, 22.

30. 이러한 민족들은 잘 정의된 정치적 민족주의에 관한 상징을 가지고 있었다고 하는데, Mendels에 의하면 그것은 성전과 영토, 왕권, 군대였다고 한다.

Mendels, *The Rise and Fall of Jewish Nationalism*, 35.

31. Mendels, *The Rise and Fall of Jewish Nationalism*, 1-9.

제3장

32. 이 글은 이 책의 연구 과정으로 박정수, "제2성전기유대교 제사장직과 민족주의 관념의 세계화," 『다문화와 평화』 15/3 (2021), 158-180에서 미리 발표한 글의 내용이다.

33. J. Blenkinsopp, *A History of Prophecy in Israel* (Philadelphia: Westminster Press, 1983), 228f. 또한 헬레니즘 시대에 예루살렘이 원래의 어휘와는 반대로 '히에로살뤼마'(*Hierosalyma*)로 불렸다는 사실은, 그 이름이 '히에라폴리스'(*Hierapolis*)라고 불린 시리아와 소아시아의 신전 도시들에서 유추하여 해석됐음을 암시한다. 헹엘, 『유대교와 헬레니즘』, 제1권, 117 및 각주 160을 참조하라. Hekataios, Diodoros 40.3과 Ps. Aristeas, 84ff.는 '유대아'를 성전 국가로 묘사한다. 또한 소아시아의 성전 국가들에 관해서는 W. W, Tarn & G. T. Griffith, *Hellenistic Civilization* (New York: Word Publishing, 1961), 3.ed., 138ff.(140), 210을 보라.

34. 봉건시대에 군주에게 봉토를 받는 신하 개념의 '봉신 왕'보다 '민족'의 개념이 내포된 개념이기에 이렇게 번역한다. "유다의 왕자 세스바살"(스 1:8)이 곧 "총독"(5:14)으로 언급되고 있는 것과, "총독" 스룹바벨과 "대제사장" 예수아의 지위에 대해서는 박정수, 『고대 유대교의 터·무늬』 (새물결플러스, 2018), 81의 논증을 보라.

35. Lester L. Grabbe, *A History of the Jews and Judaism in the Second Temple Period. Vol. 1.* (London·New York: T & T Clark International, 2004-07), 276f. 또한 Blenkinsopp은 학 2:20-23에 근거하여 스가랴서에 나오는 인물로 "새싹"이라는 이미지는 메시아적 칭호로서 원래 스룹바벨에게 적용됐다고 주장한다. Blenkinsopp, *A History of Prophecy*, 232f.

36. M. Smith, *Palestinian Parties and Politics That Shaped the Old Testament* (New York; London: Columbia University Press, 1971), 82-98.

37. 다리우스 2세 제17년, 즉 기원전 408년에 대제사장으로 보이는 예도니아와 옙(Yeb = 엘레판티네)에 있는 유대인 공동체의 수장이 유다의 페르시아인 총독 바고히에게 보낸 편지를 담고 있는 P. Cowley 30의 본문 1을 참고하라. "유다의 총독 우리 주 바고히에게, 당신의 종 예도니아와 그 관리들과 옙(Yeb) 성곽에 있는 제사장들이." A. Cowley, *Aramaic Papyri of the Fifth*

Century B.C. (Oxford: At the Clarendon Press, 1923). Sachau 1.2판(Ungnad, 1번), 76. 박정수, 『고대 유대교의 터·무늬』, 137f.을 참고하라.

38. J. Schaper, *Priester und Leviten im achämenidischen Juda* (Tübingen: Mohr Siebeck, 2000), 359-65.

39. J. C. VanderKam, *From Joshua to Caiaphas: High Priests after the Exile* (Minneapolis: Fortress Press, 2004), 124-250.

40. VanderKam, *From Joshua to Caiaphas,* 190f.

41. 2마카 4:23-32. 이것에 대해서는 *Ant.* 12.237ff.와 비교하라. Josephus는 변증적인 이유로 상황을 호도하는데, 대제사장직 계승이 적법하다는 것을 보이기 위하여 메넬라오스를 시몬 2세의 셋째 아들이며 야손의 형제로 만들었다. 야손이 폐위된 이유는 왕이 격노했기 때문이었다고 한다. 아마 야손은 성전 보화를 왕에게 양도하라는 요구를 거부했을 것이다. Tcherikover, *Hellenistic Civilization,* 170ff.와 E. Bickerman, *Der Gott der Makkabäer: Untersuchung über Sinn und Ursprung der Makkabäischen Erhebung* (Berlin: Schocken, Jüdischen Buchverlag, 1937), 150, 163f., 166f.의 논증을 참고하라.

42. Josephus는 대제사장들의 명단에 대하여 자세히 기록하고 있다. 첫 대제사장 아론으로부터 유대 전쟁시대의 파나누스까지 83명이라고 한다. 모세시대에서 솔로몬까지 13명, 그 후 바빌로니아 포로 때까지 18명, 귀환 후 마카비혁명으로 예루살렘 제사를 회복한 164년경까지 15명, 헤롯시대로부터 66년 티투스의 성전 함락까지 28명이라고 한다. 마카비 가문의 지배에서 헤롯시대까지는 대제사장의 이름과 간단한 임명 배경만 적고 있다. *Ant.* 20.224-51.

43. Daniel R. Schwartz, *Studies in the Jewish Background of Christianity* (Tübingen: J.C.B. Mohr, 1992), 12-15.

44. Schwartz는 이러한 원리가 마치 헬레니즘을 창조한 "그리스인들이 Greek을 Greece로서 분리하는 것과 같다"고 했다. Schwartz, *Studies in the Jewish Background,* 12.

45. 박정수, 『고대 유대교의 터·무늬』, 제3부 제9-12장 참고.

46. 2마카 5:24ff. 유대인들은 왕이 떠난 후에 또다시 반란을 일으켰고, 이로 인해 아폴로니오스는 두 번째 징벌을 위한 원정을 필요로 하게 됐다고 추측했다. 헹엘, 『유대교와 헬레니즘』, 제3권, 94(각주 148).

47. 1마카 1:33ff.

48. "박해에 대한 반응으로 일어난 반란이 아니라, 반란에 대응하여 일어난 박해"라는 Tcherikover의 주장에 부합한다. Victor Tcherikover, *Hellenistic*

Civilization and the Jews. tr. by S. Appelbaum (New York: Atheneum, 1970), 191, 201.

49. 하지만 마카비2서는 유다를 좀 더 역사적으로 조명하여 군사령관으로 묘사한다(2마카 5:27; 8:1). 실상 그는 마카비 혁명을 완수하여 명실상부한 하스몬 왕조를 창건한 인물이라 할 수 있다. Tcherikover, *Hellenistic Civilization*, 205.

50. E. Bickerman, *From Ezra to the Last of the Maccabees: Foundation of Post Biblical Judaism* (New York: Schocken Books, 1962), 79.

51. Bickerman, *From Ezra*, 109f. 『유대 고대사』 12.253과 1마카 4:43에는 성소를 정화하는 것을 "그들은 더럽혀진 돌들을 부정한 곳으로 치웠다"(필자 사역)고 표현한다. 헹엘, 『유대교와 헬레니즘』, 제3권, 135.

52. Bickerman, *From Ezra*, 88f.

53. 헹엘, 『유대교와 헬레니즘』, 제3권, 98-126.

54. Tcherikover, *Hellenistic Civilization*, 167.

55. "박해에 대한 반응으로 일어난 반란이 아니라, 반란에 대응하여 일어난 박해"라는 Tcherikover의 주장에 부합한다. Tcherikover, *Hellenistic Civilization*, 191, 201.

56. Tcherikover, *Hellenistic Civilization*, 204-34.

57. "너희는 집을 짓고 거기에 살며 텃밭을 만들고 그 열매를 먹으라 아내를 맞이하여 자녀를 낳으며 너희 아들이 아내를 맞이하며 너희 딸이 남편을 맞아 그들로 자녀를 낳게 하여 너희가 거기에서 번성하고 줄어들지 아니하게 하라 너희는 내가 사로잡혀 가게 한 그 성읍의 평안을 구하고 그를 위하여 여호와께 기도하라 이는 그 성읍이 평안함으로 너희도 평안할 것임이라"(렘 29:5-7 『개역개정』).

58. 폴 존슨, 『유대인의 역사』, 김한성 역 (포이에마, 2014), 140-142.

제4장

59. 존슨, 『유대인의 역사』, 194.

60. Andrea M. Berlin, "Manifest Identity: From *Ioudaios* to Jew: Household Judaism as Anti-Hellenization in the Late Hasmonean Era," in: Rainer Albertz & Jakob Wöhrle (Hg.). *Between Cooperation and Hostility: Multiple Identities in Ancient Judaism and the Interaction with Foreign Powers* (Vandenhoeck & Ruprecht, 2013), 151-75.

61. Tcherikover, *Hellenistic Civilization*, 265.

62. 존슨, 『유대인의 역사』, 229-236.

63. 박정수, 『고대 유대교의 터·무늬』, 제14장

64. Josephus의 유대 전쟁에 대한 관점은 이 반란을 젤롯파에게 돌리고 있는데, 결국 종교적 평화를 위해서는 이방인의 통치는 문제시될 것이 없다는 바리새파의 관점을 대변한다. 요세푸스, 『유대 전쟁사』, 제1권 서문(1.1-30) 및 역자 해제를 참조하라.

65. Kenneth E. Pomykala, "Messianism," in J. J. Collins and D. C. Hollow(ed.), *The Eerdmans Dictionary of Early Judaism* (Grand Rapids: Eerdmans, 2011), 938. "하나님의 심판과 구원, 통치를 집행하도록 자신이 세운 종말론적 중재자와 그의 활동에 관한 관념"

66. Richard A. Horsley, *Bandits, Prophets & Messiahs: Popular Movements in the Time of Jesus* (Harrisburg: Trinity Press International, 1999), 90-91.

67. O. Plöger, *Theokratie und Eschatologie* (Neukirchen: Neukirchener Verlag, 1959), 129-42.

68. 이민규, "'다윗의 자손'에 관한 다양한 이해: 구약, 솔로몬의 시편, 쿰란, 마태복음 비교를 중점으로," 『신학과 사회』 38/1 (2024), 75-107.

69. Stegemann의 논의에 대해서는 H. Stegemann, *Die Essener, Qumran, Johannes der Täufer und Jesus: Ein Sachbuch* (Freiburg / Basel / Wien: Herder, 1999)를 보라. 한국에서의 쿰란 연구는 여러 학자에 의해 진행되고 있다. 김창선, 『쿰란문서와 유대교』 (한국성서학연구소, 2002). 송창현, "'악한 사제' 요나단 마카베오와 쿰란 공동체", 『신약논단』 11/4 (2004), 895-922. 여기서는 Stegemann의 단계별 메시아사상의 발전을 재서술한 김창선, 『쿰란문서와 유대교』, 155-79의 설명을 참고.

70. Schürer, *The History of the Jewish People in the Age of Jesus Christ (175B.C.-A.D.135), Vol. II* (Edinburgh: T & T Clark, 1979), 585-90. 최근까지의 쿰란 연구에서 에세네파의 출현에 대하여서는 요나단이 사독 가문의 대제사장직을 불법적으로 찬탈하자, 사독계 지도자 '의의 교사'는 예루살렘의 정치권력에서 독립된 공동체를 창설했으니, 그것이 쿰란-에세네파라는 데에 일치한다. Stegemann, *Die Essener, Qumran*, 198-206; 헹엘, 『유대교와 헬레니즘』, 제2권, 347. 이 '의의 교사'가 사독계 제사장 귀족에 속했다는 것은 쿰란의 문헌에 여러 번 강조된 이른바 "사독의 아들들"을 통해서 알 수 있다. 참조. 1QS 5:2; 1QSa 1:1, 24; 2:3. 헹엘, 『유대교와 헬레니즘』, 제2권, 408(각주

677).

71. 또 다니엘서와 동시대에 기록된 다가올 종말의 전쟁지침을 수록한 '전쟁 문서'에는, 민 24:17을 인용한다. "한 별이 야곱에게서 나오며, 한 규가 이스라엘에게서 일어나서 …" 원수들을 짓밟고 "이스라엘이 권세를 떨친다"(1QM 6-7). 여기서 "별"과 "규"가 이스라엘 백성을 은유하고 있다고 보는 것이다.

72. D. R. Bauer, "Son of David" in ed. by. Joel B. Green, et al, *Dictionary of Jesus and the Gospels* (Illinois: InterVarsity Press, 1992), 767.

73. 피터 W. 플린트, 『사해문서 개론』, 장동신 역 (감은사, 2023), 442.

74. Atkinson, Kenneth. "John Hyrcanus as a Prophetic Messiah in 4QTestimonia (4Q175)." *Qumran Chronicle* 24 (2016). 9-27.

75. 강대훈, "제2성전기 유대교의 메시아사상," 『신약연구』 14/3 (2015), 325.

76. 랍비 아키바 벤 요세프(기원후 50-135년)가 그를 메시아로 여겼다는 기록은 Dio Cassius, *Hist.* 59.13.3; Justin the Martyr, *Apol.* I. 31.5-6을 보라; 그리고 Eusebius, *Hist. Eccl.* 4.6.1-4에는 "코흐바"라는 이름이 별을 의미하는데, 이는 민수기의 예언 "한 별이 야곱에게서 나올 것"을 가리킨다고 적고 있다. 그러나 다른 랍비들은 시몬을 "다윗의 자손"으로 인정하지 않았고, 또 메시아나 영적 지도자로도 인정받았다는 증거가 발견되지 않았다고 한다. 존슨, 『유대인의 역사』, 243f.

77. 강대훈, "제2성전기 유대교의 메시아사상," 331. 그러면서도 정작 자신은 다윗 왕조와 아무 관련이 없는 로마의 장군 베스파시아누스를, '유대에서 난 자가 온 세상의 통치자가 되리라'는 모호한 예언을 성취한 인물로 묘사한다 (*War.* 6.5).

78. Lester L. Grabbe, *A History of the Jews and Judaism in the Second Temple Period, Vol. 1-2* (London·New York: T & T Clark International, 2004-07). Vol. II, 553f.

79. 박정수, "성서적 통일신학 - '통일선교신학'을 제안하며," 『신학과 선교』 41 (2012), 237-78.

80. 박정수, 『성서로 본 통일신학』 (한국성서학연구소, 2010), 72-75.

제5장
81. Mendels, *The Rise and Fall of Jewish Nationalism*, 7f.

82. 빌라도 때의 유대인의 행동이 예수의 '폭력 포기' 요구의 사회사적 배경이 됐고, 예수 사후에도 유대인들에게 납득되는 행동이었다는 견해에 대해서는

게르트 타이센, "폭력포기와 원수 사랑에 대한 사회사적 배경", 『원시 그리스도교에 대한 사회학적 연구』, 김명수 역 (대한기독교출판사, 1996), 236-40.

83. Schwartz, *Studies in the Jewish Background of Christianity*, 215-20.

84. 이 용어는 Mendels에게서 영향을 받은 Schwartz가 사용하는데, Schwartz는 유대인 학자로서 유대 고대사의 관점에서 초기 기독교의 역사적 현상들을 설명하는 논문들을 주로 집필하고 있는데, 나는 2020년 초 히브리대학교에서 그와의 대담을 통해 그의 관점이 토라, 성전, 대제사장이 제2성전기 유대교의 토대라는 나의 관점과 일치하고 있음을 확인한 바 있다. 다시 말해, 유대교의 "영성화"라는 그의 관점에서 내가 생각하는 초기 기독교의 유대교 기원에 관한 명제와 결합할 가능성을 발견할 수 있었다. 그의 관점은 다음 두 개의 논문과 저서를 통해 언급하겠다. Daniel R. Schwartz, *Priesthood, Temple, Sacrifices: Opposition and spiritualization in the Late Second Temple Period* (Diss. Hebrew University, 1980); *Studies in the Jewish Background of Christianity* (Tübingen: J.C.B. Mohr, 1992).

85. Schwartz, *Studies in the Jewish Background of Christianity*, 9f.

86. Plöger에 의하면 헬레니즘 시대 유대 묵시문학의 진정한 토양은 바로 이런 신학적 긴장에서 나온다고 한다. Plöger, *Theokratie und Eschatologie*, 129-42.

87. J. C. VanderKam, *From Joshua to Caiaphas: High Priests after the Exile* (Minneapolis: Fortress Press, 2004), 467-90.

88. 요아킴 예레미아스, 『예수시대의 예루살렘』, 한국신학연구소 번역실 역 (한국신학연구소, 1992), 210. 신약에서 나타나는 "대제사장들"이라는 표현은 바로 이런 배경에서 이해되어야 한다. 같은 책, 250-58의 논증을 참고하라.

89. Schwartz, *Priesthood, Temple, Sacrifices*, 167-75.

90. 이 건물이 개인용 궁전인지 성전인지에 관한 논쟁은 헹엘, 『유대교와 헬레니즘』, 제3권, 67-80의 논쟁을 보라. Hengel은 결론적으로 "가장 확실한 것은 히르카노스가 이 콰스르 건물을 예루살렘과 경쟁하기 위한 성전으로 만들어 엘레판티네와 레온토폴리스(Leontopolis), 그리심(Gerizim)과 필적하는 성소로 만들기를 원했다는 견해이다"(70f.)라고 판단한다.

91. Schwartz, *Priesthood, Temple, Sacrifices*, 184-91.

92. Schwartz는 출 19:6이 그런 모든 이스라엘인이 제사장이라는 주장이 아니라, 모든 나라에 대하여 이스라엘이 제사장 나라가 된다는 의미라는 것을 고

대문헌들과 랍비문헌들을 통해 논증한다. Schwartz, *Studies in the Jewish Background of Christianity*, 57-80.

93. Schwartz, *Studies in the Jewish Background of Christianity*, 61-63.

94. 집회서 51:21f.과는 달리 『다마스쿠스 언약』 13:4-7은 제사장을 찬양하지 않는데, 미쉬나는 "제사장 가문이면 바보라도 제사장직을 수행할 수 있다"(Shifra. Neg. 3:1)고까지 표현하고 있다. Schwartz, *Priesthood, Temple, Sacrifices*, 198.

95. 데이비드 웬함, 『바울: 예수의 추종자인가 기독교의 창시자인가?』, 박문재 역 (크리스챤다이제스트, 2002), 246-54.

96. 웬함, 『바울: 예수의 추종자인가 기독교의 창시자인가?』, 252f.; Johann Maier, *Die Qumran-Essener: Die Texte vom Toten Meer* (München: Ernst Reinhardt, 1995), Bd. I, 187.

97. 웬함, 『바울: 예수의 추종자인가 기독교의 창시자인가?』, 262-6.

98. 장동신, "모세와 아론으로서의 예수." 『신약논단』 23/4 (2016), 1115-1141.

99. 게르트 타이센, 『기독교의 탄생: 예수 운동에서 종교로』, 박찬웅·민경식 역 (대한기독교서회, 2009), 258-98.

제6장

100. 에른스트 트뢸취, 『기독교사회윤리』, 현영학 역 (한국신학연구소, 2003), 27f.

101. 트뢸취, 『기독교사회윤리』, 23f.

102. 트뢸취, 『기독교사회윤리』, 22f.

103. 트뢸취, 『기독교사회윤리』, 59-65.

104. 트뢸취, 『기독교사회윤리』, 33.

105. 트뢸취, 『기독교사회윤리』, 33.

106. 존 하워드 요더, 『예수의 정치학』, 신원하·권연경 역 (알맹e, 2023), 제1부.

107. 빌헬름 얀센, 『코젤렉의 개념사 사전 5: 평화』, 한상희 역 (푸른역사, 2010), 14f.

108. 얀센, 『코젤렉의 개념사 사전 5: 평화』, 15.

109. 요하난 벤 자카이의 대부분의 기록이나 일화는 자료로서의 가치가 높지 않다. 하지만 그가 당시 로마의 장군 베스파시아누스에게 '얌니아 재건 프로젝트'에 대한 정치적 재가나 후원을 받지 않고 그곳이 랍비 기독교의 중심지로 재건되기는 어려웠으리라. 이에 대해서는 Schwartz, *Studies in the Jewish*

Background of Christianity, 12-34을 참조하라.

110. 박정수, "마태복음의 '반-유대주의'(Anti-Judaism)에 대한 신학적 해석," 『신약연구』 11/2 (2012), 1-38. 신약성서를 피상적으로 보면 예수가 바리새인들과 매우 날카롭게 충돌하는 것처럼 보인다. 그러나 이러한 관점은 유대교와 바리새주의를 "사소한 율법주의"(petty legalism)로 간주한 초기 기독교의 일방적인 관점이라고 E. P. Sanders에 의해서 반박됐다(E. P. 샌더스, 『예수와 유대교』, 황종구 역 [CH북스, 2008], 15-93, 333-96). 이는 성전 파괴 이후 유대교 내부에서 탄생한 초기 기독교의 날카로운 '반-유대주의'적('반셈족주의'와 다른 유대인의 예언자적 종교 비판) 자기 정체성의 표현으로 보는 것이 옳다.

111. 속죄가 메시아의 자비의 행위로 가능하다는 사상은 랍비 유대교에서도 낯설다. H. L. Strack, P. Billerbeck, *Kommentar zum Neuen Testament aus Talmud und Midrasch. Das Evangelium nach Matthäus*, Bd. I. (München, 1922), 71.

요약과 전망

112. 이만열, 『한국기독교와 민족의식』 (지식산업사, 1991), 6.

113. 이에 대한 대표적인 연구 성과는 다음과 같다: 이만열, "한말 기독교인의 민족의식 형성 과정," 『한국사론』 1 (1973); 민경배, "韓國基督敎와 그 民族敎會 成立," 『인문학연구』 8 (1978); 송건호, "한국민족주의와 기독교," 『기독교사상』 27/5 (1983); 이만열, "改新敎의 宣敎活動과 民族意識 - 韓末 改新敎의 民族運動을 中心으로 -," 『사학연구』 36 (1983); 민경배, "民族 社會意識의 形成과 基督敎," 『한국 교회사연구』 2 (1985); 김흥수, "교회와 민족, 민족주의," 『기독교사상』 34/3 (1990); 윤경로, "한국 근대 민족주의의 유형과 기독교," 『기독교사상』 34/3 (1990); 양현혜, "그리스도와 민족주의 문제," 『신학사상』 74 (1991); 서굉일, "일제하 서북간도지역 종교운동에 나타난 민족주의적 성격에 관한 연구," 『한신논문집』 11 (1994); 서정민, "초기 한국 교회 대부흥운동의 이해-민족운동과의 관련을 중심으로-," 이만열, 『한국 기독교와 민족운동』 (종로서적, 1992); 신기영, 『한국 기독교의 민족주의』 (동혁, 1995); 신기영, "일제하 한국 기독교 민족주의의 형성," 『통합연구』 8/1 (1995); 신기영, "한국 기독교 민족주의의 두 유형," 『한국기독교역사연구소식』 20 (1995); 박명수, "한말 민족주의자들의 종교이해," 『한국기독교와역사』 5 (1996); 케네스 M. 웰스, 『새 하나님 새 민족』, 김인수 역 (한국장로교

출판사, 1997); 장규식, 『일제하 한국 기독교 민족주의 연구』 (혜안, 2001); 김희영, "종교와 민족주의," 『동학연구』 17 (2004); 박정신, "구한말 기독교 민족주의," 『한국민족운동사연구』 38 (2004); 박종현, 『일제하 한국 교회의 신앙구조』 (한들출판사, 2004); 박양식, "한국 기독교 민족운동의 역사적 쟁점과 과제," 『신앙과학문』 11/2 (2006); 김은섭, "1945년 이전 한국 근대화와 민족주의에 있어서의 기독교," 『교회사학』 6/1 (2007); 이찬수, "기독교와 근대 민족주의가 만나는 논리: 한국적 상황을 중심으로," 『한국기독교신학논총』 52 (2007); 최영근, "동아시아에서 기독교와 민족주의의 관계: 일제 시기 한국 기독교 민족주의를 중심으로," 『장신논단』 37 (2010); 박규환, "일제 강점기 개신교 설교에 나타난 기독교 신앙과 민족·국가의식," 『한국기독교와역사』 39 (2013); 김권정, 『한국 기독교 민족운동론과 민족운동』 (국학자료원, 2015); 최영근, "민족주의에 대한 비판적 성찰을 통한 한국 기독교와 민족주의 접합에 관한 소고," 『장신논단』 49/1 (2017); 최영근, "근대 한국에서 기독교와 민족주의 관계 연구: 선교 초기부터 대한민국 정부 수립 시기까지(1884-1948)," 『한국기독교신학논총』 104 (2017); 이상규, "한국기독교와 민족, 민족주의," 『개혁논총』 49 (2019).

114. 박명림, "'민주공화-보편평화-세계시민'으로서 3·1운동," 「오마이뉴스」 2019년 2월 23일.

115. 이병수, "3·1운동과 보편적 가치," 『통일인문학』 80 (2019), 173.

116. 3·1운동과 평화에 대한 대표적인 연구 성과는 다음과 같다: 장인성, "3·1운동의 정치사상에 나타난 정의와 평화," 『대동문화연구』 67 (2009); 전상숙, "평화의 적극적 의미와 소극적 의미: 3·1운동기 심문조서에 드러난 '민족 대표'의 딜레마," 『개념과소통』 4 (2009); 심옥주, "세계평화의 관점에서 본 3·1운동의 재인식: 3·1운동과 여성, 평화를 중심으로," 『한국과 국제사회』 2/1 (2018); 이지원, "3·1운동 시기의 '평화'사상," 한국역사연구회 3·1운동 100주년기획위원회 편, 『3·1운동 100주년 총서 5: 사상과 문화』 (휴머니스트, 2019); 고정휴, "3·1운동의 기억 -비폭력·평화의 관점에서 자료 다시 읽기-," 『한국독립운동사연구』 66 (2019); 윤해동, "'평화적 혁명'으로서의 3·1운동: 폭력성의 조건과 비폭력·불복종," 『한국학』 43/1 (2020).

117. 한국에서 일어난 대부흥운동은 1903년 원산에서 중국 남감리교 여선교사 화이트의 기도와 원산 남감리교회의 하디 목사의 회개로 시작되어 1907년 평양 장대현교회에서 열린 겨울 사경회에서 성령의 폭발적인 회개운동으로 그 절정에 이르렀다는 데 학자들의 견해가 일치한다(배본철, 『한국 교회사』

[도서출판영성네트워크, 2009], 172-176). 본고에서 사용한 '대부흥운동'이 라는 개념 또한 1903년 원산 부흥운동으로부터 1907년 평양대부흥운동까지 수년 동안 지속된 부흥현상 전체를 의미한다. 이 기간 중 일어난 부흥운동의 일부를 언급하고자 할 때에는 대부흥운동이라는 단어 앞에 발생 연도와 장 소를 덧붙여 표기했다.

118. 민경배, 『한국민족교회형성사론』 (연세대학교출판부, 2008), 68.

119. 박명수, 『한국 교회 부흥운동 연구』 (한국기독교역사연구소, 2003), 34.

120. 박종현, 『일제하 한국 교회의 신앙구조』, 21-22.

121. 본고의 주제와 직접적으로 관련된 연구 성과로는 서정민, "초기 한국 교회 대부흥운동의 이해-민족운동과의 관련을 중심으로-," 이만열, 『한국 기독교 와 민족운동』 (종로서적, 1992)이 유일한 것으로 보인다. 그러나 이 연구는 대부흥운동이 민족운동의 발전에 부정적 영향을 미쳤음을 주장하고 있다.

제7장

122. 강돈구, 『근대 한국 종교문화의 재구성』 (한국학중앙연구원, 2006), 385.

123. 차남희·김석근 외, 『한국 민족주의의 종교적 기반』 (나남, 2010), 105.

124. 이재헌, "한국 신종교 민족주의 운동의 변화와 전개," 『신종교연구』 26 (2012), 31.

125. 신기영, 『한국 기독교의 민족주의』, 20.

126. 신기영, 『한국 기독교의 민족주의』, 20-21.

127. 신기영, 『한국 기독교의 민족주의』, 23-27.

128. 강돈구, "한국근대 종교운동과 민족주의의 관계에 대한 연구: 종교민족주의 의 구조적 다양성을 중심으로," 『한국종교연구회회보』 2/1 (1990), 21.

129. 박찬승의 연구에 따르면 조선시대에 '민족'을 의미하는 전통적인 단어는 '족 류'(族類) 혹은 '동포'(同胞)였다. 지금까지 확인된 바로는, 한국에서 '민족'이 라는 단어가 처음 쓰인 곳은 1900년 1월 12일 자 「황성신문」으로 알려져 있 다(박찬승, "한국에서의 '민족'개념의 형성," 『개념과소통』 1/1 (2008), 85- 99).

130. "全琫準供草", 『동학농민혁명자료총서』 18(국사편찬위원회 한국사데이터베 이스, http://db.history.go.kr/id/prd_121_0010, 2020년 8월 26일 검색).

131. 이재헌, "한국 신종교 민족주의 운동의 변화와 전개," 『신종교연구』 26 (2012), 32.

132. 한국기독교역사연구소, 『3·1운동과 기독교 민족 대표 16인』 (한국기독교역

사연구소, 2019), 376.

133. 릴리어스 호톤 언더우드, 『조선견문록』, 김철 역 (이숲, 2008), 181.

134. 한국기독교역사학회 편, 『한국 기독교의 역사 I』 (기독교문사, 2017), 256.

135. 이덕주, 『한국 토착교회 형성사 연구』 (한국기독교역사연구소, 2000), 169.

136. "八面奇門," 「대한매일신보」 1908년 1월 19일.

137. J. Robert Moose, "A Great Awakening," *Korea Mission Field II no.3* (Jan., 1906), 51.

138. 김구는 동학혁명 때 접주(接主)로 활동했으나 혁명에 실패하자 불교에 귀의하고 전국을 순례하다가 1903년 가을 우종서 조사의 권유로 기독교로 개종했다(옥성득, 『한반도 대부흥』 [홍성사, 2009], 193). 민족 대표 33인 중 한 명인 오화영도 이에 해당한다. 그는 황해도 지역에서 동학에 가담하던 중 동학군이 대패했다는 소식을 전해 듣고 만주로 망명했다. 이후 오화영은 1906년 5월 남감리회 파송 미국선교사인 크램에게 세례를 받고 남감리회 교인이 됐다(한국기독교역사연구소, 『3·1운동과 기독교 민족 대표 16인』, 376).

139. 최영근, "한국 기독교에서 교회와 국가 관계: 선교 초기부터 해방 이전까지 정교분리 논의를 중심으로," 『신학사상』 157 (2012), 7.

140. 이만열, "한말 기독교인의 민족의식 형성 과정," 『한국사론』 1 (1973), 344.

141. 장규식, 『일제하 한국 기독교 민족주의 연구』, 67-69.

142. 장규식, 『일제하 한국 기독교 민족주의 연구』, 71.

143. 한국기독교역사학회 편, 『한국 기독교의 역사 I』, 218.

144. 유길준, 「査經會 趣旨書」, 『兪吉濬全書2』 (일조각, 1971), 397-404.

145. 장규식, 『일제하 한국 기독교 민족주의 연구』, 88.

146. "信敎之强" 「대한매일신보」 1905년 12월 1일.

147. 김흥수·서정민, 『한국기독교사 탐구』 (대한기독교서회, 2011), 42.

148. 박규환, "일제강점기 개신교 설교에 나타난 기독교 신앙과 민족·국가의식," 254.

149. 박규환, "일제강점기 개신교 설교에 나타난 기독교 신앙과 민족·국가의식," 255.

150. 허엽, "燃中叢," 『백목강연』, 양익환 편 (박문서관, 1920), 46-47.

151. 한석원, "眞情의 淚," 『백목강연』, 109.

152. 김활란, "두려워하지 마라," 『백목강연』, 76.

153. 김흥수·서정민, 『한국기독교사 탐구』, 43.

154. 한국기독교역사학회 편, 『한국 기독교의 역사 I』, 260.

155. 박종현, 『일제하 한국 교회의 신앙구조』, 159.

156. 윤경로, 『105인 사건과 신민회 연구』 (한성대학교출판부, 2012), 185.

157. 이덕주, 『한국 토착교회 형성사 연구』, 179.

158. 강돈구, 『한국근대종교와 민족주의』 (집문당, 1992), 37.

159. 박명림, "'민주공화-보편평화-세계시민'으로서 3·1운동," 「오마이뉴스」 2019년 2월 23일.

160. 이덕주, "한말 기독교인들의 선유활동에 관한 연구," 『한국기독교와역사』 10 (1999), 42-46.

161. 이명화, "일제 강제합병 이데올로기와 식민지 교육정책," 『한국독립운동사연구』 39 (2011), 81.

162. 전상숙에 따르면, 적극적 평화는 갈등과 분쟁을 유발하는 원인을 인간 사회의 구조 속에서 탐구하여 그 원인을 해소함으로써 인간집단이 협력, 조정하는 형태를 말한다(전상숙, "평화의 적극적 의미와 소극적 의미: 3·1운동기 심문조서에 드러난 '민족 대표'의 딜레마," 37).

163. "各會聯合演說," 「황성신문」 1907년 3월 12일.

164. 이현희, "안중근 의사의 동양평화사상 인식," 『민족사상』 3 (2009). 14-26.

제8장

165. 김인수는 기독교인들이 참여한 민족운동에는 을사조약 이후 길선주의 구국기도회, 장인환·이재명 등의 의열단 운동, 국채보상운동(1907), 탈환회 운동(1907), 105인 사건(1912), 3·1운동(1919), 물산장려운동(1920), 상해임시정부 활동 등이 있음을 주장하며, 부흥운동 전후 한국 교회가 보여 준 애국적 행위는 비정치화의 논리를 일축하기에 충분하다고 지적한다(김인수, "미국교회 대각성운동과 한국 교회의 1907년 대부흥운동의 비교연구 – 유사점과 상이점을 중심으로," 장로회신학대학교 편집부, 『20세기 개신교 신앙 부흥과 평양 대각성 운동』[장로회신학대학교출판부, 2006], 64).

166. 케네스 M. 웰스, 『새 하나님 새 민족』, 63.

167. 장동민, 『대화로 풀어보는 한국 교회사(1)』 (부흥과개혁사, 2009), 210.

168. 강명국, "1907년 대부흥운동이 한국 교회의 신앙양태 형성에 끼친 영향: 성령체험의 역사를 중심으로," (성결대학교 대학원 박사학위논문, 2007), 51.

169. William N. Blair & Bruce Hunt, *The Korean Pentecost and the Sufferings Which Followed* (Edinburgh: The Banner of Truth Trust, 1977), 69.

170. 강명국, "1907년 대부흥운동이 한국 교회의 신앙양태 형성에 끼친 영향: 성

령체험의 역사를 중심으로," 72.

171. 부흥운동 중 회개한 죄들은 미움과 시기, 질투, 증오, 불신, 원한, 분노, 미움 등 정신적인 것들과 절도와 횡령, 사기, 방화, 노름 등 물질적인 것, 간음과 살인, 축첩, 불효 등 윤리적인 것들이었다(이덕주, "한국 교회 초기 부흥운동 과 여성: 1903년 원산 부흥운동과 1907년 평양 부흥운동을 중심으로," 『한 국기독교와역사』 26 (2007), 38).

172. W. L. Swallen, *Letter to Dr. Brown, Jan., 18, 1907*. (KMPCUSA, Microfilem reel #281, vol.237, #26)

173. 박정수, "평양대부흥운동에 나타난 죄책 고백의 에토스," 『성서학학술세미 나』 (2007) 410.

174. 강명국, "1907년 대부흥운동이 한국 교회의 신앙양태 형성에 끼친 영향: 성 령체험의 역사를 중심으로," 107.

175. E. M. Cable, "Another Wonderful Revival," *The Korea Methodist* (Dec., 1904), 12.

176. William Noble and G heber Jones, *The Religious Awakening of Korea: An Account of the Revival in the Korean Churches in 1907* (New York: Board of the Foreign Mission, MEC, 1908), 19.

177. William Noble and G heber Jones, *The Religious Awakening of Korea: An Account of the Revival in the Korean Churches in 1907*, 28.

178. 이국헌, "폭력과 저항의 탈근대적 논의와 기독교 평화주의," 『신학논단』 78 (2014), 180.

179. Jonathan Goforth, *When the Spirit's Fire Swept Korea* (Grand Rapid, MI: Zondervan Publishing House, 1943), 30-31.

180. 유경동, "법과 종교를 위한 공동체윤리: 종교/폭력과 기독교 평화주의 연 구," 『기독교사회윤리』 32 (2015), 257-258.

181. "The Annual Meeting of the Methodist Episcopal Church Mission," *Korea Mission Field IV no. 3* (Mar., 1908), 38.

182. 장규식의 연구에 의하면 이러한 인식은 1920년대를 관통하며 일관되게 견 지됐던 것으로 보인다. 조병옥, "종교가도 혁명가가 될 수 잇슬가?" 「청년」 7/2 (1927), 115; 김창준, "기독교의 무저항주의," 「청년」 7/7 (1927), 22-25(장 규식, 『일제하 한국 기독교 민족주의 연구』 126).

183. 박종현, 『일제하 한국 교회의 신앙구조』, 162.

184. 강명국, "1907년 대부흥운동이 한국 교회의 신앙양태 형성에 끼친 영향: 성

령체험의 역사를 중심으로," 120.

185. 이찬수, "기독교와 근대 민족주의가 만나는 논리: 한국적 상황을 중심으로," 245.

186. 유석성, "평화와 복음의 기쁨," 『가톨릭신학과사상』 73 (2014), 119.

187. 조환희, "기독교 평화주의 관점에서 본 폭력론," (감리교신학대학교 대학원 석사학위논문, 2013), 17.

188. W. G. Cram, "Rvival Fires," Korea Mission Field (December, 1905), 33.

189. 이승만, "교회경략, 세계에 정치를 의론하난자," 「신학월보」 4/2 (1903). 478-479.

190. 김은섭, "1945년 이전 한국 근대화와 민족주의에 있어서의 기독교," 66.

191. 백낙준, 『한국개신교사』 (연세대학교출판부, 1998), 392.

192. J. Z. Moore, "The Great Revival Year," Korea Mission Field III no. 8 (Aug., 1907), 118.

193. 류대영, 『초기 미국 선교사 연구』 (한국기독교역사연구소, 2001), 128.

194. 한국인들의 열심 있는 기도 생활을 잘 보여 주는 사례가 있다. 어느 날 스왈른이 시골 집회에 갔을 때, 다음 날 모두 아침 다섯 시에 모여 기도하자고 말했다고 한다. 다음 날 다섯 시에 스왈른 선교사가 와서 보니 세 명이 무릎을 꿇고 기도하고 있었다. 다른 사람들은 아직 오지 않았다고 생각하면서 그는 무릎을 꿇고 기도했다. 얼마 동안 기도한 후에 참석자 중 한 사람이 스왈른이 너무 늦게 왔다고 알려 주었다. 기도회는 이미 그가 도착하기 전에 끝났고, 그들 중 몇 사람은 기도회에 참석하기 위해 산 능선을 넘어서 왔다 (Jonathan Goforth, When the Spirit's Fire Swept Korea, 21-22).

195. E. F. McRae, "For Thine is the Power," Korea Mission Field II no.4 (Feb., 1906), 74.

196. George Shannon McCune to A. J. Brown, January 15, 1907. (KMP-CUSA, Microfilm reel #281, vol. 237. vol. #21.)

197. 이러한 딜레마는 선교사들에게도 동일하게 해당됐다. Frank H. Smith는 친일적 입장에서 쓴 『한국 문제의 이면』(The Other Side of the Korean Question)이라는 책으로 선교사들이 일본에 원한을 품고 있으며, 이는 선교사들에게 원수를 사랑하는 그리스도의 정신이 부족하다는 증거임을 강조했다. 이에 대해 Schofield 박사는 "선교사들은 일본인 개인이 아니라 그들의 잔인함을 미워할 뿐"이며, "여러 선교사들이 일본인들 또한 구원받아야 함을 잘 알고 있고, 어떻게 일본인들을 그리스도께 인도할 수 있을지 고민하며

여가시간에 그들과의 관계를 위한 목적으로 일본어를 배우고 있었다"는 사실을 주장했다(*F. W. Schofield to A. E. Armstrong, August 2, 1921*).

198. 장동민, 『대화로 풀어보는 한국 교회사(1)』, 213.
199. G. T. Ladd, *In Korea with Marquis Ito* (London: Longmans, Green & Co., 1908), 109-110(이덕주, "초기 한국 교회 부흥운동에 관한 연구," 『세계의신학』 42 (1999), 17에서 재인용).
200. 최영근, "근대 한국에서 기독교와 민족주의 관계 연구: 선교 초기부터 대한민국 정부 수립 시기까지(1884-1948)," 147.
201. 김인서, 정인영 편, 『金麟瑞著作全集』 2 (신망애사, 1973), 400.
202. 박종현, 『일제하 한국 교회의 신앙구조』, 161.
203. 박종현, 『일제하 한국 교회의 신앙구조』, 159-161.
204. 박용규, 『평양대부흥운동』 (생명의말씀사, 2007), 634.
205. 민경배, 『한국민족교회형성사론』, 66.
206. W. N. Blair and Bruce Hunt, *The Korean Pentecost and the Sufferings Which Followed*, 78.
207. Graham Lee, "How the Spirit Came to Pyeng Yang," *Korea Mission Field III no. 3* (March, 1907), 37.
208. 서원모 편, 『20세기 개신교 신앙부흥과 평양 대각성 운동』 (장로회신학대학교출판부, 2006), 52.
209. 이지원, "3·1운동 시기의 '평화'사상," 82.

제9장
210. 이덕주, 『한국 교회 처음이야기』 (홍성사, 2006), 258.
211. 김형석, "3·1운동과 한국 교회 지도자들의 역할," 『기독교사상』 35/3 (1991), 39.
212. 민경배, 『한국기독교회사』 (연세대학교출판부, 2007), 362.
213. 김형석, "3·1운동과 한국 교회 지도자들의 역할," 39-40.
214. 이 표는 한국기독교역사연구소, 『3·1운동과 기독교 민족 대표 16인』 (한국기독교역사연구소, 2019)의 연보를 참조하여 작성했다.
215. 유석성, "평화와 복음의 기쁨," 126.
216. 박종도, "기독교 평화주의와 믿음의 공동체," 『신학사상』 116 (2002), 192.
217. 한국기독교역사연구소, 『3·1운동과 기독교 민족 대표 16인』, 422.
218. Wells는 그의 연구를 통하여 상호 갈등을 이루는 개념들인 민족·국가·종교

의 관계에 대한 역사적 해명을 시도하며 보편적 이념을 추구하는 정신으로 어떻게 민족주의라는 특수성을 좇을 수 있었는가를 설명했다(케네스 M. 웰스, 『새 하나님 새 민족』, 27).

219. 양현혜는 기독교인들이 기독교 사상과 민족주의 이념을 결합시킬 수 있었던 계기를 성서와 설교에서 찾는다. 당시 기독교인들은 구약성서에서 강대국 사이의 전략적 요충지라는 지정학적 위치로 인해 고통을 당하는 이스라엘과 조선의 역사적 유사성을 발견하고, 구약성서를 통해 새로운 역사관을 획득해 나갔다. 자신의 민족을 구하기 위해 이집트의 왕 파라오에게 저항했던 모세의 이야기, 거인 골리앗과 대항해 싸운 소년 다윗의 이야기 등을 들었다. 또한 바빌로니아 포로기 이후 하나님께서 이스라엘의 회복을 약속하시는 성서 구절들을 읽으며 이스라엘의 탄원을 자신들의 저항 언어로 받아들였던 것이다(양현혜, 『근대 한·일 관계사 속의 기독교』 [이화여자대학교출판부, 2009], 109).

220. 김영재, 『한국 교회사』 (합신대학원출판부, 2009), 182.

221. "The Reasons Why Korea Should be Liberated," *Korean independence outbreak beginning March 1st 1919*, A8.

222. "Pitition," *Korean independence outbreak beginning March 1st 1919*, A11.

223. 제임스 게일, 『착훈목쟈 게일의 삶과 선교』, 유영식 편역 (진흥, 2013), 657.

224. 게일, 『착훈목쟈 게일의 삶과 선교』, 657.

225. 양현혜는 이러한 주장에 대한 근거로 민족 대표의 한 사람이었던 이승훈의 신 인식을 연구했다. 이승훈은 구약성서의 예언서에 심취하여 당시 조선이 처한 상황을 이스라엘의 구원사와 비교해 해석하려 했던 사람 중 하나였다. 그는 다른 민족의 침략을 받고 있는 조선의 현실을 하나님의 세계 통치라는 기독교 사관에 비추어 인식하며, '하나님의 공의'란 역사 단위로서의 개개민족 내지 민족국가가 본래 갖고 있는 개성을 충분히 발휘하는 것이라고 주장했다. 이러한 하나님의 공의 앞에서 식민지 지배에 저항하는 것은 하나님의 역사 창조의 원리에 복종하는 행위로 여겨지게 된다는 것이다(양현혜, 『근대 한·일 관계사 속의 기독교』, 109-110).

226. 이덕주, "3·1운동에 대한 신앙운동사적 이해," 『기독교사상』 34/3 (1990), 139.

227. 이 자료는 김병조, 『韓國獨立運動史 上』, 大韓民國臨時政府 史料編輯委員會 (上海: 宣民社, 1920), 34에 수록되어 있다(김용복, "독립선언서에 나타난 기독교 정신 재검토," 『신학과교회』 11/1 [2019], 148에서 재인용).

228. "또 너희가 열심으로 선을 행하면 누가 너희를 해하리요 그러나 의를 위하여 고난을 받으면 복 있는 자니 그들이 두려워하는 것을 두려워하지 말며 근심하지 말고 너희 마음에 그리스도를 주로 삼아 거룩하게 하고 너희 속에 있는 소망에 관한 이유를 묻는 자에게는 대답할 것을 항상 준비하되 온유와 두려움으로 하고 선한 양심을 가지라 이는 그리스도 안에 있는 너희의 선행을 욕하는 자들로 그 비방하는 일에 부끄러움을 당하게 하려 함이라 선을 행함으로 고난받는 것이 하나님의 뜻일진대 악을 행함으로 고난받는 것보다 나으니라"(벧전 3:13-17)

229. "나의 형제 곧 골육의 친척을 위하여 내 자신이 저주를 받아 그리스도에게서 끊어질지라도 원하는 바로라"(롬 9:3)

230. "The Independence Movement in Chosen," *Korean independence outbreak beginning March 1st 1919*, 2.

231. 이병헌 편, 『삼일운동비사』 (시사시보사출판국, 1959), 496.

232. "參考人 劉如大 訊問調書," 『한민족독립운동사자료집』 27 (三一運動 17) (국사편찬위원회한국사데이터베이스, http://db.history.go.kr/id/hd_027_0180_0020, 2020. 8. 26. 검색)

233. 게일, 『착훈목쟈 게일의 삶과 선교』, 656.

234. M. D. McRae, "Statement by Rev. M. McRae of Events in Hambeung, Korea," *Korean independence outbreak beginning March 1st 1919*, 24.

235. "Brief Account of Revolution to Date.(March 10th.)," *Korean independence outbreak beginning March 1st 1919*, 26.

236. *Leo Bergholz to SS, May 22, 1919* "The Movement for Korean Independence," 『3·1운동 100주년 기념 자료집: 3·1 독립운동과 기독교 III』 (한국기독 교역사연구소, 2019), 165.

237. 이만열, "3·1운동에 대한 기독교사적 이해," 『기독교사상』 33/3 (1989), 19.

238. Federal Council of the Churches of Christ in America, *The Korean situation: authentic accounts of recent events by Eye Witnesses* (New york: The Commission, 1919-1920), 57.

239. 손은실, "3·1운동과 개신교: 선교사들의 공감적 선교와 여성 독립 운동가들의 리더십을 중심으로," 『선교와신학』 47 (2019), 291.

240. 임경석, "3·1운동 전후 한국 민족주의의 변화," 『역사문제연구』 4 (2000), 100.

241. 이에 대해 윤해동의 연구가 주목된다. 그는 3·1운동 기간 중 총 348개의 시

위 사례를 분석한 연구를 통하여, 3·1운동이 전체적으로 비폭력운동의 성격을 강하게 드러내고 있었으며 대부분의 시위가 비폭력시위로 출발했을 가능성을 통계로 실증했다(윤해동, "'평화적 혁명'으로서의 3·1운동: 폭력성의 조건과 비폭력·불복종," 26-27).

242. 고정휴, "3·1운동의 기억 -비폭력·평화의 관점에서 자료 다시 읽기-," 32.

243. 김영범, "3·1운동에서의 폭력과 그 함의: 반(反)폭력이 될 '혁명적 폭력'의 상상과 관련하여,"『정신문화연구』41/4 (2018), 80.

244. 윤해동, "'평화적 혁명'으로서의 3·1운동: 폭력성의 조건과 비폭력·불복종," 39.

245. Bishop Herbert Welch, "The Korean Independence Movement of 1919," *The Christian Advocate*, July 24, 1919 (『3·1운동 100주년 기념 자료집: 3·1독립운동과 기독교 III』, 528).

246. 박만, "폭력과 속죄 죽음: 르네 지라르(René Girard)의 예수의 십자가 죽음 이해에 대한 비판적 고찰,"『한국기독교신학논총』53 (2007), 7.

247. 이국헌, "폭력과 저항의 탈근대적 논의와 기독교 평화주의," 182-183.

248. 이국헌, "폭력과 저항의 탈근대적 논의와 기독교 평화주의," 185.

249. 고정휴, "3·1운동의 기억 -비폭력·평화의 관점에서 자료 다시 읽기-," 33.

250. 고정휴, "3·1운동의 기억 -비폭력·평화의 관점에서 자료 다시 읽기-," 30.

251. 윤선자, 「판결문 해제」,『여성독립운동사 자료총서 I-3·1운동 편』(행정자치부 국가기록원, 2016), 54.

252. H. G. Underwood, "The Growth of the Korean Church," *Missionary Review of the World* (Feb., 1908), 100.

253. 박혜진,『일제하 한국기독교와 미션스쿨』(경인문화사, 2015), 37.

254. 박상진, "3·1운동에 있어서 기독교학교의 역할과 오늘날의 과제,"『기독교교육논총』58 (2019), 14.

255. 한국기독교역사학회 편,『한국 기독교의 역사 I』, 253.

256. 허영란, "3·1운동의 네트워크와 조직, 다원적 연대," 한국역사연구회 3·1운동100주년기획위원회 편,『3·1운동 100주년 총서 3: 권력과 정치』(휴머니스트, 2019), 197.

257. 김정인, "1919년 3월 1일 만세시위의 재구성," 한국역사연구회 3·1운동100주년기획위원회 편,『3·1운동 100주년 총서 2: 사건과 목격자들』, 101-102.

258. 송현강, "서울 지역의 기독교 3·1운동,"『기독교사상』719 (2018), 112.

259. 윤정란, "3·1운동과 기독교 여성,"『3·1운동 100주년 기념 학술대회: 3·1운

동과 여성』 (2019), 22.

260. 윤정란, "3·1운동과 기독교 여성," 24.

261. 이지원, "젠더사로 읽는 3·1운동," 『내일을여는역사』 74 (2019), 64.

262. 심옥주, 『나는 여성이고 독립운동가입니다』 (우리학교, 2019), 34-35.

263. 박용옥, "3·1운동에서의 여성 역할," 『아시아문화』 15 (2000), 38.

264. 박용옥, "3·1운동에서의 여성 역할," 41.

265. 이병우 편, 『삼일운동과 기독교관련 자료집 제2권』 (기독교대한감리회, 2017), 79.

266. Frank W. Schofield, "Korean Women Have the 'HIM'," *The Christian Science Monitor*, Jun 7, 1920 (김승태 편역, 『3·1운동 100주년 기념 자료집: 3·1 독립운동과 기독교 III』, 346).

267. Frank W. Schofield, "자유를 위한 한국의 절규," 『3·1운동 100주년 기념 자료집: 3·1 독립운동과 기독교 III』, 380.

268. 사건의 당사자인 크래포드 선교사는 1918년 10월 2일 산책 중 일본 군인의 제지를 받았다. 그중 한 명의 군인이 크래포드를 폭행하자, 크래포드는 지팡이로 군인의 얼굴을 때렸다. 이에 3명의 군인들은 크래포드 선교사의 지팡이를 두 동강 내어 그것으로 그녀를 무차별적으로 폭행하기 시작했다. 그들은 크래포드의 머리와 얼굴을 사정없이 때리고 그녀의 몸을 바닥에 집어던졌으며 머리카락을 잡아끌고 다녔다. 폭행이 끝나자 그녀의 팔을 등 뒤로 묶어 막사로 데려갔고, 고위 관리가 도착하는 것을 기다리고 있는 동안 다시 두 명의 군인이 그녀의 뺨을 힘껏 갈겼다. 그러나 이에 대해 일본군은 관련된 군인들이 그들의 의무만을 다한 것이지 그 이상으로 한 일이 없으므로 유감스럽게도 그들을 처벌할 방법이 없다고 공포했다. 결국 관동군 당국이 크래포드에게 적당한 사과를 하고 일본 정부가 만 엔짜리 수표를 그녀의 선교부에 건넴으로써 사건은 일단락됐다(김승태 편역, 『3·1운동 100주년 기념 자료집: 3·1 독립운동과 기독교 III』, 580).

269. 게일, 『착훈목쟈 게일의 삶과 선교』, 656.

270. *Leo Bergholz to SS, May 22, 1919* "The Movement for Korean Independence," 『3·1운동 100주년 기념 자료집: 3·1 독립운동과 기독교 III』, 171.

271. 도레사 E. 모티모어, 양성현·전경미 역, 『프랭크 스코필드 박사와 한국』 (한국고등신학연구원, 2016), 122.

272. 김인수, "미국교회 대각성운동과 한국 교회의 1907년 대부흥운동의 비교연

구 – 유사점과 상이점을 중심으로," 56.

273. 김지훈, "3·1운동의 성격과 의의 재고찰," (서울대학교 대학원 석사학위 논문, 2013) 134.

274. 도면회, "3·1운동 원인론에 대한 성찰과 제언", 한국역사연구회 3·1운동100주년기획위원회 편, 『3·1운동 100주년 총서 1: 메타역사』 (휴머니스트, 2019), 170.

275. 박걸순, "1910년대 비밀결사의 투쟁방략과 의의," 『한국독립운동사연구』 46 (2013), 12.

276. 김지훈, "3·1운동의 성격과 의의 재고찰", 127.

277. Frank W. Schofield, "What Happened on Sam Il Day March 1, 1919," *The Feel of Korea* (Seoul: Hollym, 1966), 273-274.

278. "Exhibit ⅩⅩⅩⅡ: The Failure of Japanese Imperialism in Korea," *The Korean situation: authentic accounts of recent events by Eye Witnesses*, 115.

279. James Gale, "Why Japan Has Faild in Korea," 『착훈목쟈 게일의 삶과 선교』, 648.

280. 김흥수·서정민, 『한국기독교사 탐구』, 49.

281. 임희국, "1919년 3·1운동에 대한 재(再)인식: 선교사들의 현장구술채록과 장로교회 총회 회의록(제8회, 1919)을 중심으로," 『선교와신학』 48 (2019), 312.

282. *Japan Chronicle*, April 2, 1919. 『3·1운동 100주년 기념 자료집: 3·1 독립운동과 기독교 III』, 207.

283. James Gale, "Japan's Problem," *Japan Advertiser*, July 15, 1919.

284. James Gale, "Japan, Amuck," 『착훈목쟈 게일의 삶과 선교』, 644-645.

285. 박용규, 『한국기독교회사 2』 (한국기독교사연구소, 2017), 152.

286. 송길섭, "선교사들이 본 3·1운동," 『기독교사상』 23/3 (1979), 59.

287. 민경배, 『한국 교회의 사회사』 (연세대학교출판부, 2008), 158.

288. "The Grievances of the Korean People and The Bad Government of Japan," *Korean independence outbreak beginning March 1st 1919*, A8.

289. *Japan Chronicle*, April 2, 1919. 『3·1운동 100주년 기념 자료집: 3·1 독립운동과 기독교 III』, 208.

맺는말

290. 헹엘, 『유대교와 헬레니즘』, 제3권, 163-78.

참고 문헌

제1부

김창선. 『쿰란문서와 유대교』. 한국성서학연구소, 2002.

박정수. 『성서로 본 통일신학』. 한국성서학연구소, 2010.

박정수. 『고대 유대교의 터·무늬』. 새물결플러스, 2018.

장문석. 『민족주의』. 책세상, 2011.

강대훈. "제2성전기 유대교의 메시아사상." 『신약연구』 14/3 (2015), 311-340.

박명림. "민주공화 100년, 세계시민 100년: 보편평화를 향하여." 『3·1운동 100
　　주년 특별 국제학술대회 자료집』 (2019. 2).

박명림, "'민주공화-보편평화-세계시민'으로서 3·1운동," 「오마이뉴스」 2019년
　　2월 23일.

박명수. "한말 민족주의자들의 종교이해." 『한국기독교와역사』 5 (1996), 2-30.

박양식. "한국 기독교 민족운동의 역사적 쟁점과 과제." 『신앙과학문』 11/2
　　(2006), 41-70.

박정수. "마태복음의 '반-유대주의'(Anti-Judaism)에 대한 신학적 해석." 『신약
　　연구』 11/2 (2012), 1-38.

박정수. "성서적 통일신학 - '통일선교신학'을 제안하며." 『신학과 선교』 41
　　(2012), 237-78.

박정수. "제2성전기유대교 제사장직과 민족주의 관념의 세계화." 『다문화와 평화』 15/3 (2021), 158-180.

장동신. "모세와 아론으로서의 예수." 『신약논단』 23/4 (2016), 1115-41.

가트, 아자 & 알렉산더 야콥슨. 『민족』. 유나영 역. 교유서가, 2020.

거스리, 도날드. 『신약서론』. 김병국·정광욱 역. 크리스챤다이제스트, 1992.

겔너, 어네스트. 『민족과 민족주의』. 최한우 역. 한반도국제대학원대학교 출판부, 2009

르낭, 에르네스트. 『민족이란 무엇인가』. 신행선 역. 책세상, 2002.

마이클스, 램지. 『베드로전서』, WBC 49. 박문재 역. 솔로몬, 2006.

브라운, 레이몬드 E. 『신약개론』. 김근수·이은순 역. 기독교문서선교회, 2002.

샌더스, E. P. 『예수와 유대교』. 황종구 역. 크리스챤다이제스트, 2008.

알베르츠, 라이너. 『이스라엘 종교사』, 제2권. 강성렬 역. 크리스챤다이제스트, 2004.

앤더슨, 베네딕트. 『상상된 공동체』. 서지원 역. 길, 2018.

야거스마, H. 『신약배경사』. 배용덕 역. 솔로몬, 2004.

얀센, 빌헬름. 『코젤렉의 개념사 사전 5: 평화』. 한상희 역. 푸른역사, 2010.

예레미아스, 요아킴. 『예수시대의 예루살렘』. 한국신학연구소 번역실 역. 한국신학연구소, 1992.

요더, 존 하워드. 『예수의 정치학』. 신원하·권연경 역. 알맹e, 2023.

요세푸스, 플라비우스. 『유대 전쟁사』, 제1-2권. 박정수·박찬웅 역. 나남, 2008.

월뱅크, F. W. 『헬레니즘 세계』. 김경현 역. 아카넷, 2002.

웬함, 데이비드. 『바울: 예수의 추종자인가 기독교의 창시자인가?』. 박문재 역. 크리스챤다이제스트, 2002.

존슨, 폴. 『유대인의 역사』. 김한성 역. 포이에마, 2014.

타이센, 게르트. 『기독교의 탄생: 예수 운동에서 종교로』. 박찬웅·민경식 역. 대한기독교서회, 2009.

_____. 『원시 그리스도교에 대한 사회학적 연구』. 김명수 역. 대한기독교출판사, 1996.

트뢸취, 에른스트. 『기독교사회윤리』. 현영학 역. 한국신학연구소, 2003.

플린트, 피터 W. 『사해문서 개론』. 장동신 역. 감은사, 2023.

헹엘, 마르틴. 『유대교와 헬레니즘』, 제1-3권. 박정수 역. 나남, 2012.

홉스봄, 에릭. 『만들어진 전통』. 박지향·장문석 역. 휴머니스트, 2004.

Albertz, Rainer and Wöhrle, Jakob. (ed.) *Between Cooperation and Hostility: Multiple Identities in Ancient Judaism and the Interaction with Foreign Powers.* Vandenhoeck & Ruprecht, 2013.

Avi-Yonah, M. *The Holy Land From the Persian to the Arab Conquest.* Grand Rapids: Baker Book House, 1966.

Bickerman, E. *Der Gott der Makkabäer: Untersuchung über Sinn und Ursprung der Makkabäischen Erhebung.* Berlin: Schocken & Jüdischen Buchverlag, 1937.

_____. *From Ezra to the Last of the Maccabees: Foundation of Post Biblical Judaism.* New York: Schocke Books, 1962.

Blenkinsopp, J. *A History of Prophecy in Israel.* Philadelphia: Westminster Press, 1983.

Collins, J. J. and Hollow, D. C. (ed.) *The Eerdmans Dictionary of Early Judaism.* Grand Rapids: Eerdmans, 2011.

Cowley, A. *Aramaic Papyri of the Fifth Century B.C.* Oxford: At the Clarendon Press, 1923.

Davies, W. D. and Finkelstein, Louis. *The Cambridge History of Judaism. Vol. I: The Persian Period.* Cambridge: Cambridge University Press, 1984.

Galling, K. *Studien zur Geschichte Israels im persischen Zeitalter.* Tübingen: JCB Mohr, 1964.

Goodblatt, David. *Historical Perspectives: From Hasmoneans to Bar Kokhba and the Dead Sea Scrolls.* Leiden, Boston, Koeln: Brill, 2000.

Grabbe, Lester L. *A History of the Jews and Judaism in the Second Temple Period. Vol. 1.* London·New York: T & T Clark International, 2004.

Grosby, Steven. *Nationalism: A Very Short Introduction*. Oxford: Oxford University Press, 2005.

_____. *Biblical Ideas of Nationality: Ancient and Modern*. Indiana: Eisenbrauns, 2002.

Hastings, Adrian. *The Construction of Nationhood: Ethnicity, Religion and Nationalism*. Cambridge University Press, 1997.

Horsley, Richard A. *Bandits, Prophets & Messiahs: Popular Movements in the Time of Jesus*. Harrisburg: Trinity Press International, 1999.

MacMullen, R. *Paganism in the Roman Empire*. London, New Haven: Yale University Press, 1981.

Maier, Johann. *Die Qumran-Essener: Die Texte vom Toten Meer*. München: Ernst Reinhardt, 1995.

Mendels, Doron. *The Rise and Fall of Jewish Nationalism: Jewish and Christian Ethnicity in Ancient Palestine*. Grand Rapids: Eerdmans, 1992.

Plöger, O. *Theokratie und Eschatologie*. Neukirchen: Neukirchener Verlag, 1959.

Sanders, E. P. *Judaism: Practice and Belief 63 BCE - 66 CE*. London: SCM Press, 1992.

Schaper, J. *Priester und Leviten im achämenidischen Juda*. Tübingen: Mohr Siebeck, 2000.

Smith, Anthony D. *The Cultural Foundations of Nations: Hierarchy, Covenant, and Republic*. Blackwell Pub., 2008.

Schniedewind, William M. *How The Bible Became A Book: The Textualization of Ancient Israel*. Cambridge: Cambridge University Press, 2004.

Schürer, Emil. *The History of the Jewish People in the Age of Jesus Christ (175B. C.-A.D.135), Vol. II*. Edinburgh: T & T Clark, 1979.

Schwartz, D. R. *Priesthood, Temple, Sacrifices: Opposition and Spiritualization in the Late Second Temple Period*. Diss. Hebrew University, 1980.

_____. *Studies in the Jewish Background of Christianity*. Tübingen: J.C.B. Mohr, 1992.

Smith, M. *Palestinian Parties and Politics That Shaped the Old Testament.* New York·London: Columbia University Press, 1971.

Stegemann, H. *Die Essener, Qumran, Johannes der Täufer und Jesus: Ein Sachbuch.* Freiburg / Basel / Wien: Herder, 1999.

Strack, H. L. and Billerbeck, P. *Kommentar zum Neuen Testament aus Talmud und Midrasch. Das Evangelium nach Matthäus. Bd. I.* München, 1922.

Tarn, W. W. and Griffith, G. T. *Hellenistic Civilization.* New York: Word Publishing, 1961.

Tcherikover, V. *Hellenistic Civilization and the Jews.* tr. by Appelbaum, S. New York: Atheneum, 1970.

VanderKam, J. C. *From Joshua to Caiaphas: High Priests after the Exile.* Minneapolis: Fortress Press, 2004.

Atkinson, Kenneth. "John Hyrcanus as a Prophetic Messiah in 4QTestimonia (4Q175)." *Qumran Chronicle* 24 (2016). 9-27.

Berlin, A. M. "Jewish Life before the Revolt: The Archaeological Evidence." *Journal for the Study of Judaism.* 36/4. 417-470. Leiden: Koninklijke Brill NV.

Weeks, Stuart D. E. "Biblical Literature and the Emergence of Ancient Jewish Nationalism," *Biblical Interpretation* 10/2 (2002), 144-157.

제2부

「대한매일신보」

「그리스도신문」

「신학월보」

「황성신문」

「백목강연」

「청년」

김승태 편역. 『3·1운동 100주년 기념 자료집: 3·1 독립운동과 기독교 I-III』. 한
　국기독교역사연구소. 2019.

이병우 편. 『삼일운동과 기독교관련 자료집』. 기독교대한감리회, 2017.

유영식 편역. 『착훈목쟈 게일의 삶과 선교』. 진흥, 2013.

The Korea Mission Field

The Korea Methodist

Korean Independence Outbreak

Blair, W. N. and Hunt, Bruce. *The Korean Pentecost and the Sufferings Which
　Followed*. Edinburgh: The Banner of Truth Trust, 1977.

Noble, William and Jones, George Heber. *The Religious Awakening of Korea: An
　Account of the Revival in the Korean Churches in 1907*. New York: Board of
　the Foreign Mission, MEC, 1908.

3·1 여성동지회. 『한국여성독립운동가』. 국학자료원, 2018.

강돈구. 『근대 한국 종교문화의 재구성』. 한국학중앙연구원, 2006.

_____. 『한국근대종교와 민족주의』. 집문당, 1992.

강성호. 『저항하는 그리스도인』. 복있는사람, 2019.

김권정. 『한국 기독교 민족운동론과 민족운동』. 국학자료원, 2015.

김영재. 『한국 교회사』. 합신대학원출판부, 2009.

김홍수·서정민. 『한국기독교사 탐구』. 대한기독교서회, 2011.

류대영. 『초기 미국 선교사 연구』. 한국기독교역사연구소, 2001.

_____. 『한국 근현대사와 기독교』. 푸른역사, 2009.

민경배. 『교회와 민족』. 연세대학교출판부, 2007.

_____. 『한국 교회의 사회사』. 연세대학교출판부, 2008.

_____. 『한국민족교회형성사론』. 연세대학교출판부, 2008.

박명수. 『한국 교회 부흥운동 연구』. 한국기독교역사연구소, 2003.

박용규. 『평양대부흥운동』. 생명의말씀사, 2007.

_____. 『한국기독교회사 2』. 한국기독교사연구소, 2017.

박종현. 『일제하 한국 교회의 신앙구조』. 한들출판사, 2004.

박찬승. 『민족, 민족주의』. 소화, 2016.

박혜진. 『일제하 한국기독교와 미션스쿨』. 경인문화사, 2015.

배본철. 『한국 교회사』. 도서출판영성네트워크, 2009.

백낙준. 『한국개신교사』. 연세대학교출판부, 1998.

심옥주. 『나는 여성이고 독립운동가입니다』. 우리학교, 2019.

양현혜. 『근대 한·일 관계사 속의 기독교』. 이화여자대학교출판부, 2009.

옥성득. 『다시 쓰는 초대 한국교회사』. 새물결플러스, 2016.

_____. 『한반도 대부흥』. 홍성사, 2009.

윤경로. 『105인 사건과 신민회 연구』. 한성대학교출판부, 2012.

윤정란. 『한국 기독교 여성운동의 역사』. 국학자료원, 2003.

이덕주. 『한국 교회 처음이야기』. 홍성사, 2006.

_____. 『한국 토착교회 형성사 연구』. 한국기독교역사연구소, 2000.

_____. 『이덕주 교수가 쉽게 쓴 한국 교회 이야기』. 신앙과지성사, 2009.

이만열. 『한국기독교와 민족의식』. 지식산업사, 1991.

이만열 외. 『한국기독교와 민족운동』. 종로서적, 1986.

장규식. 『일제하 한국 기독교 민족주의 연구』. 혜안, 2001.

장동민. 『대화로 풀어보는 한국 교회사』. 부흥과개혁사, 2009.

정상운. 『성결교회 역사총론』. 성결교회와 역사연구소, 2012.

차남희·김석근 외. 『한국 민족주의의 종교적 기반』. 나남, 2010.

서원모 편. 『20세기 개신교 신앙부흥과 평양 대각성 운동』. 장로회신학대학교 출판부, 2006.

신기영. 『한국 기독교의 민족주의』. 동혁, 1995.

한국기독교역사연구소. 『3·1운동과 기독교 민족 대표 16인』. 한국기독교역사연 구소, 2019.

한국기독교역사학회 편. 『한국 기독교의 역사』 I, II. 기독교문사, 2017.

한국역사연구회 3·1운동100주년기획위원회 편. 『3·1운동 100주년 총서』. 휴머 니스트, 2019.

모티모어, 도레사 E. 『프랭크 스코필드 박사와 한국』. 양성현·전경미 역. 한국고
    등신학연구원, 2016.
언더우드, 릴리어스 호톤. 『조선견문록』. 김철 역. 이숲, 2008.
웰스, 케네스 M. 『새 하나님 새 민족』. 김인수 역. 한국장로교출판사, 1997.

강돈구. "한국근대 종교운동과 민족주의의 관계에 대한 연구." 『한국종교연구
    회회보』 2 (1990).
강돈구·신광철. "한국 근대 개신교 민족주의의 재이해." 『종교문화연구』 1
    (1994).
강명국. "1907년 대부흥운동이 한국 교회의 신앙양태 형성에 끼친 영향: 성령
    체험의 역사를 중심으로." 성결대학교 대학원 박사학위논문, 2007.
고정휴. "3·1운동의 기억 -비폭력·평화의 관점에서 자료 다시 읽기-." 『한국독
    립운동사연구』 66 (2019).
권보드래. "만세의 유토피아: 3·1운동에 있어 복국(復國)과 신세계." 『한국학연
    구』 38 (2015).
김권정. "월남 이상재의 기독교 민족운동." 『숭실사학』 24 (2010).
김승태. "3·1 독립운동과 선교사들의 대응에 관한 연구." 『한국독립운동사연
    구』 45 (2013).
김영범. "3·1운동에서의 폭력과 그 함의: 반(反)폭력이 될 '혁명적 폭력'의 상상
    과 관련하여." 『정신문화연구』 41/4 (2018).
김용복. "독립선언서에 나타난 기독교 정신 재검토." 『신학과교회』 11/1 (2019).
김은섭. "1945년 이전 한국 근대화와 민족주의에 있어서의 기독교." 『교회사
    학』 6/1 (2007).
김인수. "미국교회 대각성운동과 한국 교회의 1907년 대부흥운동의 비교연구 -
    유사점과 상이점을 중심으로." 장로회신학대학교 편집부. 『20세기 개신교
    신앙 부흥과 평양 대각성 운동』. 장로회신학대학교출판부, 2006.
김지훈. "3·1운동의 성격과 의의 재고찰." 서울대학교 대학원 석사학위논문,
    2013.

김형석. "3·1운동과 한국 교회 지도자들의 역할."『기독교사상』 35/3 (1991).

김흥수. "교회와 민족, 민족주의."『기독교사상』 34/3 (1990).

노대준. "1907年 改新敎 大復興運動의 歷史的 性格." 고려대학교 대학원 박사
　　학위 논문, 1987.

박걸순. "1910년대 비밀결사의 투쟁방략과 의의."『한국독립운동사연구』 46
　　(2013).

박규환. "일제강점기 개신교 설교에 나타난 기독교 신앙과 민족·국가의식."『한
　　국기독교와역사』 39 (2013).

박만. "폭력과 속죄 죽음: 르네 지라르(Renè Girard)의 예수의 십자가 죽음 이해
　　에 대한 비판적 고찰."『한국기독교신학논총』 53 (2007).

박명수. "한말 민족주의자들의 종교이해."『한국기독교와역사』 5 (1996).

박상진. "3·1운동에 있어서 기독교학교의 역할과 오늘날의 과제."『기독교교육
　　논총』 58 (2019).

박양식. "한국 기독교 민족운동의 역사적 쟁점과 과제."『신앙과학문』 11/2
　　(2006).

박용옥. "3·1운동에서의 여성 역할."『아시아문화』 15 (2000).

박용규. "교회와 국가관계를 중심으로 본 3·1운동과 한국 교회."『생명과말씀』
　　23/1 (2019).

＿＿＿＿. "역사 사료적으로 살펴본 3·1운동 관련 '문헌'."『신학지남』 86/1
　　(2019).

박정수. "평양대부흥운동에 나타난 죄책 고백의 에토스."『성서학학술세미나』
　　(2007).

박정신. "구한말 기독교 민족주의."『한국민족운동사연구』 38 (2004).

박종도. "기독교 평화주의와 믿음의 공동체."『신학사상』 116 (2002).

박찬승. "3·1운동기 서울의 독립선언과 만세시위의 재구성: 3월 1일과 5일을 중
　　심으로."『한국독립운동사연구』 65/5 (2019).

＿＿＿＿. "한국에서의 '민족' 개념의 형성."『개념과소통』 1/1 (2008).

서굉일. "일제하 서북간도지역 종교운동에 나타난 민족주의적 성격에 관한 연
　　구."『한신논문집』 11(1994).

서영석. "탁사의 기독교적 문명개화운동."『대학과선교』 39 (2019).

서정민. "초기 한국 교회 대부흥운동의 이해-민족운동과의 관련을 중심으로."
　　　이만열.『한국 기독교와 민족운동』. 종로서적, 1992.

손은실. "3·1운동과 개신교: 선교사들의 공감적 선교와 여성 독립 운동가들의
　　　리더십을 중심으로."『선교와신학』 47 (2019).

송건호. "한국민족주의와 기독교."『기독교사상』 27/5(1983).

송길섭. "선교사들이 본 3·1운동."『기독교사상』 23/3(1979).

송현강. "서울 지역의 기독교 3·1운동."『기독교사상』 719(2018).

신기영. "일제하 한국 기독교 민족주의의 형성."『통합연구』 8/1(1995).

_____. "한국 기독교 민족주의의 두 유형."『한국기독교역사연구소식』 20
　　　(1995).

심옥주. "세계평화의 관점에서 본 3·1운동의 재인식 : 3·1운동과 여성, 평화를
　　　중심으로."『한국과 국제사회』 2/1(2018).

안교성. "한국기독교의 평화담론의 유형과 발전에 관한 연구."『장신논단』
　　　49/1 (2017).

양현혜. "그리스도와 민족주의 문제."『신학사상』 74 (1991).

오일환. "3·1운동의 과정 및 그 정신에 미친 기독교의 영향."『민족사상』 13/1
　　　(2019).

유경동. "법과 종교를 위한 공동체윤리: 종교/폭력과 기독교 평화주의 연구."
　　　『기독교사회윤리』 32 (2015).

유석성. "함석헌의 비폭력저항과 종교적 평화주의 - 예수, 간디, 함석헌의 비폭
　　　력 저항."『기독교사상』 596 (2008).

_____. "평화와 복음의 기쁨."『가톨릭신학과사상』 73 (2014).

윤경로. "한국 근대 민족주의의 유형과 기독교."『기독교사상』 34/3 (1990).

윤정란. "3·1운동과 기독교 여성."『3·1운동 100주년 기념 학술대회: 3·1운동과
　　　여성』 (2019).

윤해동. "'평화적 혁명'으로서의 3·1운동: 폭력성의 조건과 비폭력·불복종."
　　　『한국학』 43/1 (2020).

_____. "3·1운동의 폭력과 비폭력 I: '폭력성'에 대한 거시적 접근."『사학

연구』 133 (2019).

이기훈. "3·1 운동과 깃발." 『동방학지』 185 (2018).

이국헌. "폭력과 저항의 탈근대적 논의와 기독교 평화주의." 『신학논단』 78 (2014).

이덕주. "3·1운동과 기독교." 『한국기독교와역사』 47 (2017).

_____. "3·1운동에 대한 신앙운동사적 이해." 『기독교사상』 34/3 (1990).

_____. "한말 기독교인의 선유활동에 관한 연구." 『한국기독교와역사』 10 (1999).

_____. "한국 교회 초기 부흥운동과 여성: 1903년 원산 부흥운동과 1907년 평양 부흥운동을 중심으로." 『한국기독교와역사』 26 (2007).

이만열. "3·1운동에 대한 기독교사적 이해." 『기독교사상』 33/3 (1989).

_____. "한말 기독교인의 민족의식 형성 과정." 『한국사론』 1 (1973).

이명화. "일제 강제합병 이데올로기와 식민지 교육정책." 『한국독립운동사연구』 39 (2011).

이병수. "3·1운동과 보편적 가치." 『통일인문학』 80 (2019).

이상규. "한국기독교와 민족, 민족주의." 『개혁논총』 49 (2019).

이상억. "3·1 독립만세운동에 대한 목회신학적 함의에 대한 연구." 『목회와상담』 31 (2018).

이재헌. "한국 신종교 민족주의 운동의 변화와 전개." 『신종교연구』 26 (2012).

이지원. "젠더사로 읽는 3·1운동." 『내일을여는역사』 74 (2019).

이찬수. "기독교와 근대 민족주의가 만나는 논리: 한국적 상황을 중심으로." 『한국기독교신학논총』 52 (2007).

이치만. "삼일운동과 기독 여성의 역할." 『기독교교육논총』 59 (2019).

이현희. "안중근 의사의 동양평화사상 인식." 『민족사상』 3 (2009).

임경석. "3·1운동 전후 한국 민족주의의 변화." 『역사문제연구』 4 (2000).

임희국. "1919년 3·1운동에 대한 재(再)인식 선교사들의 현장구술채록과 장로교회 총회 회의록(제8회, 1919)을 중심으로." 『선교와 신학』 48 (2019).

장규식. "20세기 전반 한국 사상계의 궤적과 민족주의 담론." 『한국사연구』 150 (2010).

_____. "YMCA 학생운동과 3·1운동의 초기 조직화."『한국근현대사연구』
    20 (2002).

장인성. "3·1운동의 정치사상에 나타난 정의와 평화."『대동문화연구』 67
    (2009).

전상숙. "평화의 적극적 의미와 소극적 의미: 3·1운동 심문조서에 드러난 '민족
    대표'의 딜레마."『개념과소통』 4 (2009).

조환희. "기독교 평화주의 관점에서 본 폭력론." 감리교신학대학교 대학원 석사
    학위논문, 2013.

최영근. "동아시아에서 기독교와 민족주의의 관계: 일제 시기 한국 기독교 민족
    주의를 중심으로."『장신논단』 37 (2010).

_____. "한국 기독교에서 교회와 국가 관계: 선교 초기부터 해방 이전까지
    정교분리 논의를 중심으로."『신학사상』 157 (2012).

_____. "민족주의에 대한 비판적 성찰을 통한 한국 기독교와 민족주의 접
    합에 관한 소고."『장신논단』 49/1 (2017).

_____. "근대 한국에서 기독교와 민족주의 관계 연구: 선교 초기부터 대한
    민국 정부 수립 시기까지(1884-1948)."『한국기독교신학논총』 104 (2017).

한규무. "尙洞靑年會에 대한 연구. 1897~1914."『역사학보』 126 (1990).